DE L'ATLANTIQUE

AU PACIFIQUE

A TRAVERS

LE CANADA ET LE NORD DES ÉTATS-UNIS

PAR

LE Baron ETIENNE HULOT

Ouvrage accompagné d'une Carte et d'un Plan

PARIS

LIBRAIRIE PLON

E. PLON, NOURRIT ET Cie, IMPRIMEURS-ÉDITEURS

RUE GARANCIÈRE, 10

1888

Tous droits réservés

DE

L'ATLANTIQUE AU PACIFIQUE

A TRAVERS

LE CANADA ET LE NORD DES ÉTATS-UNIS

PARIS. TYPOGRAPHIE DE E. PLON, NOURRIT ET Cie, RUE GARANCIÈRE, 8.

DE L'ATLANTIQUE

AU PACIFIQUE

LE CANADA ET LE NORD DES ÉTATS-UNIS

PAR

Le Baron ÉTIENNE HULOT

Ouvrage accompagné d'une Carte et d'un Plan

PARIS

LIBRAIRIE PLON

E. PLON, NOURRIT et Cie, IMPRIMEURS-ÉDITEURS

RUE GARANCIÈRE, 10

1888

Tous droits réservés

A MONSIEUR BOUTMY,

Membre de l'Institut,
Directeur de l'École libre des sciences politiques.

Monsieur et cher Directeur,

Vous souvenez-vous du jour où je vous annonçai que mon ami Digneffe et moi, tous deux anciens élèves de votre École, nous allions visiter l'Amérique du Nord ?

Notre projet vous a plu. Il y a tant à voir dans ces pays nouveaux dont la richesse et le prodigieux développement impressionnent l'Europe !

De retour en France, je vous raconte mon voyage.

Permettez-moi, Monsieur et cher Directeur, de vous dédier ce simple résumé de mes souvenirs d'outre-mer. C'est l'hommage de ma reconnaissance.

É. HULOT.

Paris, le 12 avril 1888.

DE
L'ATLANTIQUE AU PACIFIQUE

A TRAVERS

LE CANADA ET LE NORD DES ÉTATS-UNIS

CHAPITRE PREMIER

EN MER.

Un soir de juillet, D... et moi, nous nous rencontrons
r le boulevard.

« Vous à Paris, lui dis-je, quand on vous croit en
lgique...?

— J'arrive de Liége et je cours chez vous. Entre
us, je rêve voyages, et, si vous avez toujours le désir
passer l'Atlantique, je tiens mon compagnon.

— Sérieusement, vous seriez disposé?... Bouclons
s malles, mon cher, et faisons au Canada la pointe
mes rêves.

— Va pour le Canada et les États-Unis. J'écris à
s amis de New-York et je leur annonce notre arrivée
r la ligne Cunard.

— Départ par Liverpool et retour par le Havre; je
ide un peu la cause de nos paquebots français.

— C'est convenu, *my dear ?*

All right, sir ! »

Et voilà comment, le 8 août, munis d'une liasse de lettres d'introduction, nous montons à bord de l'*Aurania*.

Deux avocats de Liége complètent le groupe de « hardis touristes », dont une feuille locale annonce les projets. C'est Gustave T..., le joyeux convive et le parfait valseur, ravi de porter ses hommages aux pieds des *misses*. Peut-être nous accompagnera-t-il au Canada, mais il compte nous quitter en octobre. Paul S..., l'intrépide, prolongera son séjour en Amérique et prendra ses quartiers d'hiver dans les villes de l'Est, tandis que nous retournerons, D... en Belgique, et moi en France. Tous quatre jeunes, valides, très-attirés par le nouveau monde, nous nous sommes retrouvés, la veille de l'embarquement, à Londres, lieu du rendez-vous.

Je passe la scène inévitable des adieux. Un froncement de sourcil, une petite larme inavouée, qui s'accule dans le coin de l'œil et refuse de tomber, un sanglot perdu dans la bouffée d'une cigarette allumée par hasard... et tout est fini.

Ce qui commence n'a rien de commun avec les émotions du départ. La mer a des caprices qu'il ne nous appartient pas de combattre, et les passagers s'en rendent si bien compte que chacun disparaît dans sa cabine pour s'y recueillir de son mieux. Je songe malgré moi à ces vers de la Fontaine :

> Ils ne mouraient pas tous, mais tous étaient frappés ;
> On n'en voyait pas d'occupés
> A chercher le soutien d'une mourante vie ;
> Nul mets n'excitait leur envie.

Mieux vaut encore la tempête que la peste. A la longue on s'y fait, et, s'il survient une éclaircie, la gaieté renaît de plus belle. Malheureusement les éclaircies sont rares.

Six jours se passent, et nous entrons dans les brouillards de Terre-Neuve.

A bord, la surveillance est parfaite et le capitaine ne quitte pas la passerelle. L'énorme sifflet, que, par ironie sans doute, les marins ont qualifié de sirène, avertit les bateaux morutiers de notre passage.

Soudain, sés grognements rauques sont interrompus, la machine stoppe, et deux officiers, hissés dans les cordages, constatent le bris de l'appareil et l'impossibilité d'une réparation immédiate. Que faire ? — Allons-nous diminuer la vitesse, donner aux voiliers le temps de se garer et accepter un retard de quarante-huit heures ? — Mais alors, pour combien comptons-nous la vieille réputation de la ligne Cunard, qui bat à la course les meilleurs marcheurs ?

Nous arriverons au jour dit, et que Dieu garde d'un abordage les frêles embarcations des pêcheurs !...

Notre navire file 19 nœuds à l'heure. Bercé comme une balancelle, il s'abandonne au flot qui le roule. C'est n colosse cependant : long de 157 mètres, large de 22, construit entièrement en acier, il laisse échapper de ses deux longues cheminées des torrents de fumée noire. Ses huit chaudières, alimentées par 42 feux, brûlent 200 tonnes par jour, et son hélice est actionnée par une machine de 10,000 chevaux.

Seule la *Normandie*, de la Compagnie transatlantique, peut lutter de vitesse avec de tels steamers ; mais si les paquebots français ont, en général, une allure lus lente (lacune que l'on s'empresse de combler [1]), le

---

[1] Dans le cours de l'année 1886, quatre navires de premier ordre

confort à bord y est incomparablement plus complet. Peu soutenus par une cuisine fadasse, et légèrement influencés par le mouvement du bateau, nous avons besoin de toute notre énergie pour nous risquer dans le *dining saloon,* vaste salle à manger où l'odeur de la machine se mêle à la saveur contestable des mets. Encore cette démarche méritoire n'est-elle pas toujours récompensée.

Les dames restent blotties dans leurs cabines, et les passagers que nous croisons sur le pont ne parviennent à s'y maintenir que par des prodiges d'équilibre.

Le 15, nous sortons des brouillards; la mer semble se calmer, et les passagers saluent d'un vivat l'apparition du ciel bleu. Mais dans les groupes, qui se forment, on parle du décès d'un émigrant irlandais. Cette nouvelle fait sur nous une impression lugubre.

Cloué entre quatre planches et roulé dans le drapeau anglais, le corps est transporté sur l'entre-pont; un prêtre catholique récite la prière des morts en présence des officiers et de l'équipage; la foule recueillie se découvre, et, sur un signe du capitaine, le cadavre disparaît dans les flots.

Durant la cérémonie, le steamer n'a pas ralenti sa marche, ce qui paraît inquiéter deux Anglais flegmatiques. « Et si le cercueil s'engageait dans l'hélice? » se demandent-ils à haute voix. — « Rassurez-vous », reprend un troisième, « ce *steerage* [1] a un boulet aux pieds. » Ce fut l'oraison funèbre.

Deux heures après, tout était oublié. Les passagers d'entre-pont dansaient la gigue à l'endroit même où le

ont été mis à flot. Ils font la traversée en moins de sept jours, et rendent à la Compagnie des transatlantiques son ancien prestige.

[1] Nom donné aux passagers d'entre-pont.

service avait eu lieu, tandis qu'une troupe de comédiens préparait un concert au profit des matelots de Liverpool. L'orchestre était si mauvais que, surtout après la scène du cadavre, le *spleen,* mis en musique, nous aurait diverti davantage, si ces complaintes n'avaient déterminé une irruption du beau sexe dans les toilettes les plus réjouissantes.

A minuit, une goëlette de New-York nous accoste, et le pilote escalade la haute muraille de notre paquebot. Il s'est aventuré au large; mais que lui importe! il dirigera l'*Aurania* dans la rade et touchera, nous assure-t-on, deux mille francs pour sa peine.

La journée du 16 s'annonce belle. Dès l'aube, des couples circulent. Ils semblent se délecter dans la lecture de l'*Aurania News,* petit journal où nous trouvons, au milieu de facéties innocentes, quelques détails intéressants sur le bateau. — En tout, nous sommes 1,005 à bord, dont 360 passagers de cabine, 328 émigrants. Le *steward's*[1] *department* comprend 98 employés, la machine occupe 87 *engineers;* enfin le capitaine, assisté de son état-major, dispose d'une soixantaine de matelots.

Plus affable que les seconds, mais aussi négligé dans sa mise, ce vieux loup de mer s'entend mieux à diriger ses hommes qu'à remplir ses devoirs de maître de maison.

Devons-nous nous en plaindre? S'ils ne brillent pas par la distinction, les officiers sont à leur affaire, et la discipline ne paraît pas souffrir de l'absence de militarisme.

Le dimanche réunit au *dining saloon* tous les

[1] Les *stewards* sont les domestiques du bord, spécialement affectés au service des passagers.

adhérents de la religion protestante. Matelots, passagers de première, émigrants, sont confondus. Le capitaine, en grande tenue, officie sans pontifier ; les fidèles lui donnent la réplique, puis entonnent des chants religieux.

L'attitude de l'assistance est édifiante, trop édifiante peut-être, en ce qui touche nos comédiens. Ces pieuses actrices, qui partagent dévotement leurs Bibles avec les ladies, ne nous semblent pas, après l'office, conserver leur caractère de « filles repenties ».

Le bateau garde toute la journée sa physionomie animée du matin. Nous nous mêlons aux passagers, fort aises d'examiner les différents types qui composent cette société cosmopolite.

Les Français sont rares sur les lignes anglaises, et si l'on en rencontre parfois, c'est que, pressés par des affaires urgentes, ils doivent avoir recours à la voie rapide des Cunards. Tel est le cas d'un jeune voyageur, chargé d'étudier en Amérique les procédés chimiques applicables aux teintures de Mulhouse. Très-gai, très-serviable, il nous distrait par le récit de ses aventures, ses chansonnettes et ses bons mots. Aussitôt que la mer se calme, il organise des jeux d'adresse : le *cricket*, le *showel ball*, etc. Les Yankees lui prêtent main-forte, mais la pruderie anglaise semble s'offenser de tant de bonne humeur.

Américains et Anglais ne sont pas faits pour s'entendre. Froids jusqu'à la roideur, ceux-ci s'isolent par principe, s'ennuient par conviction, mais trouvent dans les petits verres de *whisky* et dans le jeu du *pocker* le remède à tous les maux. Ceux-là, moins collets montés, à coup sûr, aussi sans gêne peut-être, sont d'un accès plus facile. Ils s'habillent à la diable, crachent partout, affectent, dans le fumoir comme au salon, les poses les plus excentriques, s'abordent en se demandant s'ils sont Américains-Anglais, Américains-Hollandais, Américains-Allemands... Leur nationalité n'est qu'une greffe.

A nos ébats s'est mêlé un Californien d'origine française, — composé bizarre et non sans valeur, — instruit comme personne, commun comme aucun, aimable, obligeant, gaulois par-dessus tout. Il a vingt-huit ans, en porte quarante.

Nous arrivons à un être incompris, prudhomme voyageur, qui débuta jadis au quartier latin. Cette épave du boulevard Saint-Michel vint échouer un beau jour sur la côte du Pacifique, où elle spécule depuis trente ans. X... méprise la petite Europe parce qu'elle est trop arriérée, l'Amérique parce qu'elle sacrifie au veau d'or; il s'estime beaucoup et paraît seul de son avis.

Nos cabotins sont plus de cinquante. Le leader de la bande, qui tient à sa réputation d'artiste, met sur le compte d'un enrouement subit son insuccès de la veille. « J'étais f...u, s'écrie-t-il, dans son français de barrière; j'étais f...u, mais mon talent m'a sauvé !... »

Les femmes, jolies souvent, s'affublent de toilettes misérables; elles souffrent visiblement de la quarantaine où les tiennent les gentlemen des cabines. Ceux-ci d'ailleurs, pris de scrupule, cherchent à se faire pardonner sur le tard leurs procédés jusqu'alors peu courtois.

Du côté des *steerages*, le coup d'œil est plus sombre. Sur ces figures amaigries, le paupérisme a tracé comme un sillon de misère. Mal nourris, cloués sur leurs couchettes par la tempête, ils ont vécu six jours dans une atmosphère viciée. Maintenant ils se raniment, respirent sur l'entre-pont, s'entretiennent de leurs projets et de leurs espérances.

Tandis que nous causons avec l'un d'eux, branle-bas général au-dessus de nous. La terre est en vue, et cinquante lorgnettes sont braquées sur un point. Une ligne de dunes se découvre au loin ; mais, en même temps, le soleil disparaît et la côte s'efface.

En bonne conscience, la pensée que nous touchons au port excite fort peu notre enthousiasme. Depuis deux jours à peine nous jouissons de la traversée. Aux petits « morutiers » qui perçaient péniblement la brume avaient succédé de grands bateaux marchands et cinq steamers retournant en Europe. Nous avions échangé, au passage, des saluts et des signaux. De jeunes baleines nous poursuivaient de leurs assiduités, et les marsouins nous divertissaient par leurs gambades, semblables à des clowns pirouettant dans un cirque.

Ce soir, nous ne nous coucherons qu'à regret. Tous quatre, debout à l'arrière, nous regardons l'*Aurania* s'avancer sagement dans la nuit.

Soudain, les battements de la machine s'arrêtent, et les matelots jettent l'ancre. Adossés contre la pointe de *Sandy-Hook,* que nous avons franchie, nous apercevons sur notre droite les plages illuminées de *Long Beach* et de *Coney Island.* Plus à gauche, doit se trouver l'entrée du port ; mais New-York et Brooklyn restent cachés par la côte.

Demain seulement nous verrons la grande ville.

CHAPITRE II

Désenchantement complet ! La rade de New-York est perdue dans la brume. Même en traversant les *Narrows*, cette passe étroite qui étrangle la baie, nous ne parvenons pas à distinguer la côte.

Vers six heures du matin, deux petits yachts percent notre horizon restreint ; ils portent les médecins de la quarantaine et les officiers de la douane. Outrés de ne pouvoir continuer leurs volumineux cigares et convaincus d'ailleurs que nous n'exportons de la *Old Country* (la *vieille* Contrée !) ni germe d'épidémie, ni marchandises prohibées, ils n'hésitent pas à nous expédier lestement. C'est avec le même empressement que nous regagnons notre poste d'observation à l'avant du bateau. Le ciel a meilleur aspect, et nous parvenons à nous orienter. Notre navire se dirige, au nord, sur l'Hudson ; à droite, s'ouvre l'East River, qu'enjambe le pont de Brooklyn, trop estompé par le brouillard ; dans l'angle formé par ces deux bras de mer se dessine la forme allongée de la « Cité impériale ».

A mesure que le temps s'éclaircit, la rade s'anime. Six gros steamers ont franchi la passe avec nous, et dans la baie s'entre-croise une variété infinie de voiliers et de vapeurs, parmi lesquels nous remarquons de singulières constructions flottantes : les *ferry-boats*. Ces bacs à roues, munis de deux gouvernails et surmontés d'un balancier jouant entre deux cheminées latérales, vont indistinctement dans un sens et dans l'autre; sur un large pont qui déborde et couvre entièrement les tambours, sont installés des passagers de toutes sortes. Ici, les *ferries* font le service des voyageurs; là, ils transportent du bétail; ailleurs, des wagons, des voitures, des marchandises, etc..... Plus de quarante lignes de ces trains nautiques sillonnent la baie et relient entre elles les rives de l'Hudson et l'East River. Sur les quais se dentelle une bande indéfinie de créneaux. C'est la longue série des *piers,* où viennent se ranger les bateaux des cinq parties du monde. Deux cents embarcadères, serrés comme les dents d'un requin, desservent les différentes lignes; nous en admirons, vers sept heures, le splendide défilé.

L'*Aurania,* évoluant brusquement sur la droite, vient accoster debout à la rive, entre les deux *wharfs* de la Compagnie Cunard.

Ces *wharfs* sont d'immenses hangars où voyageurs, bagages et marchandises, trouvent un abri; mais, quelle que soit la grandeur de leurs proportions, du pont de notre navire nous en dominons la toiture.

Au-dessous de nous et près de la passerelle que les matelots viennent de poser, un groupe de jeunes gens nous fait des signaux, jetant une note française dans le concert des vivat yankees partant du *pier.* Nous reconnaissons cinq de nos vieux camarades, Américains de passage, de circonstance ou de naissance, que leur bonne affection porte à notre rencontre. Prévenus de notre arrivée, ils sont là. Nous les soupçonnons de nous attendre depuis l'aurore, et cette amitié matinale nous touche profondément. Qu'ils nous permettent, à cette place, de leur adresser nos remercîments. Ils ont, avec nos gracieux hôtes de la *Shrewsbury,* contribué à nous faire connaître un peu l'Amérique, à nous la faire aimer beaucoup.

Telle est, en effet, notre bonne fortune qu'au débotté l'un de nos mentors nous presse d'envahir le délicieux cottage où sa famille s'isole durant les mois d'été. Nous y serons ce soir; mais, pour l'instant, l'indispensable est de repêcher nos bagages, besogne aussi longue que laborieuse. Enfin, tous nos colis sont rassemblés. Nous déclarons, sous la foi du serment, que nous ne dissimulons aucun article de contrebande, et munis d'un ticket, perçu à je ne sais plus quel guichet, nous aboutissons à un gentleman orné du nom d'inspecteur et remplissant les fonctions lucratives de douanier. Cet honnête employé maltraite quelque peu nos effets, griffonne sur nos caisses des signes cabalistiques et disparaît en nous donnant le *shake-hand,* la poignée de main américaine. Pour ceux qui ont la conscience tranquille, cette visite minutieuse n'a rien de préoccupant; mais au voyageur qui se sentirait en défaut, nous ne saurions trop recommander de ménager un arrangement. Les compromis sont toujours acceptés quand ils sont proposés avec tact. — Ne faut-il pas admettre qu'en ce monde chacun cherche et trouve son petit profit?

Trois heures dans un *wharf* à guetter des malles qui semblent s'éterniser au fond de la cale, ce n'est certes pas une corvée qu'il faille négliger; mais pouvons-nous nous en plaindre alors qu'au Havre, par une pluie battante, nous avons vu de malheureux passagers attendre huit heures en plein air, ou sous un misérable hangar, les chaloupes qui transportaient leurs bagages? Nous n'ignorons pas les difficultés pratiques qui interdisent l'accès du port français à marée basse. C'est un inconvénient que la Compagnie éviterait, en partie, par l'organisation d'un service régulier de transport à l'arrivée et par la construction de *wharfs,* où pourraient s'abriter les malheureux qui se morfondent aujourd'hui sur le quai.

Les Transatlantiques, quelque temps délaissés, semblent reconquérir la faveur du public depuis le renouvellement de leur matériel. Nous ne doutons pas que l'Américain, habitué au confort, ne leur donne la préférence; mais qu'au débarcadère il trouve une hospitalité aussi mesquine, il se le tiendra pour dit, et les lignes anglaises y gagneront un passager de plus. Le cas s'est maintes fois présenté.

Un autre emprunt que le vieux monde ferait utilement au nouveau, c'est celui de l'*Express Company.* Tandis que le douanier achève son inspection, un agent de cette entreprise note l'adresse du voyageur et *check* ses bagages, ce qui s'exécute en deux temps: fixer une plaque en cuivre numérotée sur chaque colis, remettre à leur propriétaire des fiches identiques. — C'est ainsi que, débarrassés de nos moindres paquets, nous dédaignons les interpellations des cochers et partons, de notre pied léger, à travers la ville.

De tous les modes de locomotion, la marche est le moins en usage dans les cités américaines, et nous devons nous résigner à tomber de *cars* — ou tramways — en omnibus, d'omnibus en *elevated,* et *vice versa,* jusqu'à notre arrivée à *Hoffman House,* où nos bagages nous ont précédés. Nous ferons plus ample con-

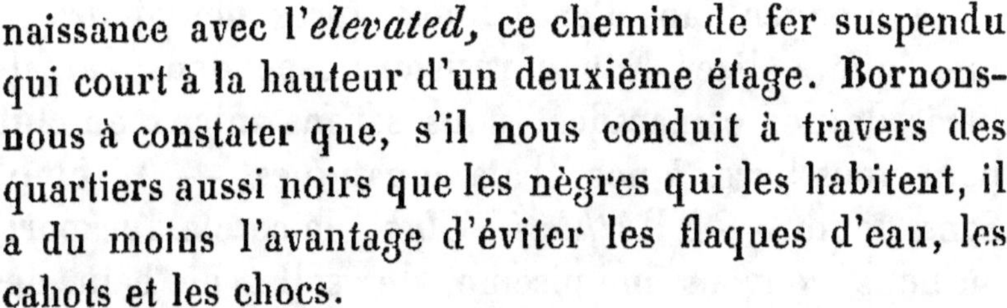

naissance avec l'*elevated,* ce chemin de fer suspendu qui court à la hauteur d'un deuxième étage. Bornous-nous à constater que, s'il nous conduit à travers des quartiers aussi noirs que les nègres qui les habitent, il a du moins l'avantage d'éviter les flaques d'eau, les cahots et les chocs.

Rien d'affreux comme le pavé de New-York! Partout où il existe, il affecte les formes les plus singulières; tour à tour barricade ou fossé. Qui croirait, en ressentant ses saccades, que, plus qu'aucune autre ville, la Cité impériale s'est mise en frais pour son pavage? La voirie en a-t-elle profité?—Cent fois non!—Mais alors l'entrepreneur?...— Eh! mon Dieu, qu'importe! Encore une fois, ne faut-il pas que chacun vive sur la terre de la liberté?

Le temps d'inscrire nos noms sur le registre des voyageurs, d'arrêter une chambre, d'envoyer par le câble sous-marin des nouvelles de la traversée à nos parents d'Europe, de téléphoner à l'un de nos amis que nous le retrouverons à son cercle..... et nous sortons de l'*Hoffman House.* Tout ce petit manége s'y fait le plus aisément du monde, et, de même que nous nous sommes adressés au télégraphe de l'hôtel, nous aurions pu, sans franchir la porte, mettre une lettre à la poste ou bien nous diriger vers le salon de coiffure et le bureau de tabac, ou encore essayer un chapeau, commander un habit, prendre au *bar* une consommation de choix.—Quatre ascenseurs fonctionnent nuit et jour et relient les huit étages au rez-de-chaussée. L'installation des chambres est parfaitement comprise. Pourvues chacune d'une salle de bain confortable et d'une modeste mais bienfaisante retraite, dont le plus grand mérite est de permettre au visiteur de garder l'*incognito,* elles satisferaient en tous points les plus exigeants.

Se plonger dans l'eau douce après neuf jours de mer, quel délice! Nous y résistons cependant; car, de l'avis de nos camarades, nous serons mieux au club pour nous livrer à nos ébats aquatiques. — Au club? Sans doute. — A l'*Athletic Club*, le cercle du sport, où nous trouvons une piscine, des salles de bain, des salles de douche, soignées comme le boudoir d'une élégante et disposant d'un personnel très-stylé. — Au premier, des pièces immenses contenant un gymnase mieux monté que celui de nos cirques **en vogue**, de vastes locaux où les rameurs fanatiques (et il s'en trouve) peuvent « nager » sur des bateaux articulés. Aux autres étages, un restaurant dont nous apprécions le menu à la française, des salons de lecture et de conversation ne donnant accès à aucune salle de jeu. Pas de cagnotte! et cependant l'*Athletic Club* prospère et paye, rubis sur l'ongle, les trois cent cinquante mille dollars de frais qu'il supporte par an.

La journée s'avance, et nous sommes attendus de l'autre côté de la baie. — Trop novices encore pour nous guider en *elevated*, nous hélons un cocher qui nous fait descendre au galop *Broadway*, la grande artère de New-York. Sur le parcours de cette rue, longue de six kilomètres, l'animation est extrême. Tout se bouscule et s'entre-choque, et personne ne s'arrête. Partout des réclames pompeuses, partout des poteaux et, dominant les toits, une véritable toile d'araignée tissée dru en tous sens et formée de tous les fils téléphoniques et télégraphiques du quartier. Quel mouvement! Quelle activité! On est bien là dans la patrie du *business*, dans la capitale des affaires, où chacun prétend gagner de vitesse son voisin.

Au milieu de cette fourmilière, notre cocher va droit

son chemin, sans dévier. Tant pis pour les piétons s'il les écrase ; tant pis pour nous si notre voiture vole en éclats. Il faut marcher : *goahead!* Il faut marcher, c'est parfait, et nous arrivons en moins d'une demi-heure à la station du *steamboat;* mais il faut payer, c'est plus dur. Cinq dollars la course, — vingt-cinq francs ! — Voilà qui nous apprendra à faire notre prix d'avance. Il y a bien un tarif portant sur le nombre de *miles;* mais comment apprécier exactement la distance parcourue ? Réclamer, ce serait mettre la police à nos trousses. Personne n'ignore qu'en Amérique, comme à Paris, les gardiens de la paix, quand il s'en trouve, font cause commune avec les cochers. D'ailleurs, nous n'avons pas le temps de discuter ; le *steamboat* part, et nous sautons à bord.

Nos amis sont tous au rendez-vous. Ils viennent en nombre fêter notre arrivée sur les rives de la Shrewsbury. — Durant les deux heures de traversée qui nous séparent de Sandy-Hook, ils nous font les honneurs du bâtiment. Ses dimensions sont respectables. Construit sur le modèle des *ferries,* il en diffère en ce point qu'au lieu d'offrir une poupe munie d'un gouvernail à chaque extrémité, il est doté d'un avant. Quoique très-haut sur l'eau, il tient fort bien la mer et marche bon train. — Un large pont où les infatigables luttent contre la brise, des salons spacieux qui abritent les délicats, un fumoir pour les maniaques, un boudoir pour les coquettes, des cabines pour les misanthropes, un *bar* pour les gourmands : telles sont, en résumé, les ressources offertes aux passagers de première classe. Dans la mâture nous voyons flotter, à côté du pavillon américain, les drapeaux tricolores de Belgique et de France. Il y a, paraît-il, des étrangers à bord, et, sur l'invitation d'un de nos camarades, le capitaine s'est empressé de leur souhaiter la bienvenue.

A Sandy-Hook, le bateau s'arrête; un train lui succède et roule, entre la Shrewsbury et la baie, sur une langue de terre parfois si étroite, qu'elle semble disparaître sous le flot. — Souvent, à l'approche de l'hiver ou à la fonte des neiges, des inondations surviennent et détruisent la voie. Le travail est à refaire, mais la dépense est prévue; elle rentre dans l'état de frais que l'administration du réseau soumet chaque année à ses actionnaires.

Voici notre station. La charmante miss T..., venue seule à notre rencontre, nous invite à prendre place dans le break qui l'attend. — Au trot de ses deux chevaux, nous grimpons une pente rapide et nous entrons dans un pays boisé où l'odeur des sapins se mêle à la brise de mer. Les cahots sont fréquents ici comme à New-York, et les tournants se font en crochets de lapin. — Qu'importe! Notre véhicule, perché sur quatre roues d'acier épaisses au plus de trois centimètres, poursuit sa course.

Gracieuse avec tous, miss T... prend un malin plaisir à nous questionner sur les incidents de notre traversée, à nous parler de la *Old Country,* de Paris, de Liége surtout, où plus d'un parmi nous l'ont entourée de prévenances. — Tenant des Américaines par sa mère, des Européennes par son père, elle a plus de vernis que les premières, plus d'allure que les secondes. Elle est une aimable variété, un heureux mélange d'indépendance et de civilisation, séduisante surtout par son naturel et sa franche gaieté. — Miss T... fait les honneurs du logis, et les fait bien. Sa mère, veuve aujourd'hui, lui cède volontiers le rôle de maî-

tresse de maison, et ses cinq frères, lancés presque
tous dans le tourbillon des affaires, semblent à l'affût
de ses moindres désirs.

Le cottage simple, mais confortable, doit surtout
son charme à l'agrément de la situation. La propriété,
adossée sur le flanc d'un coteau, est parsemée de bosquets, sillonnée de petits ravins que franchissent des
ponts agrestes. — De la terrasse, un panorama complet se déroule : au loin, la pleine mer pointillée de
voiles; plus près, cette langue de terre qui part de
Sandy-Hook et sur le prolongement de laquelle viennent se réfugier *Long-Branch,* la station balnéaire à
la mode, *Asbury-Park* et nombre de villas coquettes.
A nos pieds et nous séparant de ces gracieuses rési-
dences, la Shrewsbury semée de yachts et de *steam-
boats*. Autour de nous, une nature recueillie contraste
avec l'aspect plus animé de la rivière, large comme un
fleuve à son embouchure.

Nos loisirs se partagent entre tous les *sports* de la
saison. Les uns se livrent avec passion aux émotions
du *lawn-tennis,* très en honneur dans ces parages;
d'autres attellent et disparaissent dans la forêt, laissant
les derniers canoter à leur fantaisie.

Parfois la bande se réunit, et l'on tend les voiles d'un
ravissant *sailing-boat,* dont miss T... tient le gouvernail, tandis que deux de ses frères s'occupent de la
manœuvre. C'est là notre plaisir favori. Par une journée délicieuse, nous mettons le cap sur Long-Branch,
et, poussés par la brise, nous lui laissons le soin de
nous mener au port. Nos pilotes, armés de mando-
lines, de guitares et de je ne sais quels tambours de
basque transatlantiques, entonnent une chanson nègre
qu'ils accompagnent à merveille. Leurs chants trou-

vent des échos, et les gondoliers de la Shrewsbury échangent signaux et saluts. — Mais voici un yacht qui nous dépasse ; chacun reprend son poste, et notre bateau, atteignant son maximum de vitesse, arrive bon premier au but : *All right!*

Ce qui nous attire sur la rive gauche, ce sont les courses de Monmouth-Park. Bien que fort brillantes, elles sont peu suivies par le monde fashionable, dont les rares échantillons restent cantonnés dans une tribune réservée. Au pesage comme sur le *turf,* une société très-mêlée, au milieu de laquelle une nuée de moricauds se recommande à notre attention. Le nègre a le culte du cheval, le soigne avec respect et parfois le monte fort bien. Les palefreniers sont tous nègres, et c'est encore parmi les nègres que se rencontrent les meilleurs jockeys. — Sur quatre courses que nous suivons, trois sont gagnées par des fils de Cham. L'allégresse est à son comble dans la bande noire, dont les cris stridents et les radieuses pirouettes produisent le plus curieux effet. Jeunes et vieux, riches et pauvres, unis dans un même sentiment de couleur, s'abandonnent à une tendre effusion qui touche au délire. Le spectacle atteint le plus haut degré du grotesque.

Un autre individu qui nous frappe, c'est le *bookmaker* pour dames. Correct comme tous les croupiers de nos cercles borgnes, ce gentleman, muni d'un carnet à souche, fait les tribunes, se présente aux parieuses, reçoit l'enjeu et délivre un reçu. — Tandis que ses confrères, alignés près du pesage, jettent à la foule empressée le nom du favori, celui-ci quête à domicile et s'assure, dit-on, d'excellentes recettes.

La nuit tombe quand nous rentrons au bercail, où nous attend un dîner franco-américain, tout à l'honneur des deux pays. — La cave est belge, c'est-à-dire recrutée sur les meilleurs coteaux de la Gironde et de la Bourgogne ; les plats se recommandent par leur saveur et souvent par leur nouveauté. Nous signalons le *green-corn,* épi de maïs bouilli et servi bouillant. Chacun l'entaille dans la longueur, le couvre de beurre salé et, le saisissant délicatement de ses index aux deux extrémités, l'attaque à belles dents. Les maladroits se font des moustaches, ce qui ne les empêche pas de trouver à ce mets étrange un air de famille avec les petits pois. — La salle à manger reçoit trois visites par jour. A neuf heures, le *breakfast* nous convie. C'est un repas complet où figurent avec avantage les viandes grillées et les œufs frits. L'après-midi, le *lunch* que chacun prend à son heure, et le soir, vers huit heures, le *dinner,* qui réunit toute la famille et se prolonge parfois fort tard.

Ainsi se règle l'existence dans cet hospitalier cottage, où tous s'évertuent à nous mettre à l'aise. Nous y jouissons de la plus complète liberté, et nous ne nous sentons ni gênés ni gênants. Malheureusement, notre temps est limité, et nous devons reprendre le chemin de New-York, le 20 août, après deux agréables journées passées en charmante compagnie.

CHAPITRE III

Quarante-trois degrés de chaleur, c'est un chiffre
assez respectable pour nous engager à déserter les
États-Unis et à gagner le Canada.

Guidés par nos amis, nous visiterons rapidement
New-York. La ville est d'ailleurs trop connue pour que
nous songions à faire un récit détaillé des curiosités
qu'elle renferme. Un simple aperçu suffira.

Avant tout, nous devons arrêter le plan de notre
voyage. Nous trouvons à la *World Traveln Company*
les renseignements les plus minutieux. L'agence, loin
de nous imposer un itinéraire invariable, s'informe de
nos projets, nous éclaire sur les difficultés et les avantages de tel *tour*, nous laisse dresser notre canevas à
notre guise et nous procure les billets nécessaires, pour
nous rendre dans les différentes stations du parcours.
Ces billets, réunis sous forme de carnet à souche, sont
valables pour l'année et nous permettent, à l'occasion,
de choisir entre le chemin de fer et le bateau à vapeur,
bien que ces deux modes de transport soient généralement exploités par des Compagnies rivales.

Grâce à cette organisation pratique, nous pouvons
suivre sur la carte le tracé de notre route et fixer assez

exactement la durée de notre première tournée. Remonter l'Hudson jusqu'à Albany; entrer dans le Canada par les chutes du Niagara; visiter Toronto sur le lac Ontario; descendre le Saint-Laurent en nous arrêtant à Montréal et à Québec; risquer une pointe dans l'intérieur et rebrousser chemin sur New-York par les forêts vierges des Adirondacks et les stations élégantes de Saratoga et New-Port : telles sont les limites de cet itinéraire, qui nous prendra vraisemblablement un mois.

Si rien ne s'y oppose, nous tenterons alors un plus grand effort dans le Far-West américain et dans le Nord-Ouest canadien.

Nous gagnerons le Manitoba; puis, nous rabattant par le *Northern-Pacific R. R.* sur l'État du Dakota et le fameux parc National, nous franchirons le massif des Rocheuses. De là, nous remonterons une troisième fois au Canada, et, mettant le cap sur l'île de Vancouver, nous irons atterrir à Victoria, capitale de la Colombie anglaise.

Mais l'appétit vient en mangeant. Qui sait si nous ne passerons pas par la Californie, le Colorado, la Louisiane et les Carolines, avant de revenir à Washington et à New-York?

Ce programme est trop chargé pour faire l'objet d'un seul volume.

Fort épris de la Nouvelle-France, je m'attacherai surtout à la faire connaître, sans négliger de parler de la Nouvelle-Angleterre. Suivant scrupuleusement le chemin parcouru, passant et repassant la frontière des États-Unis, j'arriverai, par étapes, à l'extrémité occidentale du Canada. J'aurai de l'état actuel de notre ancienne colonie une idée d'ensemble, et, si je suis assez heureux pour faire partager mes impressions au lecteur, mon but sera atteint.

Mon ami D..., qui prend des notes à côté de moi, se chargera, si le cœur lui en dit, de raconter notre retour. J'irai de l'Atlantique au Pacifique; à lui de nous ramener, si bon lui semble, du Pacifique à l'Atlantique [1].

C'est le 22 que nous commencerons notre première tournée sur les rives du Saint-Laurent. D'ici là, nous comptons parcourir l'*Empire City*.

En arrivant à la Battery, petit parc ouvert sur la baie, un de nos amis nous fait passer dans un local garni de fauteuils et peuplé d'une vingtaine de nègres décrotteurs. Nous applaudissons d'autant mieux à cette intelligente initiative que depuis trois jours nos bottines sont vierges de tout cirage. Tous les soirs nous les déposions soigneusement à la porte de nos chambres, et tous les matins nous les retrouvions dans le même état que la veille. Il paraît qu'au pays des dollars les domestiques blancs se refusent catégoriquement à ce genre de travail, considéré comme dégradant. Seuls, les noirs daignent y consentir, et certains d'entre eux n'ont d'autre fonction que celle d'aller à domicile cirer les chaussures, pour le prix moyen de soixante-quinze centimes la paire. Nous les laissons à leur métier, fort avouable selon nous, et nous allons demander à l'excellente cuisine de Delmonico les forces nécessaires pour commencer une tournée de reconnaissance.

Les gourmets des deux mondes connaissent de réputation ce restaurant exceptionnel, où le service se fait à la française et en français. Les hôtels de premier

[1] M. Digneffe a mis très-aimablement ses notes à ma disposition. C'est une mine féconde, où j'ai trouvé mes meilleurs renseignements.

ordre ont aujourd'hui d'excellents chefs et deviennent des concurrents sérieux ; mais si nous descendons d'un degré, nous sortons de l'*european plan* — pour nous servir d'une expression du cru — et nous entrons dans le *plan* américain.

L'Europe, vieille — c'est entendu — mais modeste, se contente de deux bons plats et d'un dessert. La jeune Amérique n'entend pas lésiner de la sorte ; elle soumet au consommateur, par l'entremise d'un nègre luisant, la liste interminable de tous les mets qu'elle prétend lui faire avaler. S'il a l'estomac complaisant, il peut les absorber tous, le prix restera le même : un dollar, un dollar et demi, suivant les hôtels. Légèrement ahuri par une telle abondance, le gastronome de nos pays choisit au hasard et voit s'abattre autour de lui une légion de soucoupes. Il a voulu des huîtres, il en aura ; mais les malheureuses, dépouillées de leurs coquilles, nageront dans un potage poivré ou dans un bol de lait bien chaud. Les œufs bouillis l'ont-ils tenté ? L'émule de « Vendredi » s'empressera de le satisfaire ; seulement l'œuf, comme l'huître, n'aura plus sa coquille et se verra précipité dans le fond d'un verre. De plus en plus troublé par ce spectacle insolite, la victime du plan américain picorera à droite, picorera à gauche, tombant ici sur un cône de maïs, là sur une tomate crue, puis sur un bifteck refroidi sur des *sweet potatoes,* sur des pâtes molles et brûlantes..... Et il se sauvera éperdu sans avoir obtenu ni un morceau de pain, ni un verre de vin. — De l'eau glacée ? du lait frappé ? à votre aise ! A la rigueur, du thé de rencontre ou du pseudo-café ; — mais du *claret,* du bourgogne, des vins de Californie ? — *Shoking !* Bien dirigé par les quakers, l'Américain se scandalise facilement, et sa conscience se révolte à la pensée qu'un fidèle pourrait, au restaurant, mêler à ses aliments quelques gouttes d'une boisson fermentée.

De l'hôtel, passons au *bar*. — Le monde est resté le même, mais le décor change. — Notre anachorète, qu'un peu d'eau rougie aurait fait bondir tout à l'heure, est devenu l'entonnoir des boissons les plus capiteuses. Les clients, perchés sur des tabourets en bois, ou debout autour d'un vaste comptoir en zinc, se livrent à la dégustation la plus effrénée. Un seul homme conserve sa gravité au milieu de ces libations : c'est le maître des cérémonies. Placé au centre de son laboratoire, ce chef, tout de blanc habillé, exécute les préparations glacées au fur et à mesure des commandes. Une bibliothèque de bouteilles à sa portée, deux gobelets métalliques dans les mains, le compas dans l'œil (un œil américain !), il dose ses compositions, les agite, les décante et les fait parvenir aux différents amateurs. Son répertoire est inépuisable : *gin, brandy* et *whisky-sauer, sodas* variés, bières assorties, *milk punch, cock tails,* etc. Tout y passe, et souvent le mélange est heureux.

Parmi les *bars* en vogue, celui de l'*Hoffman-House* tient le premier rang. Moitié capharnaüm, moitié musée, ce singulier local est le rendez-vous de la jeunesse dorée, et l'on y consomme toute la nuit. Les délicieuses « Naïades » de Bouguereau, mises sous verre, semblent rougir de s'être fourvoyées dans une pareille enceinte, où les croûtes les plus grotesques et les bibelots les plus insignifiants écrasent de véritables œuvres d'art, telles qu'un Gobelin très-apprécié et une gracieuse statue de la Renommée. Peu raffinés en matière de goût, les Yankees exaltent cet entassement de richesses nt l'ensemble représente une somme phénoménale de dollars. — C'est cher, donc c'est beau. Le diagnostic est infaillible et s'étend des choses aux gens. — Un tel *aut* tant, et vous l'estimez en conséquence ; tel autre *e paye pas,* c'est-à-dire n'a pas un roulement de nds : fût-il le plus honnête homme du monde, cha- n lui tournera les talons. Il faut, avant tout, dépen- r sans compter, se ruiner au besoin, se refaire par ous moyens. « *Get money,* dit le proverbe, *honestly it be possible; but get money* [1] *!* » Pour ne s'être s suffisamment pénétrés de cet axiome, les malheu- ux Chinois se sont vus traqués comme des bêtes uves. Mais n'anticipons pas ; nous les observerons de us près en Colombie anglaise, car c'est à peine si, epuis notre arrivée, nous avons aperçu la queue d'un fant du Céleste Empire. Restons à New-York, puis- e nous y sommes encore pour deux jours, et jetons un up d'œil sur la ville et sur ses principales curiosités.

La Cité change d'aspect suivant qu'on se place du té de la *Battery* ou dans le quartier de *Madison uare*. Ici, elle est élégante, construite en damier, aversée par onze avenues, coupées elles-mêmes à gle droit par des rues régulières ; le tout numéroté tiré au cordeau. Là, elle est plus tourmentée, et les *ocks* (ou rectangles formés par les rues et avenues i se croisent) ne se composent pas rigoureusement cent maisons. La ville basse, centre du commerce e des affaires, est en effet la plus ancienne ; elle est térieure à cette période de l'architecture américaine e nous pourrions appeler l'époque géométrique.

---

[1] « Gagnez de l'argent, honnêtement si c'est possible ; mais ant tout, gagnez de l'argent. »

La plupart des rues ont conservé leur nom, et ce sont les lanternes des becs de gaz qui se chargent de les faire connaître. Ne pas chercher ailleurs le moyen de trouver son chemin, les petites plaques bleues, si commodes dans nos pays, faisant absolument défaut. Ce qui fait encore plus défaut, ce sont ces bienfaisantes tourelles et ces kiosques discrets qui illustrèrent dans l'antiquité Vespasien et qui, à une heure moins lointaine, rendirent justement populaire la prévoyante administration de M. de Rambuteau. — La ville haute ne demeure pas à l'abri de cette critique, malgré ses prétentions au confortable. L'animation y est moindre pendant la durée des affaires, mais le soir la foule s'y porte. C'est le quartier du monde élégant, des squares recherchés, des bons hôtels et des théâtres. La cinquième avenue, entre autres, jouit d'une réputation méritée; en la suivant dans toute sa longueur, on aboutit au *Central Park,* que l'*elevated* relie à la ville basse. Bien que l'*Appleton's general guide* le définisse l'un des plus vastes et des plus merveilleux parcs du monde, nous lui préférons cent fois le bois de Boulogne, le bois de la Cambre, les Cashine de Florence et le Prater de Vienne. Comme par dérision, ces braves Yankees, qui entretiennent si mal leurs chaussées, ont mis tout leur amour-propre à bitumer les allées, restées d'ailleurs purement géométriques.

Dans un pays trop jeune pour avoir une histoire, trop affairé pour s'abandonner à la culture des arts, nous perdrions notre temps à chercher des monuments. L'intérêt n'est pas là. — Il réside dans cette ingénieuse activité, dans cette initiative hardie qui porte l'Américain à simplifier, à améliorer, à créer. Ses inventions sont merveilleuses et pratiques ; il les applique à l'in-

strie, les exploite dans des entreprises d'ordre purement privé et les fait entrer parfois dans le fonctionnement des services publics. Tandis que nos vieux
pays s'entre-déchirent sur des questions soi-disant po-
liques ou sociales, et qu'ils opposent aux véritables
ogrès économiques la force d'inertie et l'esprit de
utine, l'Amérique s'occupe d'affaires, travaille utilement, mesure le chemin parcouru et justifie cette
clamation qu'elle revendique comme une devise :
ahead ! En avant ! toujours en avant !

Notre conviction s'affermit à mesure que nous pour-
ivons l'inspection des quatre coins de la Cité. Les
uristes qui m'ont précédé aux États-Unis ont fait de
ew-York un examen consciencieux; aussi me con-
enterai-je, je le répète, de grouper dans ce chapitre
curiosités de la ville, en effleurant chacune d'elles.
Le premier établissement que nous visitons, le *Mer-
ntile safe deposit C°,* occupe un vaste bâtiment, dont
partie souterraine attire surtout notre attention. Ce
it de véritables rues, prises entre deux murailles
nstruites à l'épreuve du feu et garnies d'une multi-
e de petites portes ouvrant autant de coffres-forts.
autres portes, lourdes et fortement blindées, tien-
ent les galeries hermétiquement closes ; leurs puis-
tes serrures obéissent à un mouvement d'horlogerie
se referment instantanément. Le but est de fournir
x capitalistes et aux hommes d'affaires un lieu sûr
ur le dépôt de leurs valeurs. Les cases se louent fort
er, de quinze à cent dollars suivant leurs dimen-
ns, et cependant la Société ne compte pas moins de
t mille cinq cents abonnés. Il est vrai que dans
chiffre se trouve un nombre respectable de ladies,
quelles l'administration fort galante a réservé un

emplacement spécial, orné d'un luxueux boudoir et d'une salle de correspondance.

Encourant une énorme responsabilité, la *Mercantile safe deposit C°* devait, par tous moyens, éviter les risques. Elle prend à sa solde un corps de police, composé de quarante hommes armés jusqu'aux dents et surveillant les abords de l'établissement. Ce n'est pas tout : un télégraphe communique avec les postes voisins, et, par un mouvement électrique, les soupapes de certains tuyaux, débouchant dans les caves, laissent échapper un jet de vapeur qui, suivant les cas, arrête l'incendie ou asphyxie le voleur. — Le dernier fait s'est présenté l'an passé. Un audacieux crocheteur fut signalé par la police au cabinet du contrôleur, et celui-ci, sans interrompre l'intéressant travail qui s'opérait dans telle galerie désignée, pressa négligemment sur un bouton électrique... Peu de temps après, l'eau s'écoulait paisiblement, et le cadavre de l'indiscret était remis entre les mains de l'autorité compétente.

Parfait! Mais le moyen de se procurer cette vapeur à haute pression sans la moindre machine ? — L'Américain vous répondra : Prenez un abonnement à la *New-York Steam C°.* — Cette Société, née d'hier, fournit à ses clients, pour un prix relativement modéré, une quantité déterminée de vapeur. La distribution se fait à domicile, comme celle du gaz, mais nécessite une installation plus compliquée et un système de conduits extrêmement résistants. La vapeur, portée à une pression moyenne de cinq ou six atmosphères, devient un mode de chauffage goûté des cuisiniers et des bourgeois. Elle s'utilise très-heureusement, comme force motrice, dans les différentes industries. Les grands hôtels, les banques, la Bourse du commerce et le *Post*

Office lui confient le soin de mettre en mouvement leurs nombreux ascenseurs.

Nous connaissons déjà, pour les avoir admirés à l'Éden dans *Excelsior*, la poste et les petits facteurs. — A vrai dire, les petits facteurs étaient mieux à Paris; mais si l'on veut se faire une idée de l'organisation même de la poste, c'est à New-York qu'il faut la voir. — Le bâtiment, placé au centre des affaires, compte parmi les plus élevés de la ville. Deux façades, percées d'une douzaine de portes, donnent accès dans un grand vestibule circulaire. La cloison intérieure est couverte d'une multitude de petites boîtes en cuivre, louées à des particuliers qui s'y font adresser leur correspondance. Ici comme à la *Mercantile safe deposit C°*, les ladies jouissent d'un emplacement spécial et disposent d'un guichet particulier à la poste restante. Dans des cadres *ad hoc* sont affichées des coupures de journaux reproduisant l'adresse des lettres qui n'ont pas trouvé preneur.—Au rez-de-chaussée sont les bureaux chargés de la réception et de la distribution des lettres; — dans le sous-sol, des locaux analogues réservés aux journaux; — au premier s'expédient les mandats-poste et les chargements, s'opère le maniement des fonds et se trouvent les bureaux de la direction. — Les étages supérieurs ne dépendent pas de cet ingénieux mécanisme dont se félicitent New-York et les grandes villes des États-Unis.

L'un des services qui font le plus grand honneur à l'esprit inventif des Yankees, c'est celui du *fire department* (service des pompiers). Il est aussi le plus connu, trop connu même pour que nous nous attarions à en donner une description détaillée. — Mille boîtes d'alarme environ, une soixantaine de postes, un bureau central, tels sont les trois facteurs de cette organisation merveilleuse. Le poste que nous visitons s'ouvre à deux battants sur la voie publique. La pompe, suivie d'une voiture portant les accessoires, tient le milieu d'une remise ; de chaque côté, un cheval appuie son poitrail contre la barre de fer qui ferme son box ; au-dessus du timon, les harnachements restent suspendus, et dans un coin se dresse une perche qui traverse l'ouverture pratiquée au plafond. — Supposons que le feu se déclare au numéro 20 de la cinquantième rue. Un passant l'aperçoit ; il ouvre la première boîte d'alarme à sa portée, presse sur un bouton, et le bureau central informé transmet le signal au poste le plus rapproché de l'incendie. Les chevaux, détachés par le courant électrique qui fait tomber la barre, se placent d'eux-mêmes de chaque côté du timon et reçoivent leur harnachement sur le dos, tandis que les pompiers, se laissant glisser le long de la perche, viennent prendre place sur le siége. Quelques minutes à peine sont écoulées, et déjà tout le matériel fonctionne sur le lieu du sinistre. — Parmi les engins les plus curieux, nous citerons la tour (*tower*), vaste tuyau s'allongeant comme un simple télescope et atteignant la hauteur de plusieurs étages. Mise en communication avec trois ou quatre pompes, elle donne un jet d'une violence inouïe et d'un effet prodigieux. Les échelles-télescopes permettent d'atteindre les étages supérieurs. D'ailleurs, un grand nombre de maisons sont munies, sur toute la hauteur, d'escaliers en fer fichés dans la muraille. — La préoccupation constante des Américains à conjurer les incendies n'est que trop justifiée par la fréquence de ceux-ci et par l'importance formidable qu'ils prennent. Le plus tristement

célèbre est l'incendie de Chicago en octobre 1871.
Depuis ces ravages, les architectes prétendent construire des bâtiments à l'épreuve du feu, et tous les
hôtels aujourd'hui se déclarent *fire proof*.

A plusieurs reprises, la ville de Paris a envoyé des
ingénieurs à New-York avec mission d'étudier le service des pompiers. Certaines améliorations dans la distribution des bouches d'incendie, dans l'installation des
postes, ont été le résultat des observations recueillies.
Toutefois, on a pensé que la différence du climat et les
conditions de la construction ne rendaient pas nécessaire, en France, une réorganisation radicale sur le
modèle américain.

Parallèlement au *fire department,* fonctionne une
entreprise moins connue et d'un cachet tout particulier : la *fire insurance patrol*. Cette patrouille, avertie
par les boîtes d'alarme, fait diligence tant et si bien,
qu'elle arrive sur le théâtre de l'événement avant les
machines et opère le sauvetage des valeurs et des objets que l'on pourrait détériorer ou détruire. Souvent
la besogne est faite quand les pompes commencent
leur service.

Une merveille d'un autre genre, considérée par les
Américains comme le *nec plus ultra* de l'art de l'ingénieur, s'étend majestueusement au-dessus de l'East-
River et relie New-York à son annexe. Nous avons
nommé le pont de Brooklyn. Cette construction, impo-
sante et gracieuse à la fois, franchit en trois bonds tout
un bras de mer. Deux tours émergent de l'eau et se
dressent en arc de triomphe à une hauteur de quatre-
vingt-dix mètres ; quatre câbles supportés par ces tours
tiennent en suspension un tablier d'un kilomètre de
long, sous lequel se croisent les plus grands navires

des deux mondes. Le pont se divise en six sections : deux voies carrossables, deux lignes ferrées, une passerelle pour les piétons et l'espace réservé au télégraphe et au téléphone. L'ensemble atteint une longueur d'environ deux mille mètres sur une largeur de vingt-cinq ou trente.

Vu d'en bas, le travail impressionne par sa légèreté, et cette sensation persiste quand, de la passerelle, on suit les oscillations provoquées par le passage des trains. Pour bien juger de l'effet, nous nous arrêtons au milieu du pont. L'enlacement des cordages qui se coupent et se mêlent comme les mailles d'un filet, aux gros câbles pendus à chaque tour, nous fait penser à la mâture d'un immense steamer. — Sous nos pieds, le coup d'œil est plus étrange encore : un monde de bacs, de *ferries,* de paquebots, vus par le gros bout de la lorgnette, se projette verticalement sur la surface de l'eau. Le pont lui-même a son animation particulière, et, tandis que les voitures maraîchères et les *cabs* circulent de chaque côté de la double voie de fer, trois ou quatre trains de *cable cars* se succèdent dans les deux sens.

Les *cable cars,* wagons organisés sur le modèle des tramways, sont mis en mouvement par un fil sans fin placé dans un rail central à quelques centimètres de profondeur. Une pince peut, à volonté, saisir le câble ou l'abandonner, et des freins puissants permettent au conducteur de modérer la course. — A Chicago et à San-Francisco, nous aurons l'occasion d'examiner ce moyen de traction qui se substitue aux tramways ordinaires ou *horse cars,* et devient chaque jour d'un usage plus général.

Les modes de transport sont nombreux à New-York,

et nous avons cité les principaux. Dans les ports : *ferry boats* portant des trains entiers, bacs et bateaux de toute nature. En ville : voitures de place, omnibus et *cars* assortis, enfin et surtout l'*elevated rail road*.

Si les cochers de fiacre ont des prétentions exorbitantes, les conducteurs des omnibus et des tramways sont plus honnêtes. Honnêtes aussi les passants qui montent dans ces véhicules ; du moins l'absence d'un contrôleur peut le faire supposer. — Dans une petite boîte vitrée, le nouvel arrivant dépose les cinq ou dix *cents* réglementaires ; s'il n'a que des dollars, il sonne le conducteur, qui lui remet par un guichet la monnaie de sa pièce, soigneusement enveloppée dans un joli cornet.

Le tramway, très-pratique pour les petites distances, est impossible pour les grandes, et le *businessman* qui se rend à ses affaires, souvent éloignées de son *home* d'une dizaine de kilomètres, préfère employer l'*elevated R. R.*

Ce chemin de fer, suspendu à la hauteur d'un deuxième étage, traverse quatre fois la *City* dans le sens de sa plus grande longueur. Construit à double voie, il est soutenu tantôt par des arcades, tantôt par une série de colonnes en fer. — Souvent la ligne tourne à angle droit ; mais les wagons, pivotant eux-mêmes sur des roues couplées, se prêtent aisément à la manœuvre. Une seule fois, paraît-il, le train s'est jeté dans la rue, et naturellement personne n'en réchappa. Bien que la Compagnie n'ait attaché à ce fait passager qu'une médiocre importance, elle fit établir contre les rails une rangée de poutrelles qui préviendrait sans doute une culbute en cas de déraillement. — Il y a partout des sacrifiés, et les riverains de l'*elevated* s'en doutent. Leurs rues sont ténébreuses, noircies par la fumée, assourdissantes à l'excès, et tous les voyageurs peuvent plonger un regard indiscret dans des intérieurs où ils ne sont pas invités. De là, des cancans; parfois aussi, quand le curieux appartient à la presse, un bon article à sensation qui produit un scandale et aboutit au chantage. — C'est le revers de la médaille; mais que d'avantages compensent au centuple les inconvénients signalés ! Défiant les prétentions ridicules des cochers, tout citoyen de la grande ville, sans tenir compte de la distance, vaque à ses occupations, se rend à son travail et rentre chez lui, pour le prix d'une séance chez le cireur de bottes. Moyennant une taxe qui varie de cinq à dix sous, il peut, toutes les deux ou cinq minutes pendant le jour, tous les quarts d'heure pendant la nuit, se transporter sur l'un des points quelconques du parcours. — Le contrôle et le personnel sont extrêmement simplifiés : deux employés dans les gares, un seul dans les trains. Les premiers délivrent les *tickets* et surveillent le compteur où les voyageurs les déposent; l'autre annonce les stations, remplissant à cet égard l'office de chef de train.

Quant au matériel roulant, il se compose d'une machine et de deux ou plusieurs wagons, dont les banquettes sont placées parallèlement à la voie. Une allée centrale les traverse et donne accès sur deux plates-formes, où se tiennent les personnes qui désirent descendre à la première station. Les trains ne s'arrêtent qu'une seconde; tant pis pour les retardataires et pour les infirmes. Ceux-ci, dans les bagarres, aggravent leur état par un nouvel accident. — Le mouvement est tel sur l'*elevated,* que, nuit et jour, tout est bondé.

Les statisticiens estiment à plus de cent millions le nombre des voyageurs transportés annuellement par ce chemin de fer. Un tel chiffre affirme le succès de l'affaire au point de vue financier; elle a enrichi à l'américaine ses fondateurs, et elle fournit aux actionnaires un revenu net de 7 pour 100.

Si nous quittons un instant ces ingénieuses entreprises pour considérer l'aspect des rues, notre admiration s'atténue. Rien d'élégant, rien même d'original. Les maisons particulières, tirant sur la brique ou sur le chocolat, tiennent un peu du cottage anglais sans en avoir le charme; quant aux maisons de rapport, elles se contentent de dix ou quatorze étages, ce qui ne suffit pas toujours pour atteindre le bon goût. Il y a bien les bureaux de tabac escortés d'Indiens de carton fumant le calumet entre deux colonnes tricolores, et les boutiques des pharmaciens, du sein desquelles jaillissent des sources de *soda water,* entourées d'articles de parfumerie et de limonades rafraîchissantes.

Tout ceci, c'est de l'excentrique, mais le cachet n'existe pas. A défaut de cachet, les banques, les hôtels, les magasins et jusqu'aux moindres *offices,* possèdent ce qui nous manque souvent, un personnel simplifié et un matériel perfectionné. — Nous entrons chez un marchand de nouveautés et nous faisons un achat; le commis chargé de nous servir pose notre emplette dans un petit chariot qui manœuvre sur un plan incliné, met notre billet dans une boîte sphérique qui roule jusqu'à la caisse, et, deux minutes après, la bienheureuse boule nous rapporte la facture acquittée et la monnaie, tandis que notre paquet nous revient tout ficelé.

Le téléphone, né en Amérique, devait fatalement s'y

acclimater. Tous le considèrent comme l'instrument obligé du boutiquier et de l'homme d'affaires; mais seul il ne pourrait répondre aux exigences de la spéculation et du commerce. Souvent, aux quatre coins d'un office, on voit de petits télégraphes déroulant dans une corbeille une bandelette de papier bleu; ce sont des *tickers* dont la mission consiste à reproduire les dépêches au fur et à mesure qu'elles arrivent. Tel *ticker* donne le cours des grains à Chicago, tel autre la situation des Bourses de Paris, de Londres, de Pétersbourg, et les nouvelles politiques importantes. Il suffit donc à chacun de dévider quelques aunes de ces bandelettes pour se mettre au courant des faits qui l'intéressent au moment même où ils se produisent.

Pour épuiser la liste des curiosités que renferme New-York, un séjour d'une quinzaine serait nécessaire au touriste. L'ingénieur s'y absorberait volontiers plusieurs mois; quant au commerçant de nos pays, nous lui souhaiterions un stage d'une année. Au contact d'hommes entreprenants et (risquons le mot) débrouillards, son sens pratique et son initiative se développeraient. Laissant là l'esprit de routine et les intérêts mesquins, il se déciderait plus vite, tenterait davantage et verrait plus grand. — Pour nous, qui appartenons à la fâcheuse catégorie des gens pressés, nous devons mettre les bouchées doubles et nous reposer de deux journées aussi laborieuses qu'intéressantes, par une soirée à *Coney Island*, une autre au *Fifth avenue Theatre*.

En compagnie, le temps passe vite, et nous tenons pour un puissant tonique la brise de mer qui souffle sur le passage de notre ferry-boat.

Coney Island, ville de banlieue située sur la côte de

Long Island, nous fait assez l'effet d'une foire subur-
baine, avec ses baraques en planches et sa plage, où
s'ébat le menu fretin de la petite bourgeoisie. Nous y
trouvons le photographe recommandé par un conteur
plein de verve doublé d'un observateur judicieux [1].
Cette fois, l'objectif est braqué sur une négresse opu-
lente, enrichie d'un poupon qui promène sur la foule
des curieux un regard courroucé. Contre les dunes, des
« montagnes russes » circulaires laissent aux amateurs
toute facilité de se casser le cou pour le prix de dix
cents par tête. Ailleurs, s'étalent des cafés-concerts, des
ménageries et les mille distractions de nos faubourgs,
appréciées, paraît-il, du Tout-Batignolles de l'endroit.
— Batignolles plutôt que Montmartre; car, dans ce
milieu d'ouvriers paisibles et de boutiquiers, le *pur* et
l'anarchiste sembleraient fort dépaysés.

Ceux que des plaisirs plus raffinés recherchent,
prennent un train confortable s'arrêtant à *Manhattan
Beach*. Le trajet dure cinq minutes, et le billet coûte
assez cher pour exclure les petites bourses. Dans cet
enclos privilégié, nous trouvons un restaurant bien
tenu, où d'aimables couples se donnent le luxe d'un
diner fin. A certaines tables, plusieurs ménages se sont
réunis; mais, loin de se panacher, ils se cantonnent
par sexes comme à l'église et pour des motifs demeurés inconnus. Sans doute, pendant le cours de ces repas galants, les hommes s'entretiennent des grains, du
bétail, des affaires, préparent un coup de Bourse ou
engagent un pari. Leurs compagnes s'accommodent
volontiers de cette quarantaine qui leur permet de se
communiquer leurs sentiments, de tendre en commun

---

[1] Le baron de Mandat-Grancey, *En visite chez l'oncle Sam.*

leurs filets et de satisfaire à loisir leur brillant appétit.

L'Américaine bénéficie sur notre continent d'une
réputation de beauté que nous aurions mauvaise grâce
de lui contester ; cependant, à l'état nature, sans le vernis parisien qui la relève et la met en valeur, elle provoque chez l'étranger de curieuses stupéfactions. Ses
robes en entonnoir, privées, il est vrai, de tournure (ce
qui n'est pas un mal), ses corsets tronqués ou absents,
ses chapeaux mal équilibrés s'unissent à son allure dégingandée, pour déclarer à ses qualités plastiques une
guerre implacable. En complet de tulle blanc ou dans
un négligé du matin, elle gardera son charme ; en toilette de soirée, elle atteindra le cocasse.

Le Yankee se soigne peu ; ses vêtements, moins
excentriques, frisent parfois la coupe anglaise ; mais
son triomphe est la coiffure. D'un massif de casquettes
et de calottes en drap, émergent d'immenses chapeaux
de peintre, dont les bords hospitaliers abriteraient sans
effort une famille. — Les *melons* et les *tubes* désertent
les quartiers commerçants pour s'installer dans la ville
haute et sur les points élégants. Nous en voyons à
Manhattan Beach, où l'*Incendie de Pompéi* fait courir
tout New-York. Cette pièce à effet se donne à ciel ouvert. Sur des gradins en amphithéâtre, dix mille personnes, dit l'affiche, peuvent se tenir à l'aise. La scène
représente Pompéi, adossée contre le Vésuve et limitée
par les flots d'un golfe de Naples artificiel, sillonné de
trirèmes. La ville est en fête, mais bientôt les signes
précurseurs d'une catastrophe interrompent les jeux.
Les maisons s'embrasent de feux de Bengale ; le volcan
vomit des pétards, des fusées et des soleils, et l'impres-
sionnant feu d'artifice se termine par une réclame

pour le *New-York Herald*. L'administration de ce journal paye une partie des frais, qui s'élèvent à trois mille francs par jour; le reste est supporté par le propriétaire de *Manhattan Beach*, qui pense par ce moyen achalander son restaurant.

Au retour, il nous prend fantaisie de visiter une guinguette nègre de maussade apparence. Le personnel, entièrement noir, y sert une clientèle de même couleur, bien que de sexe différent. Sur une estrade, quatre confrères font un vacarme épouvantable en poussant des cris de pintades. Les consommateurs répondent par des clameurs enthousiastes et s'agitent dans la salle. L'un d'eux, toujours sous le charme, veut absolument nous faire part des douces émotions qui débordent de son cœur, et, s'appuyant fraternellement sur la tête de l'ami T..., qu'il caresse de sa main de singe, il commence avec notre groupe une conversation passionnée dont il fait tous les frais. Tant d'affabilité ne laisse pas de nous inquiéter, et nous jugeons prudent de nous soustraire à ses protestations de tendresse vraiment trop éloquentes.

Notre soirée au théâtre de la *Cinquième Avenue* nous permet d'observer New-York sous une face nouvelle. Bien que la société se soit réfugiée dans les villes d'eaux, sur l'Hudson ou dans les montagnes des Adirondacks, il reste toujours, près de *Madison Square*, une petite phalange de citadins endurcis. Plusieurs ont retenu leurs places pour la première du *Mikado*, joué par la troupe anglaise que nous avons rencontrée sur l'*Aurania*. Groupés du côté des fauteuils réservés, ils frayent entre eux et causent sur un ton de bonne compagnie. Peut-être la mise prête-t-elle à la critique, mais la tenue est correcte. Malheureusement, ce petit noyau de gens du monde se perd dans l'ensemble, et l'aspect de la salle reste pitoyable. Les jambes croisées sur les bras de leurs fauteuils ou posées sur le dossier qui se trouve devant eux, les spectateurs de l'orchestre manifestent bruyamment leurs impressions. — Le parterre est plus singulier encore. Las de se tenir debout, il se dandine à la façon des ours et se présente dans le plus complet débraillé, gilet déboutonné et chapeau sur la tête.

A plusieurs reprises, la salle souligne des passages comiques; elle applaudit franchement la pièce, qui nous surprend par sa verve et son allure légère. Le *Mikado* fera son chemin, et nous prédisons à la troupe une brillante recette.

Au *bar* de notre hôtel, quelques consommateurs fredonnent les couplets guillerets que nous venons d'entendre. Les Américains deviendraient-ils Gaulois, et le théâtre de Londres réserverait-il des jours heureux à l'opérette? Voilà qui ferait rougir bien des prudes de la vieille et de la nouvelle Angleterre. Quant à nous, qu'un peu de gaieté ne pourrait offenser, nous regrettons que nos préparatifs de départ nous obligent à quitter ce coin joyeux de l'*Hoffman-House*.

CHAPITRE IV

Si nos courses à travers New-York nous ont quelque
eu familiarisés avec le génie américain, le pays lui-
ême nous est resté complétement fermé, et notre
magination seule nous représente cette nature de
éant dont les touristes de nos contrées nous ont dit
es merveilles. Sans doute, la baie est immense, mais
'est toujours l'Océan ; sans doute, les bords de l'Hud-
on et de l'East-River fuient à l'horizon, mais ici en-
ore la mer empiète sur le fleuve, que nous voyons à
on embouchure. Le spectacle peut paraître plus com-
let, plus grandiose que sur les côtes de France ou
'Angleterre ; il n'est pas nouveau.

A bord de l'*Albany*, l'impression change. Il semble
ue nous appareillons pour un voyage au long cours.
otre *palace-steamer*, grand comme un transatlan-
ique, traverse, à la vitesse prodigieuse de vingt à
ingt et un nœuds à l'heure, une sorte de lac dont il
e peut atteindre le bout. Nous naviguons sur l'Hud-
on, où les voiliers manœuvrent à leur guise, et dans
ix heures nous toucherons *Albany-City*, notre pre-
ière étape vers le Canada.

Le long de la rive gauche court une série de collines, semées de cottages, tandis qu'à l'opposé se dresse une ligne de montagnes boisées tombant à pic dans le flot. Nous pénétrons dans le nouveau continent par une de ses entrées les plus majestueuses et les plus brillantes ; bientôt nous verrons le Saint-Laurent, plus tard le Mississipi, mais jusqu'ici nous n'avons pas de points de comparaison ; nous sommes en présence d'un grand fleuve de l'Amérique, et nous admirons, stupéfaits, ses dimensions prodigieuses.

L'Hudson coule droit pendant deux heures, puis fait un coudé et creuse une baie large d'une lieue. À cet endroit la montagne s'élève, et, sans perdre ses tons bleu sombre et gris d'acier qui font penser à la forêt Noire et à la chaîne des Vosges, elle prend une tournure alpestre. Les rives se rappprochent un instant, s'écartent de nouveau et se maintiennent à une distance de deux à trois kilomètres jusqu'à la fin de notre parcours. Sur chacune d'elles, nous voyons déboucher des trains de marchandises surchargés de réclames et des express traînant une dizaine de *pullman-cars,* wagons de luxe bien connus. Ces lignes appartiennent à des compagnies rivales, qui ne se ressentent en aucune façon de la redoutable concurrence des steamers.

Le temps nous sert à souhait, et les sites, sans cesse renouvelés, sont animés par des stations de plaisance et de petites villes, parmi lesquelles West-Point, l'École militaire des États-Unis. Jamais traversée (c'en est une) ne nous parut mieux combinée, ni plus agréable. Notre *palais*, d'aplomb sur l'eau, ne subit pas la moindre oscillation ; chacun peut s'occuper à sa fantaisie : travailler, lire, jouer, prendre au passage un délicieux croquis. L'estomac lui-même a certaines satisfactions, et l'Européen réussit à se faire servir,

sinon à table d'hôte, du moins au restaurant, un dé-
jeuner convenable.

D'instinct et sans penser à mal, nous avons prié
notre nègre de nous donner du *claret;* mais celui-ci,
visiblement ému, reste paralysé à sa place ; nous répé-
tons notre commande, et notre homme se décide à
nous servir le bordeaux demandé. A ce moment, l'agitation gagne les convives, les physionomies se décom-
posent et les nez s'allongent. Il paraît que nous sommes
des ivrognes, à tout le moins des malappris. Nous le
regrettons, mais le lait glacé n'a rien de captivant, et
nous savons que penser des amateurs de *whisky* et de
gin. C'est au bar qu'on les retrouve, et le bar du *palace-
steamer* est bondé.

Dans les salons et les cabines s'étale un luxe incroyable. De nombreuses toilettes à doubles robinets
d'eau chaude et d'eau froide sont à notre disposition,
et, de distance en distance, des fontaines d'*ice water*
permettent aux Yankees de se geler le gosier en s'abî-
mant l'estomac. Les passagers de première classe
nous paraissent de véritables pachas. Non-seulement
la civilisation a prévenu leurs moindres désirs, mais
leur sans gêne à toute épreuve corrige ce que le
comme il faut a parfois d'astreignant. Le scrupule
que nous avons de salir de nos bottes les divans en ve-
lours et les tentures de soie, le Yankee ne peut le con-
cevoir ; c'est une notion qui lui échappe. Mal assis, le
corps replié comme un portefeuille, il vit les pieds en
l'air, par tempérament sans doute. Nous constatons une
fois de plus ce phénomène sans parvenir à en saisir ni
l'élégance ni la commodité.

S'il n'entend pas se gêner, l'Américain accepte du
moins que ses voisins en prennent à leur aise. Per-

sonne ne trouvera mauvais que pour nous installer à une table, nous envoyions à tous les diables les chapeaux qui l'encombrent. A ce point de vue, plus libéral que beaucoup, il respecte chez les autres le sans façon qu'il revendique pour lui-même comme un droit. Il est bon enfant et ne se formalise jamais.

Les personnes auxquelles nous demandons des renseignements nous les fournissent volontiers. Plusieurs nous ont recommandé *Mansion-House*, le meilleur hôtel d'Albany, parait-il. Ce n'est certes pas faire l'éloge des autres. Des chambres plus que modestes, une cuisine barbare, l'absence complète de boissons fermentées, voilà ce qui distingue ce séjour, où, fort heureusement, nous ne faisons que passer.

Fondée en 1614 par les Hollandais, la *city* se flatte de son antiquité relative, bien que son développement date de notre siècle. Du jour où le canal de l'Érié a mis les grands lacs en communication avec l'Hudson, elle devint l'entrepôt des marchandises allant de l'Ouest sur New-York. Aujourd'hui sa population atteint cent mille âmes; mais, en dépit de son importance, Albany conserve le caractère d'une ville de province, sans agrément et sans cachet. Comme monuments, nous ne citerons que le palais du Parlement, décoré du nom pompeux de *New-Capitol*. Cette construction considérable, bâtie dans le style Renaissance, a surtout le mérite d'avoir coûté trente millions de dollars, mérite exceptionnel qui, aux yeux du Yankee, résume tous les autres.

Ce qui nous frappe davantage, c'est la tendance constante de l'Américain à décentraliser. La France veut que Paris, la métropole de ses affaires et le foyer de ses insurrections, soit en même temps sa capitale politique. Elle revendique pour Paris seul toute initiative et toute direction, et la province s'accommode du rôle modeste qui lui est réservé. Les États-Unis, au contraire, craignant que la politique ne nuise aux affaires, et que l'influence d'une grande cité ne trouble à son tour la politique, ont jugé prudent d'isoler ces deux puissances pour le plus grand bien de chacune d'elles. New-York reste le centre du *business;* mais le siége du gouvernement fédéral, comme le siége du gouvernement de l'État, est placé dans un milieu moins envahissant : le premier à Washington, le deuxième à Albany. Cette observation, qui est générale, nous aurons, chemin faisant, l'occasion de la répéter, notamment dans l'Illinois.

Pour le moment, nous ne songeons qu'à presser notre départ. Le train, qui nous emporte vers les chutes du Niagara, nous déposera sur la frontière canadienne après quinze heures de trajet. C'est un voyage long et pénible. Dans cette région, chère aux quakers, le repos du dimanche est observé. Ce n'est pas un mal, au contraire. Seulement, pourquoi interrompre le service des sleeping-cars ? Nous doutons fort que ces prescriptions, bien dignes des puritains, soient agréables au Seigneur.

Comme il n'y a qu'une seule classe dans les wagons américains, la société la plus mélangée s'y rencontre. Nous nous en consolons, en examinant notre entourage. D'un bout à l'autre de la voiture court une allée centrale; sur des banquettes, rangées des deux côtés et pourvues d'un dossier mobile, s'installe un monde de mineurs, de cow-boys, de colons de toutes provenances. Chacun nous dévisage avec une attention marquée; puis le *conductor,* et à sa suite toute la collection, s'informe de notre origine. Nous ne sommes pas des Yankees; ça se voit. Un reporter (il s'en trouve partout) prend des notes et se promet de rédiger pour son journal une demi-colonne, où nous serons tout spécialement visés. La conversation roule en général sur les qualités supérieures de l'Américain, le seul qui sache trafiquer, coloniser, inventer, vivre à la moderne, etc...

Les extrêmes se touchent : tandis que nos interlocuteurs nous chantent les bienfaits des pays neufs, les noms les plus retentissants de l'histoire ancienne viennent frapper nos oreilles. Nous passons à Utique, à Rome, à Syracuse, à Palmyre, jeunes stations qui ne se doutent pas de la réputation qu'elles auront à soutenir. Quelques maisons en planches, de grands boulevards projetés, plusieurs agences tapissées de réclames, un télégraphe, un téléphone, une ligne de tramways en voie de formation, telle est en deux mots la carcasse de ces futures capitales.

Quand la voie parait encombrée, l'un des chauffeurs agite une cloche d'alarme. A part cette précaution, souvent insuffisante, le train passe au milieu des villes et des bourgades avec un sans gêne absolu. C'est à chacun de se garer. Nous recommandons cette façon d'agir, non aux étourdis qui pourraient s'en mal trouver, mais aux peuples vraiment capables de se former aux mœurs de la liberté.

Par elle-même, la région que nous traversons n'offre rien de pittoresque. Le sol en est fertile, et les nombreux colons qui l'exploitent ont converti la savane en riches pâturages et en vastes cultures. A l'endroit même où le fier Iroquois donnait la chasse au bison, se déroulent aujourd'hui des champs interminables de maïs, surveillés par de paisibles laboureurs. L'artiste peut s'en plaindre, mais l'économiste assistera avec joie au triomphe de la civilisation.

Il fait nuit quand nous atteignons Buffalo, la troisième ville de l'État de New-York. Bien située sur le lac Érié, elle a vu sa population s'augmenter rapidement et atteindre, en 1880, le chiffre de cent cinquante mille habitants. Nous ne faisons qu'y passer, et le train, laissant de côté le Niagara américain, franchit sur un pont fantastique le gouffre qui nous sépare du Canada.

Un sourd grondement sortant des entrailles de la terre nous accueille à l'arrivée, et, de *Prospect-House* où nous descendons, nous ressentons les trépidations du sol. Malheureusement la lune reste cachée, et nous devons attendre le jour pour contempler un spectacle unique dans le monde.

Dès l'aurore, nous sommes debout. Sur notre gauche, la chute américaine, large comme un fleuve, se précipite d'une hauteur de soixante mètres. Ses eaux vertes et bleues prennent des tons de glacier et s'enroulent sur le bord de l'abîme pour tomber en flocons de neige. — La chute canadienne est plus majestueuse encore. Séparée de la première par les rochers de *Goat-Island*, elle taille dans sa muraille un fer à cheval d'un kilomètre de développement. Du tourbillon où elle s'effondre s'élève un nuage de vapeur qui trouble la vue. Cette scène prodigieuse manque peut-être de décors, et nous voudrions la transporter dans les grands massifs de la Savoie. L'aspect est imposant; mais sur un théâtre aussi vaste, l'œil ne se fixe qu'à la longue, et c'est alors seulement que l'émotion grandit. Pour apprécier les cataractes, il est indispensable d'en parcourir les abords. Si nous en remontons le cours jusqu'à Chipewa, le calme de la nature contraste avec la terrible secousse qui se prépare. Les deux bras du Niagara se sont rejoints, derrière *Grand-Island,* dans un pays découvert qu'anime une végétation luxuriante. Le fleuve coule lentement, laissant ses rives s'étendre sur la largeur d'une lieue. En aval, le bouleversement est complet. Entre deux falaises qui l'étreignent, le Niagara se creuse dans le rocher un lit de cent pieds, et, bondissant sous le choc, il forme, à trois kilomètres de sa chute, les fameux rapides où le capitaine Webb trouva la mort. Le corps de l'insensé fut recueilli à cinq lieues plus bas, mais cette fin tragique ne déconcerta que les nageurs. Les paris portèrent sur d'autres tentatives, et l'an passé, trois gentlemen, montés sur un petit vapeur, parvinrent, contre toute attente, à franchir les gorges.

Une traversée moins aventureuse permet d'observer les cataractes de l'endroit même où elles se précipitent. Seuls les remous seraient à craindre, et la *Maid of the Mist* (la Vierge du brouillard) les évite avec une telle adresse, que le *tour* est devenu classique.

Notre promenade sous les chutes prend au contraire l'allure d'une véritable expédition. L'exercice préparatoire consiste à nous dépouiller de nos vêtements pour nous affubler de la tenue de rigueur. — Sur un maillot de flanelle, nous endossons un complet de gutta-percha; des bandes de drap nous entourent les jambes, et notre chef est protégé par une capuche de vieille Anglaise. Ainsi costumés, nous exécutons une escalade sur des poutrelles vermoulues et sur la pierre glissante. — Il n'y a pas à badiner, car un faux pas nous mènerait fort loin, et la douche en pluie qui nous cingle nous oblige à nous cramponner sans vergogne.

Nous sommes à la Grotte des Vents. Au-dessus de nous, le flot, conservant une épaisseur de plusieurs mètres, s'arrondit en dôme de cristal, nuancé de mille teintes ; la masse entière nous environne et nous écrase de sa puissance. De telles impressions valent bien un peu de peine. Comme pour en conserver le souvenir, sous son côté le plus grotesque, nous décidons à l'unanimité de nos quatre voix que la photographie fixera notre groupe dans son attirail de scaphandre.

Certes ils ne manquent pas, les artistes en tous genres : peintres et sculpteurs de rencontre, teneurs de bazars ambulants, débitants de *cock-tails* et de *soda-water*, guides, cochers, etc... Les poches s'allégent à chaque pas. Un pont à passer, une porte à fermer, un ascenseur à prendre ; coût : vingt-cinq cents, cinquante cents, un dollar ; mais il paraît que c'est pour rien.

La réclame surtout nous importune avec son style ampoulé, ses lettres colossales et ses couleurs éblouissantes ; elle tapisse le rocher et s'accroche aux arbres. Pauvre Niagara, comme on l'arrange !

Tout n'est pas à critiquer dans l'empiétement du *business* sur le site sauvage. Entreprenante à l'excès, l'Amérique s'empare des forces de la nature ; mais, en femme pratique, elle prétend les utiliser. Déjà les petites cascades longeant la falaise ont trouvé preneur et font marcher des usines. Personne ne s'est encore attaqué à la cataracte, mais nous ne doutons pas qu'avant peu, l'industrie, se servant habilement de ce puissant moteur, ne lui confie le soin de fabriquer et de proluire[1].

---

[1] Depuis que nous avons écrit ces lignes, une tentative a été aite. Les chutes du Niagara vont servir à éclairer la ville de Buffalo à la lumière électrique. D'après les calculs des ingénieurs, les

Le triomphe de l'ingénieur est complet. Il a jeté au-dessus du gouffre un pont suspendu de quatre cents mètres de portée [1]. Les trains s'y succèdent sans cesse et semblent chercher leur équilibre, ainsi qu'un acrobate sur la corde roide. — Ce serait peut-être le cas de parler du canal Welland, qui facilite aux navires le passage d'un lac dans l'autre; mais la question des voies navigables, comme celle des chemins de fer, mérite un examen spécial qui trouvera place dans le cours de notre récit.

Deux routes s'offrent à nous pour atteindre Toronto : prendre la ligne du grand Trunk, qui part de Niagara et contourne Ontario, — ou couper la pointe ouest de cette mer d'eau douce, en nous ménageant l'agrément d'une petite traversée. Cette dernière idée nous sourit davantage, et nous confions à un affreux *steam-boat* le soin de notre existence. Mal nous en prend. L'orage éclate sur nos têtes et fait cause commune avec la vague. Pendant trois heures, nous sommes aspergés dans tous les sens, pestant contre notre bicoque et faisant des études aussi mélancoliques qu'approfondies sur les effets combinés du roulis et du tangage. Enfin la côte se dessine, Toronto se détache au fond d'une baie, et nous abordons à la satisfaction générale.

La ville est anglaise. Larges avenues plantées d'arbres, jolis cottages construits en briques et recouverts d'ardoises, édifices du style gothique.... On se croirait à dix lieues de Londres.

Que le gentleman s'isole dans son *home* ou se pro-

2,059,000 gallons d'eau qui coulent par seconde représentent une force de 7,000,000 de chevaux-vapeur. Les dépenses s'élèveront à 5,000,000 de dollars.

[1] Dans le courant de l'année 1887, une dégradation au tablier a

mène à *Queen's Park;* qu'il suive les cours de l'*University* ou qu'il s'arrête à la cathédrale Saint-James, partout il retrouve sa langue, ses mœurs, ses lois, sa religion. Comment dès lors s'étonner qu'il consente à quitter l'Angleterre? Il ne s'est pas expatrié, il vit au milieu de ses compatriotes, à l'ombre de son drapeau, et il contribue pour sa bonne part à la grandeur de son pays.

C'est à l'immigration de la race anglo-saxonne et à l'appui des capitaux anglais que la province d'Ontario doit sa prospérité. Sa population totale dépassait deux millions d'habitants au dernier recensement, alors que celle de Québec n'en accusait pas quinze cent mille; Toronto, sa capitale, compte cent vingt mille âmes et tient le second rang dans la Confédération.

Les colons, soutenus par la métropole, ont occupé la région tout entière et recueillent aujourd'hui le fruit de leurs efforts. Ils habitent une zone tempérée, cultivent un sol fertile sillonné de nombreuses voies ferrées, et communiquent par les grands lacs avec le Nord-Ouest et les États-Unis.

Le soir même de notre arrivée, nous partons dans la direction de Montréal. Un express du *Grand Trunk* nous ouvre ses sleeping-cars, et nous nous installons dans des *lower berths* (lits d'en bas), parfois assez généreux pour offrir l'hospitalité à deux personnes. Ils sont confortables et mieux suspendus que les nôtres, mais les tentures qui les abritent trahissent souvent le négligé d'une toilette de nuit. Une Européenne serait visiblement gênée dans ce dortoir et regretterait les petites cases étroites, mais discrètes, de nos wagons-

causé une effroyable catastrophe : un train de voyageurs s'est précipité dans le gouffre. Personne n'a pu être sauvé.

lits. De la part d'un homme, ce scrupule s'expliquant moins, nous dormons sans désemparer jusqu'à Kingston, le Saint-Cyr du Canada. Là nous attend le steamer qui part de Toronto et descend le fleuve. — Hâtons-nous d'ajouter qu'il n'a rien de commun avec l'affreux bateau de Port-Dalhousie. C'est un magnifique bâtiment, mis à l'épreuve de la bourrasque et joignant aux qualités essentielles celles de l'élégance et du confort.

Le 26, à six heures, nous levons l'ancre, et le soleil se décide à être du voyage. — Voici les *Thousand Islands*, myriade d'îles et d'îlots de toutes grandeurs, semés de bouquets d'arbres, de prairies et de bocages, parmi lesquels se jouent, sur les deux rives frontières, des cottages anglais et des pavillons chinois. Le Saint-Laurent se divise en une infinité de lacets et poursuit sa marche tortueuse sur un parcours de soixante kilomètres. Nous doublons Brockville et Prescott, villes naissantes qui suivront l'exemple des cités américaines. Là, le fleuve immense nous apparaît dans sa souveraine majesté. Il s'évase pour former des baies, puis se rétrécit et s'engorge. Quel attrait dans cette variété d'impressions et de sites !

Nous sommes dans la région des rapides, et notre navire, dirigé par un habile pilote, se gare des récifs, lutte contre le flot qui écume. Contrarié dans sa marche, ce gigantesque torrent se désunit et remonte son cours ; souvent des tourbillons se creusent et accusent des différences de niveau inouïes. On dirait des vallons et des mamelons d'eau, maintenus immobiles sous l'impulsion des remous. Jusqu'ici, cependant, pas d'émotions violentes. Notre grand vapeur se comporte à merveille au milieu de ce désordre, et c'est à la terrible barre de *Lachine* que nous voulons le juger. Hélas ! le capitaine refuse énergiquement de la franchir pendant la nuit, et nous perdons du même coup la vue du pont Victoria, le plus grand du monde, le seul, dit notre guide, qui porte sur vingt-cinq piles en pierres de taille un tablier de deux kilomètres et demi de long.

Autre contre-temps plus vexant encore. Jusqu'ici nous avions traité de racontars, non sans quelques raisons, les articles de la presse américaine sur la déplorable *contagion* de Montréal, et voilà que les bruits prennent consistance et que les journaux de la contrée constatent les progrès de la *picotte*. — La picotte ! ce mot vieilli fait encore frémir le paysan de la Saintonge. — Mais, picotte ou petite vérole, peu nous importe le nom; c'est la même chose. L'affreuse épidémie s'est abattue sur la ville et prend les proportions d'un véritable fléau. Naturellement, Canadiens-Anglais et Canadiens-Français se jettent la pierre : les premiers ont empoisonné la population avec leur *vaccine administrative* corrompue; les autres ont propagé le mal en refusant de se soigner. — Ces discussions n'avancent personne, et nous devons prendre un parti. Dans notre petit groupe, les avis se partagent; mais nous, du moins, nous aboutissons à un compromis. Momentanément nous laissons Montréal et nous disparaissons dans un sleeping-car qui nous déposera, après neuf heures d'express, dans la vieille cité de Québec.

Québec ! La citadelle de Jacques Cartier et de Champlain, le tombeau de Montcalm ! Que de souvenirs glorieux et cruels s'attachent à ces noms ! L'homme de cœur de tous les pays salue avec respect le courage malheureux. Quant au Français, qui se rappelle l'histoire de l'abandon et les détails de l'agonie, il ne peut se défendre d'une émotion poignante. Il veut les voir, ces fils de Saintongeois et de Normands délaissés par la patrie; mais comment les retrouvera-t-il après un siècle d'oubli? — Il les retrouvera Français; il apprendra par eux ce que peut l'énergie dans l'infortune, la persévérance dans la lutte. L'accueil chaleureux que nous recevons est un gage de leur amour pour la France.

Partout on nous salue du nom de frère, et l'on nous presse de questions sur le Vieux Pays. A la gare, un employé, qui écorche péniblement l'anglais, s'aperçoit de notre origine, et ce dialogue s'engage : « Ah! vous êtes *Franças;* je suis *ben* content de vous *vouère* toujours! Faut *crouère* qu'on va *ben* là-bas. *Espérez* un moment, je m'en vas vous *approcher un char.* — Une minute, mon brave, reprend l'ami T..., heureux de pouvoir s'expliquer dans sa langue maternelle ; monsieur est Français, mais nous trois, nous sommes Belges. — Et cependant vous parlez le français, je suppose ? — A coup sûr. — *Ben,* ça m'est égal ; vous êtes *Franças* tout de même. » Et voilà ce bon Gustave naturalisé Français, malgré lui, par un Canadien de Québec.

Le *char* nous descend à l'hôtel Saint-Louis, qui vient d'être *modernisé.* « De fait, poursuit le prospectus de la maison, on a mis en œuvre tout ce que le génie moderne et la science appliquée ont pu produire pour assurer le bien-être et la satisfaction des hôtes. » L'auteur de cet intéressant document est un Anglais peu communicatif, drapé dans sa dignité de *président de the château Saint-Louis-Hôtel Company.*

Nous passons notre matinée à courir la ville. Des trottoirs en bois bordent de bonnes vieilles rues en pente, coupées par d'interminables escaliers; sur la place et près du marché, qui se fait en plein air, sta-

tionnent des calèches Louis XV. Les maisons, générale-
lement basses, sont fermées par de doubles portes et
des volets intérieurs. Aux boutiques, des enseignes en
français suspendues à des tringles. La plus connue est
celle du restaurant du Chien-d'Or, nom d'une maison,
aujourd'hui détruite, à l'entrée de laquelle on voyait
le bas-relief d'un chien rongeant un os.

En dessous on lisait ces vers :

> Je suis un chien qui ronge l'O ;
> En le rongeant je prends mon repos.
> Un temps viendra qui n'est pas venu,
> Que je mordray qui m'aura mordu.

A quel fait ce quatrain fait-il allusion? M. de Lamothe, dans son intéressant volume : *Cinq mois chez les
Français d'Amérique,* cite plusieurs légendes; mais
Narcisse Laforce, l'heureux traiteur, ne se soucie pas
de percer le mystère et se contente d'annoncer que « ce
restaurant se recommande aux gens de goût par l'*urbanité* de son propriétaire », en cela différent de son
fidèle gardien.

Québec a trois promenades : le Jardin du Gouverneur, la terrasse Frontenac et l'Esplanade, auxquelles
nous pourrions ajouter la place d'Armes. De ces points,
très-animés en été, la vue se développe sur le Saint-
Laurent; en face, le spectateur distingue, à huit kilomètres de distance, le village de Lévis bordant la rive
droite; à ses pieds, la ville basse et le port; sur la
gauche, l'île d'Orléans, qu'encadrent les premières hau-
teurs de la chaîne des Laurentides. A côté de la Terrasse, ou « plate-forme », se dresse un obélisque de
granit érigé en l'honneur du général anglais Wolfe et
du marquis de Montcalm, les deux adversaires qui
trouvèrent la mort à la bataille décisive d'Abraham.

— « Je meurs content ! » s'était écrié le premier en apprenant le succès de ses troupes. — « Au moins je ne verrai pas les Anglais dans Québec », disait en succombant le deuxième. — Un noble sentiment a réuni les deux braves, et nous applaudissons à la généreuse impartialité de lord Dalhousie, ancien gouverneur, qui fit graver cette belle inscription sur le monument commémoratif :

WOLFE-MONTCALM,

MORTEM VIRTUS, COMMUNEM FAMAM HISTORIA,

MONUMENTUM POSTERITAS

DEDIT [1].

Les excursions sont nombreuses dans un pays de montagnes traversé par un fleuve immense. — Des journalistes canadiens, qui viennent nous serrer la main, nous recommandent la petite course à la « réserve des Hurons ». Ce campement n'est plus qu'un vulgaire village peuplé de métis plus ou moins chocolat.

Les uns chassent et préparent les fourrures ; les autres, plus sédentaires, fabriquent des bibelots vendus à la petite ville de Lorette. Triste fin d'une vaillante race !

« La langue huronne », écrivait, en 1720, le R. P. Charlevoix, « est d'une abondance, d'une énergie, « d'une noblesse qu'on ne trouve peut-être réunies « dans aucune des plus belles que nous connaissons, et « ceux à qui elle est propre ont encore dans l'âme une « élévation qui s'accorde bien mieux avec la majesté « de leur langue qu'avec le triste état où ils sont ré- « duits [2]. »

---

[1] « Wolfe-Montcalm : — leur courage leur donna la mort, l'histoire une gloire commune, la postérité ce monument. »

[2] Dussieux, *Le Canada sous la domination française* (citation).

A en juger par les échantillons de Hurons qu'on exhibe, la dégénérescence est complète. L'air morne, l'œil hébété, ils semblent avoir perdu avec l'indépendance toute vitalité et toute intelligence.

La promenade la plus facile est celle du Sault-Montmorency, chute merveilleuse d'une rivière qui se précipite d'un seul bond et tombe de cent mètres de haut entre deux rochers pittoresques. Ce serait parfait sans les solliciteurs qui nous tourmentent et nous accablent de photographies du pays. Au retour, Québec nous apparaît avec ce cachet de ville forte qui lui valut le nom de Gibraltar du Nord. Le fleuve, d'où émergent des massifs de mâts, accuse les limites du port; la ville, bien éclairée par les derniers rayons du soleil, gravit la pente en s'appuyant sur la citadelle du cap Diamant.

Demain, nous commencerons notre voyage dans l'intérieur; mais, avant de quitter la vieille capitale de la Nouvelle-France, nous tenons à faire parvenir au recteur de l'Université Laval la lettre qui nous adresse tout spécialement à lui. Avec une bonne grâce parfaite, ce prêtre éminent se met à notre disposition, consentant à subir un véritable interrogatoire.

Il nous importait de savoir quel était l'attachement du Canadien à la France, d'en connaître les limites et d'en mesurer l'étendue.

« Au Canada, on nous appelle Français, nous répondit-il simplement, et nous le sommes de cœur. Comme le Français, nous aimons la cocarde et l'esprit d'aventure. Nous nous souvenons de la mère patrie et nous sommes fiers de notre origine.—Cependant nous devons nous féliciter d'être colonie anglaise. »

Voyant notre étonnement, il reprit :

« Nos préférences sont pour la France, de qui nous tenons ; mais pourrions-nous espérer, sous votre autorité, jouir des franchises absolues que nous accorde la Couronne ?

— Mais ces franchises, quelles sont-elles ?

— Celles de tous les pays libres : nous avons nos parlements, notre armée, nos tribunaux. Nous envoyons des commissaires généraux à Londres et à Paris pour soutenir nos intérêts ; nos commissaires spéciaux négocient directement nos traités, et deux conférences ont été tenues, en 1882, dans le but de resserrer nos liens d'amitié et d'affaires avec notre ancienne patrie. Enfin, nous avons pris à l'Amérique son organisation du service des postes, son système monétaire et son régime douanier. L'Angleterre est imposée à l'entrée de nos ports comme le sont la Belgique, l'Allemagne et la France.

— Alors c'est une abdication, une renonciation complète ?

— Notre indépendance n'est pas le résultat d'un acte purement gracieux, d'une concession spontanée ; elle s'est imposée comme une nécessité politique, après un siècle d'inutiles revendications.

— Et le culte de la Reine, que les Anglais portent si haut ?

— Nous sommes les loyaux sujets de Sa Majesté Britannique ; nous la servons « comme les Bretons d'autrefois, qui formaient un peuple à part, servaient le Roi ». La Reine nous accorde le bénéfice du *self government,* et nous lui promettons fidélité en échange. —Il y a *contrat.*

— Les termes de ce contrat sont peut-être relatés dans un acte constitutionnel ?

— Ce serait mal connaître l'Angleterre que de le supposer. Le contrat existe en fait; personne ne le conteste, et l'*Act* de 1867, établissant les bases d'une Confédération, le suppose; mais aucune loi spéciale émanant de la Couronne n'en a posé les clauses.

— Et si les circonstances vous séparaient brusquement de votre métropole, de quel côté se dirigeraient vos aspirations?

— Ce moment n'est pas à prévoir; il n'est pas à souhaiter.

— Si cependant il se présentait?

— Nous ne ferions pas retour à la France, peu faite au *self government* et peu disposée à l'accorder à d'autres. Une annexion aux États-Unis serait l'absorption de notre nationalité, et nous refuserions énergiquement de nous fondre avec une nation qui n'a ni nos vues ni notre tempérament. Il nous resterait une dernière ressource : créer au nord de l'Amérique une Confédération indépendante. »

Ces renseignements, donnés sur le ton de la bonhomie, avec une obligeance charmante, nous encouragent à poursuivre, et, cette fois, la question religieuse et celle de l'enseignement tombent sur le tapis. Personne mieux qu'un supérieur de séminaire, recteur d'une Université, ne pouvait nous éclairer sur ce point capital. Nous tenons à rendre hommage à l'impartialité et à la largeur de vues de notre interlocuteur. Cependant, son caractère de prêtre lui commandant certaines réserves, nous sommes trop heureux, pour nous instruire, de mettre à profit une connaissance faite la veille en *Pullman-car*.

Sénateur au Parlement fédéral, M. T... compte parmi les libéraux avancés de Montréal, avancés pour le Canada, mais au demeurant fort bons catholiques.

De petites divergences de détail, moins de contrainte dans la critique, voilà ce qui caractérise cette agréable causerie, dont l'ensemble confirme nos premiers renseignements.

Il est tard quand nous rentrons à l'hôtel. En descendant le Saint-Laurent pour faire une expédition de six jours dans la région du lac Saint-Jean, nous résumerons à loisir notre double conversation.

Toutefois, avant de rechercher quelle fut la conduite du clergé canadien, nous feuilletterons les annales de notre ancienne colonie.

CHAPITRE V

Nos lectrices, si nous avons la bonne fortune d'en
rencontrer, trouveront peut-être trop aride un chapitre
consacré à l'histoire parlementaire du Canada. Nous
leur adressons nos très-humbles excuses. Au moment
de pénétrer dans la province de Québec, nous avons
pensé qu'il serait intéressant de jeter un coup d'œil ré-
trospectif sur la Nouvelle-France, et de faire connaître
la conduite des Canadiens-Français sous la domination
anglaise.

Sans nous étendre outre mesure sur les origines de
notre ancienne colonie, nous rappelons que deux hommes, Jacques Cartier et Samuel de Champlain, ont
contribué à fonder le Canada.

Bien avant les explorateurs anglais, Cartier découvrit le bassin du Saint-Laurent. — Champlain, dès les
premières années du dix-septième siècle, installa sur les
bords du fleuve deux cents immigrants venus de France.

Le premier partit de Saint-Malo le 20 avril 1534,
traversa l'Atlantique et vint atterrir, le 16 juillet, sur
les côtes de Gaspésie, à l'entrée du golfe. « Je voudrais
« bien connaître », avait dit François Ier, « l'article du
« testament d'Adam qui lègue ce vaste héritage aux

« Portugais et aux Espagnols. Qu'ils souffrent, au
« moins, que j'y prenne ma part comme leur frère ! »
— Le Roi pouvait être satisfait, Cartier lui assurait la
possession de tout le nord de l'Amérique.

L'année suivante, le navigateur malouin remonta le
Saint-Laurent jusqu'au village d'Ochelaga (aujourd'hui
Montréal), et, six ans plus tard, il accompagna sur la
côte canadienne le sieur de Roberval, nommé gouverneur des *Terres Neufves*. Cette tentative de colonisation
et celles qui suivirent n'eurent aucun résultat. Seule,
l'initiative privée devait triompher des obstacles contre
lesquels s'étaient heurtés les premiers explorateurs.

Sous le règne de Henri IV, des marchands de Rouen
se constituèrent en société ; ils obtinrent le privilége
exclusif de faire la traite des fourrures sur les nouveaux territoires. Le sieur de Monts, organisateur de
cette compagnie, reçut en 1603 le titre de lieutenant
général de la Nouvelle-France. Après un hiver passé
en Acadie, il revint en Europe, déléguant ses pouvoirs
à Samuel de Champlain.

Celui-ci fonda Québec et décida Richelieu à organiser d'une façon régulière la Compagnie des Cent Associés (1627). Jusqu'à sa mort, qui survint en 1635,
Champlain se consacra au développement de la colonie,
tantôt passant des traités avec les tribus sauvages des
Hurons et des Algonquins, tantôt sollicitant de la
Couronne des colons et des missionnaires, tantôt s'op-
posant de tout son pouvoir aux envahissements des
colons anglais. La ville de Québec, prise en 1629 par
l'amiral Kertk, nous fut restituée par le traité de Saint-
Germain en Laye (29 mars 1632).

Alors commençait cette lutte incessante dont les traités de Ryswick, d'Utrecht, d'Aix-la-Chapelle, marquent

les différentes étapes, pour aboutir tristement au traité de Paris et à l'abandon de la Nouvelle-France.

En 1663, la Compagnie des Cent Associés fut dissoute, et le pays fut placé sous l'autorité directe du gouvernement français. A cette date, Colbert donnait à la colonie une constitution qu'elle conserva pendant un siècle.

Vivant à une époque de monarchie absolue, le ministre de Louis XIV fit reposer l'organisation de la Nouvelle-France sur cette double base : autorité illimitée du pouvoir, — centralisation administrative. Aux termes de l'ordonnance de 1663, l'administration était royale. La haute direction des affaires judiciaires et administratives appartenait à un conseil souverain, organisé sur le modèle de nos anciens parlements. Dans ce conseil siégeaient le gouverneur, placé à la tête des forces militaires, et l'intendant, qui concentrait entre ses mains toute l'administration effective. L'unité de loi fut établie; seule, la Coutume de Paris pouvait être appliquée.

Malheureusement, la Couronne ne porta jamais son attention sur la situation économique du pays. La propriété demeura soumise au régime féodal, et tout commerce avec l'étranger fut sévèrement interdit. La colonie n'avait pas le droit de créer les industries nécessaires à son existence; elle devait demander à la métropole les objets manufacturés dont elle avait besoin. Achetant beaucoup et vendant peu, elle vit son numéraire disparaître rapidement. Il fallut y suppléer par la « monnaie de carte » et les « billets de caisse », qui eurent au Canada un sort analogue à celui des assignats sous la Révolution française.

De telles entraves mises au développement de la Nouvelle-France rendaient stériles les efforts des intendants les plus habiles. Ajoutons qu'après la mort de Colbert, la métropole, trop absorbée par la politique européenne, se désintéressa progressivement de ses possessions lointaines; elle parut oublier que son empire s'étendait au delà des mers, et que son drapeau protégeait le Canada, l'Acadie, la Louisiane, tout le cours du Mississipi[1]. L'Angleterre, par contre, sans perdre de vue la grande partie qui se jouait en Europe, envoyait sans cesse des renforts à ses nationaux d'Amérique; elle mettait sa flotte et ses troupes au service de sa colonie; elle peuplait ses établissements de citoyens anglais. De deux politiques si différentes, quel devait être le résultat? — Développement prodigieux de la Nouvelle-Angleterre; développement insensible de la Nouvelle-France.

Je veux bien qu'en Angleterre le besoin d'expansion soit plus impérieux qu'en France. N'était-il pas possible cependant de favoriser l'émigration dans notre pays? ne pouvions-nous pas entretenir des relations constantes avec nos compatriotes du nouveau monde? « Ce n'était pas, d'ailleurs, dit M. Réveillaud[2], que « Louis XIV dédaignât la souveraineté du continent « américain. A la différence de son triste arrière-petit- « fils Louis XV, qui perdit la Nouvelle-France et les « Indes, sans en manifester presque un regret, Louis « le Grand aimait assez sa gloire pour se complaire à « la pensée qu'une vaste étendue du nouveau monde

---

[1] A ce propos, Seeley dit, dans son livre *The expansion of England* : « Un prophète politique, comparant les chances d'avenir des deux puissances colonisatrices au moment de la révolution de 1688, aurait été certainement induit à prédire que dans l'avenir l'Amérique du Nord appartiendrait à la France plutôt qu'à l'Angleterre. »

[2] Voy. Réveillaud, *Histoire du Canada et des Canadiens-Français.*

« obéissait à son empire… Mais il n'aimait pas les
« progrès lents et comprenait mal les difficultés que
« rencontre l'installation de familles nouvelles dans un
« pays nouveau. Le Canada, après l'avoir intéressé,
« l'ennuyait. Il s'étonnait d'apprendre qu'il y eût
« encore quelque chose à faire, que la colonie
« eût besoin d'hommes et de secours. » Et Colbert
lui-même ne pensait-il pas qu'il était imprudent de
dépeupler la France pour peupler le Canada? Ne disait-il pas que « l'émigration devait être graduelle,
« qu'il ne fallait pas faire passer dans la colonie plus
« de colons que les terres défrichées ne pouvaient en
« nourrir » ?

Les traités nous restituaient nos possessions, mais
personne ne songeait à en assurer le développement
réel. Il y a plus. Quand, au lendemain de la révocation de l'édit de Nantes (1685), les protestants supplièrent Louis XIV de les laisser partir pour nos colonies d'Amérique, le monarque leur refusa cette
consolation ! Il suivait au delà des mers une politique
différente de celle de Henri IV. Si la faute commise par
le gouvernement nous privait en Europe de la partie la
plus industrieuse de la population, elle aurait pu, du
moins, tourner au profit de notre puissance coloniale.
Au mal, il y avait un remède. Sur les rives du Saint-
Laurent, les huguenots auraient renforcé les rangs de
nos nationaux ; leurs descendants auraient peuplé
l'Amérique du Nord. Quelle ne serait pas, aujourd'hui,
notre situation dans le nouveau continent ! — Madame
de Maintenon en décida autrement. Bannis de leur patrie, chassés des colonies, ces bons Français sont devenus des Yankees, des Anglais, des Hollandais, des
Allemands !

Nous n'entreprendrons pas la tâche de retracer l'histoire de la Nouvelle-France du traité de Saint-Germain en Laye au traité de Paris. M. Dussieux en a fait une étude consciencieuse dans son livre : *Le Canada sous la domination française*. Mais comment ne pas jeter les yeux sur la liste des hommes, trop ignorés, qui soutinrent en Amérique l'honneur du drapeau français?

A la suite de Cartier, de Roberval, de Champlain, citons, parmi les explorateurs, Joliet et le Père Marquette, qui descendirent le Mississipi, en1673, jusqu'au confluent de l'Arkansas, à plus de neuf cents lieues de Québec. Citons aussi Cavelier de la Salle, qui poursuivit la route ouverte par Joliet et prit, en 1683, possession de la Louisiane.

En 1729, La Vérandrye franchit la Hauteur des Terres, au nord-ouest des grands lacs ; il reconnut le lac Winnipeg, il longea la rivière Assiniboine jusqu'au plateau de Missouri, puis il atteignit le lac Yellowstone et enfin les Rocheuses. Après une expédition de quatorze années, au cours de laquelle il vit tuer son fils et vingt hommes d'escorte de la main des Sioux, l'infatigable pionnier de la civilisation revenait à Québec. « Quel voyage contemporain, même parmi les plus « fameux, écrit M. de Lamothe [1], pourrait entrer en « comparaison avec cette odyssée de quatorze ans, « couronnée dignement par la découverte du grand « massif central de l'Amérique du Nord? Et cependant « quel est l'écolier français qui ait jamais trouvé dans « ses livres, ou entendu citer par ses professeurs, ce « nom de La Vérandrye, bien digne de prendre place « à côté de ceux des La Pérouse et des Bougainville? »

[1] *Cinq mois chez les Français d'Amérique*, p. 279.

Au nombre des administrateurs, nous remarquons
d'abord Talon, qui divisa la colonie en paroisses, donnant aux groupes canadiens cette cohésion merveilleuse
qui fait leur force, aujourd'hui comme en 1664. Après
lui, signalons le marquis de Tracy, venu de France en
1665 avec vingt-quatre compagnies du régiment de
Carignan. Celles-ci se fixèrent au Canada et réduisirent
à l'impuissance les tribus indiennes. Nommons encore
de Callières, l'ami du Rat, l'habile négociateur du
traité de Montréal avec les Cinq Nations sauvages.

Parmi les militaires, il convient de rappeler : Frontenac, qui défit, dans les journées des 20 et 22 octobre
1690, avec quelques centaines de Canadiens, deux mille
Anglais réunis sous les murs de Québec ; — d'Iberville,
qui, dans l'hiver de 1696, suivi par cent vingt-cinq
guerriers, prit d'assaut Saint-Jean de Terre-Neuve, —
qui, chaque année, de 1688 à 1698, repoussa les flot-
tes anglaises dans la baie d'Hudson, malgré la disproportion du nombre. Le 6 septembre 1697, par exemple, l'intrépide marin, monté sur le *Pélican,* livra
combat à trois vaisseaux ennemis, aborda vergue à
vergue un navire double du sien, lui envoya sa bor-
dée, le coula à fond et força les deux autres à amener
leur pavillon. Beaujeu, enseveli dans son triomphe à
Belle-Rivière (9 juillet 1755), arrachait à Washington
ce cri de dépit : « Nous avons été honteusement battus
« par une poignée de Français ; notre général Brad-
« dock est blessé mortellement ; M. de Beaujeu est
« tué. » A l'heure de l'agonie, les héros se comptent
par centaines ; citons entre tous Montcalm, le vainqueur de Chouëgen, et de Carillon, le glorieux vaincu
des plaines d'Abraham (septembre 1759). Citons aussi
le chevalier de Lévis, vaillant et dernier défenseur de

notre étendard en Nouvelle-France. Mais que pouvait ce brave; que pouvaient ses lieutenants, Bourlamaque et Bougainville, devant les forces imposantes que l'Angleterre dirigeait contre nous? La victoire coûtait plus cher à nos trois mille soldats que la défaite à une armée ennemie de vingt mille hommes. Il fallut se rendre, et le marquis de Vaudreuil, gouverneur de la colonie, signa, le 8 septembre 1760, la capitulation de Montréal. Les fonctionnaires, la troupe, la flotte et les colons marquants furent embarqués sur des navires et ramenés en France. Après la guerre de Sept ans, Louis XV cédait définitivement le Canada à la Grande-Bretagne (10 février 1763).

Soixante-trois mille Français restaient sur le continent américain au lendemain du traité de Paris. Que vont devenir ces colons sous la domination anglaise? Seront-ils absorbés dans l'élément saxon? Oublieront-ils leur origine, eux que la métropole a si facilement délaissés? Ou bien s'obstineront-ils à défendre leur nationalité? Se souviendront-ils quand même?

Telles sont les questions que pouvaient se poser les patriotes de 1763. A l'heure actuelle, nous l'avons dit, ces questions sont résolues, et ceux qui n'ont pas perdu de vue nos nationaux d'Amérique savent que les Canadiens sont demeurés Français de cœur. Mais par quels moyens sont-ils parvenus à sauver leurs institutions du naufrage de la Nouvelle-France? Cette dernière question est moins connue, et, pour y répondre, nous passerons rapidement en revue l'histoire du Canada depuis la conquête jusqu'à ces derniers temps.

De 1763 à nos jours, la colonie est soumise à quatre régimes distincts :

1° Le régime purement militaire, qui cesse en 1774 ;
2° le régime des *crown colonies,* — et nous entendons
par ces mots des « dépendances » privées d'un pouvoir
exécutif responsable et d'un pouvoir législatif représentant en réalité le pays (1774-1840) ; — 3° le régime
de l'Union, sous lequel se poursuit l'application des
principes généraux de notre droit constitutionnel moderne (1840-1867) ; 4° le régime actuel, qui est, en
fait, celui de l'indépendance.

Le général anglais Murray, commandant l'armée
d'occupation, fut, en 1763, nommé gouverneur du
Canada par Sa Majesté Britannique. Sous son gouvernement, l'œuvre de Colbert fut détruite. Des conseils
de guerre permanents réglèrent, pendant quatre années, les affaires civiles comme les affaires criminelles.
L'Angleterre, pour mieux rompre les traditions françaises, démembra le territoire, annexant l'île Royale
(aujourd'hui Cap Breton) et l'île Saint-Jean (île Prince-
Édouard) à l'ancienne Acadie, et divisant la Nouvelle-
France en trois circonscriptions, dirigées par des lieu-
tenants-gouverneurs. Un Conseil exécutif nommé par
le gouverneur, un procureur général, un juge en chef,
étaient chargés de l'administration coloniale.

Au cours de cette période, les Canadiens protestèrent, mais en vain, contre un ordre de choses qu'ils
considéraient comme la violation absolue du droit des
gens. La capitulation de Montréal leur avait garanti le
libre exercice de leur culte, de leur langue et de leurs
lois ; ils revendiquaient ce triple privilége, en s'appuyant sur la foi des traités. Enhardis par l'attitude de
leurs voisins d'Amérique, ils adressèrent à la Couronne des représentations plus pressantes (1773). Celle-

ci, fort absorbée par ses démêlés avec la Nouvelle-Angleterre, comprit qu'il fallait céder.

Le *Bill* de 1774 restitua au Canada l'usage des lois civiles françaises, autorisa l'exercice du culte catholique, dispensa les citoyens de prêter le serment de fidélité (le *test*) à la métropole et organisa un Conseil législatif. Cette concession opportune décida les Canadiens à garder une stricte neutralité pendant la guerre de l'Indépendance. Quelques-uns même prirent les armes pour protéger la frontière contre les envahissements des Yankees. Une telle conduite étonna la France. Garneau, l'historien du Canada, cite cette apostrophe de Lafayette à certains Canadiens, prisonniers de guerre à Boston : « Eh quoi ! vous vous êtes battus pour rester colons au lieu de passer à l'indépendance ? Restez donc esclaves ! » — « Une liberté qui doit anéantir votre nationalité, répond Garneau, est plus triste qu'un régime monarchique qui peut la laisser subsister. » Alors comme aujourd'hui, l'ennemi naturel du Canada, c'était la Nouvelle-Angleterre. La Grande-Bretagne, séparée de l'Amérique par un Océan, pouvait moins facilement y anéantir l'influence française que ne l'eût fait un grand État anglo-saxon situé de l'autre côté du Saint-Laurent. Washington et Franklin, desquels nous conservons en France un religieux souvenir, ont mérité la reconnaissance des Américains, mais nullement la nôtre. Dans les guerres que nous avons soutenues pour sauver notre colonie, nous n'avons pas eu de pire ennemi que Washington. C'est lui qui, le 28 mai 1754, fit assassiner par ses soldats l'un de nos officiers, M. de Jumonville, envoyé en parlementaire. Les Français de 1775 l'oubliaient. Ils oubliaient aussi que le « bonhomme Franklin » avait, pendant la guerre de Sept ans, supplié Pitt « de nous donner le coup de grâce ». Croit-on que les États-Unis, en demandant l'appui de Louis XVI, proposaient de faciliter le retour du Canada à l'ancienne patrie ?— Ces conditions, du moins, eussent été acceptables. — Les mêmes hommes qui nous avaient chassés du Saint-Laurent, observe M. Dussieux, ne voulaient pas que nous y entrassions, et, fait étrange, invraisemblable, Roi et peuple allèrent avec enthousiasme au secours des Américains, qui leur imposaient une telle restriction. « Les Canadiens, voyant « bien que lesdits Américains voulaient aussi annexer « le Canada à leur République, refusèrent de s'allier « avec eux et restèrent soumis à l'Angleterre. Ils ont « bien fait. »

Longtemps, il est vrai, leurs espérances furent déçues. Ils eurent à supporter la malveillance de gouverneurs tels que le général Haldimand ; mais leur modération, leur loyauté envers la Couronne, la persistance de leurs efforts, leur énergie enfin, quand la mesure fut comble, finirent par triompher des défiances et des rancunes. Un parti favorable à la cause des Canadiens se forma à Londres, et Fox soutint leurs intérêts devant la Chambre des communes. « Il est important », disait-il, « que cette colonie n'ait rien à envier à ses voisins. « Elle restera attachée à la Grande-Bretagne par sa « propre volonté. Il est impossible de la conserver au- « trement. » Le Parlement de Westminster n'alla pas aussi loin que Fox dans la voie des libertés constitutionnelles ; cependant la *Charte de* 1791, votée sur la proposition d'un gouverneur conciliant, lord Dorchester, apporta une amélioration notable dans les institutions.

Cette Constitution consacrait les libertés qu'avait accordées le *Bill de* 1774, reconnaissait la légalité des dîmes, créait d'importantes réserves au profit du clergé protestant et réorganisait l'administration de la colonie. Le Canada fut divisé en deux provinces : le Haut-Canada et le Bas-Canada, séparés par la rivière des Outaouais et possédant deux Parlements distincts. Dans chaque province il y avait :

1° Un *gouverneur* jouissant d'attributions étendues et composant à sa guise son Conseil exécutif;

2° Un *Conseil législatif* nommé par le pouvoir;

3° Une *Chambre d'assemblée* élue.

L'introduction dans le gouvernement d'une Assemblée représentative était d'une importance marquée pour les Canadiens-Français (ou Bas-Canadiens). En envoyant leurs délégués à la Chambre de Québec, ils pouvaient faire entendre leurs plaintes, formuler leurs prétentions, débattre eux-mêmes leurs intérêts; mais pouvaient-ils aller au delà et diriger, en fait, les affaires de leurs provinces?— Assurément non. Le gouverneur, armé du *veto,* avait qualité pour anéantir les projets des représentants, et le Conseil législatif, formé de créatures de l'exécutif, passait au rang modeste d'une Chambre d'enregistrement. Suivant l'expression d'un auteur anglais, « les Canadiens étaient *cajolés* par « une vaine apparence de gouvernement représen- « tatif ».

Nous avons, non loin de nous, de l'autre côté du Rhin, un puissant Empire, dont le mécanisme constitutionnel semble combiné de telle sorte qu'il doive fatalement aboutir à cette « vaine apparence ». Les cajolés sont le Reichstag et les petits souverains d'Allemagne; le cajoleur, M. de Bismarck. Nos voisins ont toutefois

pour eux la fameuse unité allemande, unité fragile,
que le chancelier consolide de temps à autre en faisant résonner la trompette des combats. Au Canada, où
le « spectre français » n'effraye personne, l'unité, même
fragile, manqua dès 1797, et le désaccord survint entre
les pouvoirs publics. La métropole, cajolée elle aussi
par le Bureau des Colonies (l'un des départements mi-
nistériels du Cabinet de Westminster), ne sut pas toujours discerner de quel côté était le bon droit, de quel
côté les justes revendications.

En vain les Canadiens donnèrent à l'Angleterre une
nouvelle preuve de fidélité en se portant à la frontière
(1812); en vain une poignée de braves, sous la conduite du colonel Salaberry, fit reculer à Châteauguay,
le 30 octobre 1813, un corps de l'armée américaine
composé de sept mille hommes [1]. Tant de marques de
dévouement ne touchaient pas les autorités de la province, qui persistaient à traiter ces audacieux en vaincus, ces loyaux sujets en rebelles.

MM. Cotton et Payne, dans leur intéressant ouvrage
Colonies and Dependencies, signalent, en quelques
traits, les vices de l'organisation d'alors : « Les Conseils
« et les Assemblées avaient le droit de voter des lois,
« mais leurs décisions pouvaient être infirmées par un
« gouvernement irresponsable. Le législatif votait le
« budget, mais l'exécutif administrait. Aucun membre
« du Cabinet ne pouvait être destitué de ses fonctions
« par le Parlement, et cependant le Conseil exécutif
« tout entier pouvait être corrompu et impopulaire.
« Seul, le gouverneur avait qualité pour le révoquer;
« or, le gouverneur ne relevait que du *Colonial Office.*

---

[1] Voy. de Cazes, *Notes sur le Canada,* p. 66.

« Ce bureau était dirigé par un secrétaire d'État an-
« glais, qui ne devait sa situation qu'aux hasards de la
« politique, changeant avec elle et ignorant parfois jus-
« qu'au nom des colonies dont le sort était remis
« entre ses mains. On n'aurait pas pu inventer un meil-
« leur système pour humilier et irriter une société gran-
« dissante. Ce système dura cependant un demi-siècle
« au Canada. Il existerait encore probablement si les
« Canadiens ne s'étaient insurgés, les armes à la
« main. »

Jusqu'en 1837, en effet, nos anciens colons souffri-
rent sans essayer de secouer le joug. Ils avaient, en
1806, fondé un journal français, le *Canadien,* qui devint l'organe du parti. Dans l'année 1809, le gouverneur Craig supprima la feuille ; il fit incarcérer les ré-
dacteurs et, avec eux, plusieurs députés ; puis il
prononça la dissolution de l'Assemblée, livrant les citoyens à la merci d'une oligarchie haineuse. Le Bas-
Canada se souvient encore de cette époque funeste qui
a conservé, dans les annales du pays, le nom de « règne
de la Terreur ».

Cependant, poursuivant l'œuvre d'*anglification*
(comme on dit en français d'Amérique), les gouverneurs et le bureau des colonies rêvaient d'annihiler le
rôle politique des Canadiens. En 1822, le gouvernement anglais saisit la Chambre des communes d'un
projet de loi qui, adopté, eût fait de la Nouvelle-
France une seconde Irlande. Aussitôt, les colons s'é-
murent ; ils adressèrent de toutes parts des suppliques
et des protestations au Parlement métropolitain ; de
son côté, l'Assemblée de Québec envoya deux représentants, Papineau et Neilson, à Londres, pour conjurer le péril. Soixante mille signatures couvraient les

pétitions soumises par les délégués aux Chambres anglaises. Devant un mouvement aussi général de l'opinion, le Cabinet de Westminster dut retirer sa motion.

L'attitude énergique que gardait la législature du Bas-Canada inspirait à l'Angleterre de sérieuses réflexions. Après chaque dissolution, cette Assemblée reparaissait grandie par une nouvelle manifestation du sentiment populaire. Il fallait bien convenir que les mesures d'intimidation et d'ostracisme n'avaient pas de prise sur un petit peuple homogène, décidé à faire respecter sa nationalité et sa religion. Cédant sans doute à ces réflexions, le Bureau des Colonies parut se départir, en 1828, de son extrême rigueur. C'était le moment où, peu confiant dans les promesses, le parti français ne voulait plus se contenter de concessions même sérieuses.

Emportés par l'ardeur de Papineau, le jeune leader du groupe avancé, les Canadiens dépassèrent les limites des exigences raisonnables. En 1832, ils refusèrent systématiquement le vote des subsides. Un souffle révolutionnaire passait sur l'Assemblée et se communiquait aux réunions publiques. Les ravages du choléra, qui sévissait alors pour la première fois sur les rives du Saint-Laurent, n'étaient pas faits pour calmer l'irritation des campagnes.

L'année suivante, malgré les avis de Neilson et des modérés, la Chambre rédigea les *quatre-vingt-douze résolutions*, véritables litanies de ses revendications et de ses rancunes. Elle blâmait les administrations provinciales et la partialité du gouvernement dans la distribution des emplois ; elle invitait même les *habitants* [1]

---

[1] Le mot *habitant* désigne généralement les colons d'origine française.

à se constituer en comités pour correspondre avec les membres indépendants de la Chambre des communes. Des *meetings* s'organisèrent autour des « Fils de la liberté », sorte de club révolutionnaire constitué dans la ville de Montréal. A cette provocation, le gouverneur répondit par des menaces. L'arrestation de vingt-six meneurs fit éclater l'insurrection (novembre 1837). Des volontaires s'armèrent de haches, de faux, de fusils de chasse et d'un mauvais canon de bois. Un premier succès à Saint-Denis, le 22 novembre, excita leur courage; mais l'armée du général Colborne, surprise une première fois, eut bientôt raison des révoltés. Que pouvait-elle, cette jacquerie d'un genre nouveau, contre une artillerie moderne et le feu nourri des mousquets? Elle fut battue dans deux rencontres, laissant sur le champ de bataille la moitié de ses gens. Une nouvelle tentative d'insurrection eut lieu le 13 novembre 1838; mais, cette fois encore, les habitants, groupés autour d'un Américain, Robert Nelson, furent décimés par les troupes de Colborne.

Lord Durham, qui gouvernait en 1837, revint à Londres porteur d'un rapport sur la situation de la colonie. Ce document important servit de base au *Bill d'union*.

Le *Bill d'union,* voté par le Parlement anglais en 1840, fut sanctionné le 23 juillet de la même année et proclamé au Canada le 5 février 1841. Aux termes de ce bill, le Haut-Canada et le Bas-Canada sont placés sous un même gouvernement; ils ne forment plus qu'une seule province, ayant Montréal pour capitale, et ils prennent le nom de Canadas-Unis. Le législateur a conservé l'organisation des pouvoirs publics telle que l'avait établie la Constitution de 1791. Nous retrouvons dans la combinaison nouvelle : 1° un gouverneur et son Conseil exécutif, ou Cabinet; — 2° un Conseil législatif nommé; — 3° une Chambre d'assemblée élue. Les attributions seules diffèrent; mais cette modification a toute l'importance d'une révolution. Le Conseil exécutif, qui, sous le régime précédent, ne relevait que du gouverneur, doit être pris maintenant dans la majorité parlementaire. C'est le Cabinet qui est responsable; c'est lui qui gouverne à Montréal comme à Londres.

Au point de vue strictement constitutionnel et en dehors de toute considération de parti, nous devons reconnaître qu'un large esprit de libéralisme a dicté ces dispositions. Mais les Français du Bas-Canada profiteront-ils, eux aussi, des mesures libérales concernant la colonie? Pourront-ils arriver à la direction des affaires, en se faisant représenter à la Chambre d'assemblée par un nombre de députés proportionnel au chiffre de la population? Non certes! Jamais il n'est entré dans l'esprit du législateur de 1840 de placer les colons anglais et les colons français sur un pied d'égalité. Au Bas-Canada, c'est-à-dire dans le Canada français, les colons sont sept cent mille. Dans le Haut-Canada, c'est-à-dire dans le Canada anglais, ils sont trois cent mille. Néanmoins, les deux Canadas auront une égale représentation; ils enverront chacun quarante-deux députés à la Chambre d'assemblée. Restent à répartir les quarante-deux circonscriptions électorales dans chaque Canada. Or cette répartition, reposant sur des règles absolument arbitraires, assure la prédominance à l'élément anglo-saxon. Ainsi le voulait lord Durham, quand il présentait son rapport au gouvernement métropolitain. Ainsi le voulait le Parlement de Westminster, quand il votait le bill d'union. C'est toujours le système de l'*anglification* tel que nous l'avons signalé au lendemain de la conquête. L'usage légal de la langue française est d'ailleurs formellement interdit, et le Bas-Canada supportera la moitié de la dette contractée par le Haut-Canada, soit une charge gratuite de treize millions de francs.

Qu'adviendra-t-il du Canadien dans la nouvelle combinaison? Lui qui a triomphé de la violence, triomphera-t-il de la ruse? La suite des événements nous fournira la réponse.

Maître désormais de la majorité, — ou croyant l'être, — le Bureau des Colonies concéda sans difficulté à la Chambre d'assemblée les pouvoirs qu'avaient inutilement revendiqués les représentants de Québec. D'autre part, les gouverneurs, disposant d'attributions moins étendues, devinrent plus dociles. En Angleterre comme dans les Canadas-Unis, les *anglificateurs,* satisfaits de leur besogne, se reposaient sur leurs lauriers. Ils oubliaient que les fils des Normands batailleurs s'étaient formés à la lutte parlementaire dans la législature de Québec, que les députés du Bas-Canada avaient promptement révélé leur goût pour les discussions politiques, qu'enfin ces représentants s'appuyaient sur une masse compacte, clairvoyante et disciplinée. Or, sur le terrain des réformes, le Haut-Canada s'était divisé en réformistes ou libéraux et en conservateurs. Dès 1841, les Canadiens-Français, guidés par un homme d'État éminent, Lafontaine, tirèrent parti de ce désaccord. Leur appui fit triompher Baldwin, le leader des réformistes, qui s'empressa de proclamer le principe de la responsabilité ministérielle. Devenu l'homme nécessaire du parti, soutenu d'ailleurs par ses compatriotes, Lafontaine acquit une situation prépondérante. Il manœuvra de telle sorte, qu'il fut appelé l'année suivante à composer un Cabinet. Bien secondé par Baldwin, il s'attacha à détruire les abus du régime précédent. Un gouverneur voulut nommer à certains postes sans le concours du ministère, et celui-ci, tout entier, résigna ses fonctions. Les libéraux devaient bientôt reparaître plus puissants que jamais, sous le gouvernement d'un homme impartial, lord Elgin, dont le nom restera populaire dans tout le Canada français. — Lafontaine et Baldwin, désignés par l'opinion pour revenir aux affaires, formèrent un second ministère réformiste le 11 mars 1848.

La joie fut grande à Québec quand on apprit le nouveau succès du parti français. Déjà les Canadiens avaient reconquis les priviléges supprimés par le bill d'union. La langue française était rétablie comme langue officielle, au même titre que la langue anglaise, et la Chambre d'assemblée venait de voter une loi d'amnistie générale pour les condamnés politiques de 1837. Comme le constataient les gallophobes, « les rebelles « étaient récompensés au détriment des fidèles et « loyaux sujets de Sa Majesté Britannique ». Les « fidèles et loyaux sujets » ne se contentèrent pas d'exprimer des doléances, ils fomentèrent des troubles et tramèrent des complots; ils faillirent prendre dans un guet-apens la personne même du gouverneur et les membres du Cabinet. Le 26 avril 1849, des émeutiers, recrutés dans la lie des faubourgs de Montréal, envahirent le Parlement en pleine séance, pillant et saccageant tout sur leur passage, livrant aux flammes les archives de la bibliothèque.

Le gouvernement transporta la capitale successivement à Toronto et à Québec, et les Chambres décidèrent que ces deux villes se partageraient l'honneur de posséder la législature pour une période de quatre années consécutives. Cette alternative devait fatalement amener des complications. On prit la Reine pour arbitre, et celle-ci fit porter son choix sur une petite bourgade inconnue, Bytown, qui devint la ville d'Ottava (1856).

La démission du Cabinet Baldwin-Lafontaine, qui survint en 1851, n'eut pas d'influence sur la marche des affaires. Pour la troisième fois, on constatait la présence des Canadiens-Français dans le Conseil exécutif. Les gouverneurs, depuis lors, adoptèrent cet usage que commandait l'équité. La règle est aujourd'hui, de la pratique, passée dans la langue, et les colons désignent les ministères du nom des deux chefs français et anglais qui en acceptent la direction.

Parmi les réformes qui intéressaient l'opinion, celle de la tenure seigneuriale, accomplie en 1855, concernait exclusivement le Bas-Canada, seul soumis au régime féodal. Nous aurons plus tard l'occasion d'y revenir.

Fidèle à la devise que, cinquante ans auparavant, il avait fait inscrire en tête du *Canadien,* le parti français s'était donné mission de conserver intactes « ses institutions, sa langue, sa foi ». Ce sentiment inébranlable de sa nationalité régla toujours sa conduite et fut, en 1856, le point de départ d'une évolution politique. Les grandes réformes, d'où dépendait l'affranchissement des colons, étaient accomplies, et les conservateurs du Haut-Canada, si hostiles à nos compatriotes jusqu'à l'émeute de 1849, acceptant enfin la situation nouvelle, tentèrent un rapprochement avec Québec. C'était le moment où, trop sûrs de tenir le pouvoir, les libéraux ravivaient les vieilles querelles de races. S'attaquant à la fois au catholicisme et à l'influence française, les réformistes intransigeants, plus connus sous le nom de *clear grits*, guidés par Brown, prenaient comme mot de ralliement : « *No popery, no french domination !* » (Plus de papisme, plus de domination française !) La conséquence de cette évolution fut immédiate : les conservateurs s'emparèrent du pouvoir et surent le garder d'une façon presque continue. Les Canadiens-Français leur doivent des lois de centralisation municipale, la réglementation du système paroissial, le remaniement des lois sur l'enseignement primaire et la confection d'un Code civil bas-canadien, s'appuyant sur la Coutume de Paris et notre Code Napoléon. Le Bas-Canada possède également aujourd'hui un Code de procédure civile calqué sur le nôtre. Ainsi s'affirme progressivement l'influence du Vieux Pays.

En 1860, les *clear grits*, n'espérant plus faire échec aux Canadiens-Français sur le terrain religieux, changèrent de tactique et réclamèrent une Constitution fondée sur le principe de la représentation proportionnelle. En renforçant les rangs des Anglais, l'immigration avait effacé l'inégalité que nous avons signalée dans les dispositions du bill d'union. Cette inégalité voulue tournait au profit du Bas-Canada. Le recensement de 1861 accusait pour cette province une population de 1,111,566 habitants, et pour le Haut-Canada un chiffre de 1,396,091 colons. Une telle interversion fut habilement exploitée par les disciples de Brown ; mais la clairvoyance ne fit pas défaut au parti français, qui résolut de se mettre à la tête d'un mouvement trop fort pour être arrêté. L'accord se fit insensiblement entre les deux Canadas sur un projet de confédération. Toutefois un plan si vaste, embrassant toutes les possessions britanniques de l'Amérique du Nord, nécessitait une entente entre les parties intéressées. Il fallait gagner à la cause fédérale le Nouveau-Brunswick, la Nouvelle-Écosse, l'île du Prince-Édouard, Terre-Neuve et tout l'Ouest. Des délégués de ces différentes colonies se réunirent en Congrès à Québec, le 16 octobre 1864, sous la présidence d'un ministre canadien, Étienne Taché.

La plupart des législatures, représentées au Congrès, ratifièrent le vote de leurs députés. Les territoires Nord-Ouest, soumis à la direction de la Compagnie de la baie d'Hudson, n'avaient pas qualité pour accepter une combinaison à laquelle nous les verrons bientôt souscrire. Momentanément aussi, l'île du Prince-Édouard se retira. Seule, Terre-Neuve persista jusqu'à ce jour dans sa politique d'isolement[1]. Sa situation d'île la tenant forcément à l'écart, elle n'avait rien à gagner à cette adjonction et se serait mise, en acceptant, dans la nécessité de concourir pour sa part aux charges fédérales.

---

[1] Depuis le commencement de l'année 1887, le gouvernement de Terre-Neuve, fatigué des dissensions politiques qui paralysent l'essor du pays, cherche à se rapprocher du *Dominion*. Cette fois le *Dominion* paraît peu disposé à s'adjoindre une île qui, par sa situation géographique, se relie à la confédération du Nord. D'une part, le Canada craint de s'assimiler une population turbulente et besoigneuse. De l'autre, personne n'ignore que les droits de pêche, conservés par la France sur le banc de deux cents lieues qui borde l'île au nord et à l'ouest, rendent cette annexion particulièrement délicate.

Le projet de Québec passa sans difficultés devant le
Parlement anglais et reçut, le 29 mars 1867, la sanc-
tion royale. Le 1ᵉʳ juillet de la même année, l' « *Acte de
l'Amérique britannique du Nord* » fut promulgué à
Ottawa, qui conserva son rang de capitale.

Quatre provinces : Québec, Ontario, le Nouveau-
Brunswick, la Nouvelle-Écosse, formèrent le *Dominion
of Canada*. Les Canadiens ont traduit ces mots par
« Puissance du Canada ». « L'expression n'est peut-
« être pas rigoureusement exacte », disait à ce moment
M. Cartier, le chef du parti français. « Pour ma part,
« je la crois bonne, car elle nous permet de nous
« affirmer comme puissance. » Le 15 juillet 1870, les
vastes territoires de la Compagnie de la baie d'Hudson
furent « rattachés », et le Manitoba fut érigé en province.
Le 20 juillet 1871, la Colombie avec Vancouver et, le
1ᵉʳ juillet 1873, l'île du Prince-Édouard, entrèrent
dans la Confédération.

Ainsi fut formé, par l'initiative des colonies anglaises, une association politique assez semblable à celle
de la République américaine. Chacun avait senti le
besoin de se grouper pour travailler à la prospérité
commune, tracer des chemins de fer, creuser des canaux, entrer dans une voie économique uniforme, faire
tomber les entraves mises au développement de leur
commerce, opposer enfin plus de résistance aux projets
d'absorption, s'ils venaient à surgir de l'autre côté du
Saint-Laurent. — A l'exemple des États-Unis, les colonies entendaient aussi garder leur autonomie et conserver la direction de leurs propres affaires. De là, deux
sortes de gouvernements fonctionnant chacun dans sa
sphère : le gouvernement fédéral, — le gouvernement
provincial.

Dans le gouvernement fédéral, l'exécutif est représenté par un *gouverneur-général* (actuellement le marquis de Lansdowne), grand personnage d'Angleterre, très-honoré, très-respecté, personnifiant au Canada la Reine. Un *Conseil privé* l'assiste de ses avis. Un *Conseil exécutif* ou Cabinet gouverne avec lui.

Deux Chambres : le *Sénat*, la *Chambre des communes*, ont le pouvoir législatif.

La première est composée de soixante-dix-sept membres, nommés à vie par le gouverneur en son Conseil exécutif; elle remplit les mêmes fonctions à Ottawa que la Chambre des lords à Londres.

La seconde compte actuellement deux cent six membres, recrutés dans les différentes provinces d'après le principe de la représentation proportionnelle à la population. C'est ainsi qu'Ontario envoie à Ottawa quatre-vingt-huit députés, et Québec soixante-cinq. Ces députés sont élus, au scrutin secret, par des électeurs payant un cens insignifiant.

Les attributions des Chambres fédérales ont trait aux questions d'intérêt général, telles que les lois criminelles, les matières concernant la dette publique, le domaine, la milice, le commerce extérieur, la navigation, les monnaies, les postes, la police, etc...

Tout en assurant le fonctionnement régulier des institutions, l'Acte de 1867 a respecté les droits des citoyens : liberté individuelle, liberté des cultes, liberté de la presse, droit de réunion, droit de pétition au souverain ou faculté pour toute personne lésée par les pouvoirs publics de s'adresser directement au chef de l'État. Les garanties données aux Canadiens ne sont pas moins précieuses. Ils ont le libre exercice de leurs lois et coutumes. Au même titre que l'anglais, le français demeure langue officielle du *Dominion,* et les actes du Parlement d'Ottawa sont obligatoirement publiés dans les deux langues.

Les provinces, au point de vue de l'organisation des pouvoirs, offrent le même aspect que la Confédération. Nous y retrouvons, à la tête de l'exécutif, un *lieutenant-gouverneur* et un *Cabinet* responsable. La législature se compose de deux Chambres à Québec et dans les Provinces Maritimes (Nouveau-Brunswick, Nouvelle-Écosse, ile du Prince-Édouard), d'une seule Chambre dans Ontario et les provinces de l'Ouest. Les questions spécialement dévolues à ces Assemblées représentatives concernent l'éducation, l'instruction, les travaux publics de la province, les établissements de bienfaisance, l'administration de la justice, voire même la confection des lois civiles. Les délibérations ne sont pas enfermées dans ces limites. Telle loi qui lui agréera pourra être décrétée par le gouvernement provincial, mais seulement en tant qu'elle ne viendra pas entraver la législation fédérale.

Quel pouvoir aura qualité pour trancher une question de constitutionnalité? — Le pouvoir judiciaire fédéral organisé, le 8 avril 1875, sous le nom de *Cour suprême du Dominion.* Cette Cour tient à la fois de notre Conseil d'État, de la Cour de cassation et du Tribunal des conflits. Comme la Haute Cour de justice de Washington, elle décide si tel acte des Parlements provinciaux est conforme à la Constitution; mais, tandis que la première ne relève, à ce titre, d'aucune juridiction, la seconde demeure subordonnée au Conseil privé de la Reine à Londres, et cette condition essentielle ne pourrait être valablement modifiée par le *Dominion.* La loi du 8 avril 1875 créait également une Cour de l'*Échiquier*, s'occupant particulièrement des matières relatives au fisc et des poursuites où la Couronne se trouve engagée.

Puisque nous avons abordé la question des pouvoirs judiciaires, disons que, dans les provinces, la constitution des Cours appartient aux législatures locales. En effet, dans les provinces anglaises, on remarque des *Cours de comté* comme premier degré de juridiction ; au-dessus, des *Cours suprêmes* mobiles, sortes de tribunaux de première instance pouvant se déplacer ; enfin une *Cour d'appel*. — Dans la province de Québec, la *Cour de circuit*, mobile comme l'indique son nom, correspond à la Cour de comté. Les affaires vont de la Cour de circuit à la *Cour supérieure*, et de là, en troisième ressort, à la *Cour de révision*.

Pour éviter de multiplier les fonctionnaires, déjà trop nombreux dans un pays aussi peu peuplé, il fut décidé que les juges des Cours supérieures tiendraient les assises. Appel de leurs arrêts est interjeté, dans les provinces anglaises, devant la Cour d'appel ; dans la province de Québec, devant une Cour spéciale dite, comme celle de Londres, la *Cour du Banc de la Reine*. Nous rappelons qu'au criminel, toutes les décisions émanant de ces juridictions demeurent subordonnées à la Cour suprême du *Dominion*.

Chaque province est divisée en *districts* et en *comtés;* ces divisions n'ont qu'un intérêt purement judiciaire ou purement électoral. La vie locale se concentre dans les circonscriptions municipales, qui sont : la paroisse dans le Bas-Canada, le canton ou township dans le Haut-Canada et dans les autres provinces de la Confédération.

Considéré dans son ensemble, le plan de la « Puissance canadienne » se rapproche de l'organisation donnée aux vingt-deux cantons de la Suisse et aux trente-neuf États de la République américaine. Dans ce nouvel ordre de choses, les Canadiens-Français ont conservé une autonomie réelle ; ils gèrent eux-mêmes leurs propres affaires, avec un Parlement constitué à leur guise et un gouvernement soumis au contrôle incessant des Chambres. D'autre part, ils pouvaient craindre de ne plus occuper dans le *Dominion* la place qu'ils avaient tenue sous le régime de l'Union. Ils la conservèrent néanmoins, en mettant en œuvre les mêmes moyens qui les avaient fait triompher des injustices et des défiances. Dans les provinces anglaises, profitant sans cesse des divisions qui surviennent entre libéraux et conservateurs, ils portent leurs voix sur les candidats favorables à la cause canadienne. Partout où ils existent, ils envoient des représentants de leur race dans les législatures. Au Manitoba, dans Ontario, on compte avec eux. Aux élections fédérales, ils font triompher leurs amis. Au sein du Parlement d'Ottawa, ils disposent souvent de la majorité. Disciplinés, résolus, unis comme au jour de l'épreuve, les Canadiens-Français concourent puissamment au développement du *Dominion* et font respecter, de l'Atlantique au Pacifique, le souvenir de la France.

Cette seule considération suffira à nous faire pardonner d'avoir, dans ce chapitre, étudié des questions spéciales. Nous espérons qu'en lisant ces lignes, on verra comment un petit peuple peut, à travers mille épreuves, sous un sceptre étranger, garder sa nationalité première, développer son influence et donner l'indépendance à son pays.

CHAPITRE VI

La province de Québec est l'Eldorado du clergé catholique ; la foi primitive y conserve toute sa force, et les partis, qui se divisent sur le terrain politique, s'unissent pour reconnaître la suprématie du Saint-Siége.

Ne supposez pas qu'il s'agisse ici de religion d'État. La « Puissance canadienne », comme la République américaine, respecte au premier chef la liberté d'association, la liberté d'enseignement, la liberté de conscience. Tous les cultes sont pratiqués sans entrave, et les statistiques de la province signalent, à côté des anglicans, presbytériens, méthodistes, luthériens, etc..., un certain nombre de Juifs, de païens et d'athées ; mais les catholiques, mieux représentés que jamais par le chiffre considérable de 1,300,000 fidèles, forment les huit dixièmes de la population. Si l'on excepte les Irlandais, on peut dire que tout catholique est Français, principe admis sans conteste sur les rives du Saint-Laurent, comme cet autre : tout Français est catholique.

Dans les luttes incessantes qui marquent les étapes de l'histoire canadienne depuis la conquête jusqu'à l'Acte de 1867, ces deux titres se sont trouvés liés au point de se confondre. C'est à la religion, comme à la nationalité du colon, que s'attaquait la Couronne, quand elle poursuivait son œuvre d'*anglification*. — C'est pour défendre sa religion, comme sa nationalité, que le colon envoyait des délégués à Londres, signait des pétitions, énumérait ses griefs, s'insurgeait au besoin.

Qu'on ne s'étonne donc pas qu'après un siècle d'oppression et de violence, Français soit devenu, pour le Canadien, synonyme de catholique, Anglais synonyme de protestant. Le culte de la France et le culte de Rome, s'absorbant l'un dans l'autre et s'exaltant à la fois, voilà la caractéristique de ces loyaux sujets de la Reine.

Cependant la toute-puissance du clergé, son influence, la crainte respectueuse dont on l'environne, son immense popularité..... comment expliquer tout cela ?

C'est encore dans l'histoire qu'il faut chercher la réponse.

A l'heure fatale où le traité de Paris livrait à merci le Canada, les fonctionnaires de tous ordres et les seigneurs, suivant la destinée de la vaillante armée du chevalier de Lévis, furent embarqués et dirigés sur les côtes de France. Le colon, réduit à la misère et à l'ignorance, devait (c'était l'espoir du vainqueur) perdre insensiblement la langue, les traditions et jusqu'au souvenir de la patrie.

Mais une classe d'hommes dévoués et instruits avait été oubliée sur la terre d'exil : le clergé. D'instinct, le peuple vint à lui, et le clergé mesura la grandeur de la tâche qui allait lui échoir. Préserver le culte de toute atteinte, conserver à la langue sa pureté, garder comme un dépôt sacré le reflet du pays, en maintenant intactes ses coutumes et ses lois, — c'est à cette triple mission qu'il a voué son existence : il a tracé lui-même son programme ; il a su le remplir dans son intégrité.

Envisagé sous ce jour nouveau, le curé dans sa paroisse, le religieux dans ses écoles, n'était plus seulement le pontife d'une religion nationale ; il symbolisait la nation tout entière, il devenait son dernier refuge et sa dernière espérance. On le vit rassembler ses ouailles pour les conduire aux urnes, rédiger des réclamations et les soumettre aux gouverneurs, prêcher enfin, dans ses églises, la fidélité au Pape et l'amour de la France.

L'Angleterre a cédé, et les Canadiens jouissent aujourd'hui de la plus complète indépendance. Leur nombre s'est accru avec une rapidité sans exemple, leur tempérament s'est fait aux discussions parlementaires : bref, ils sont mûrs pour la liberté et capables de gérer leurs propres affaires. — Mais comment oublier, au lendemain de l'épreuve, les services rendus? Le colon s'est souvenu, et le prêtre reste encore son confident et son guide.

Ce n'est pas que l'immixtion des ecclésiastiques dans les questions politiques doive être considérée comme souvent heureuse. Sur ce point nous avons à signaler des abus, mais d'abord reconnaissons qu'ils étaient inévitables et, pour ainsi dire, justifiés.

De tous les reproches que la critique pourrait adresser au clergé, nous avons nommé le plus sérieux, son ingérence dans la lutte des partis; encore cette observation n'est-elle pas absolue. Il y a des modérés, soucieux de ne pas outre-passer leurs droits; au nombre de ceux-ci, les évêques, le haut clergé et tout le corps enseignant de l'université Laval.

Par malheur, les modérés sont rares (ici comme ailleurs), et les intolérants capables de traiter de gallicanisme la sagesse éclairée des autres comptent encore de nombreux partisans. S'agit-il d'emporter un vote, le bon curé sermonne les rebelles, assiste aux réunions, prend ouvertement la parole et recommande à sa paroisse le nom du candidat protégé. Heureux, quand il ne convertit pas la chaire en tribune politique.

Le cas s'est présenté en 1879, dans des circonstances telles que le gouvernement s'en émut et fit annuler l'élection du comté de Charlevoix. Tolle général dans un camp! Hourras frénétiques dans l'autre! Toute la province prit parti dans cette affaire de l'*influence indue* que venait de trancher la Cour suprême. Rome dut se prononcer, et Léon XIII prêcha la modération. Les mécontents furent mortifiés, mais dans le clan des *castors* (ultramontains du cru) personne ne se tient pour battu.

Il nous reste à exprimer un second regret. En entretenant dans l'ordre temporel l'esprit de routine, en mettant des entraves à l'initiative privée, les ministres du culte ont placé leur troupeau dans une situation d'infériorité, si on le compare aux populations de religion protestante. Qu'ils perpétuent avec un soin scrupuleux les traditions nationales, qu'ils conservent à la race son tempérament propre et lui fassent respecter la religion de ses aïeux, rien de mieux. Nous n'avons pas dissimulé notre admiration pour cette grande œuvre de patriotisme. Mais là n'est pas l'esprit de routine. Il réside dans une aversion systématique pour la nouveauté.

Le prêtre, en général, regrette le passé, redoute l'avenir et se défie de l'inconnu. Nourri d'études théologiques et de principes universitaires, il favorise l'en-

seignement des langues mortes, provoque chez ses
élèves le goût des professions libérales. Certes, nous
ne voulons pas bannir du *Dominion* les belles-lettres,
qui donnent à la langue son agrément et son coloris;
mais, sur cinquante écoliers, combien tireront profit
de ce superflu? Cinq ou six au maximum. Les autres
iront grossir le nombre des déclassés, des incompris et
des oisifs. Il y a trop d'avocats, de journalistes, de
poëtes, et le chiffre en augmente sans cesse.

A toute cette légion de savants sans emploi, nous
préférons le colon, l'*habitant,* comme on dit à Québec.
Mais l'habitant lui-même, l'a-t-on dirigé vers les études
pratiques? Demande-t-il au sol tout ce qu'il peut
produire et le laisse-t-il reposer? N'a-t-il pas, au
contraire, conservé ses anciens procédés de culture?
Pendant près de deux siècles, il a semé du blé sur les
rives du Saint-Laurent, épuisant les terrains les plus
riches, sans songer un instant à les mettre en jachère
ou à les fertiliser par des engrais, tant et si bien que,
depuis quarante ans, il doit se contenter des autres
céréales, s'il ne préfère défricher la forêt vierge ou
s'en aller dans la savane.

Quels sont les grands propriétaires fonciers, les
souverains des immenses territoires du Manitoba et du
Nord-Ouest? Les Anglais. — Il en est de même pour
le monde des affaires : « Au Canada, dit M. de Laveleye [1],
les industries, la banque, le commerce, les principales
boutiques dans les villes sont aux mains des protestants. » Il est vrai que les agences de Londres sou-
tiennent de leurs deniers leurs nationaux d'Amérique,
et nous ne nions pas l'influence des capitaux. Mais les

[1] *De l'avenir des peuples catholiques.*

Canadiens sont les premiers occupants, ils ont pu choisir leurs terres, tailler leur domaine à leur guise. L'ont-ils fait? — Enfin les capitaux s'acquièrent, et l'esprit d'initiative les attire. Il faut oser pour réussir, et c'est en s'aventurant dans le *Far-West* et sur les sommets des Rocheuses, que le Yankee a créé ses *ranches*, installé ses fermes et exploité ses mines. Il a précédé la civilisation, sans craindre de s'isoler, tandis que l'*habitant* labourait son lopin de terre, à deux pas de son clocher.

Nous ne voudrions pas être trop exclusif, et nous sommes prêts à reconnaître qu'en se groupant les colons français ont trouvé des éléments de résistance. Leur cohésion a fait leur force dans le passé; mais en exagérant une tendance bonne en soi, ils ont épuisé le sol et restreint leurs ressources. Les villages, trop rapprochés les uns des autres, se sont peuplés sans s'étendre. Il fallait espacer et multiplier les paroisses au lieu de les encombrer, reculer les limites de la province en semant, çà et là, de nouvelles lignes d'avant-postes, reprendre le contact des Canadiens cantonnés au Manitoba et fortifier leur position par l'envoi de renforts au vaillant évêque de Saint-Boniface, Mgr Taché. — C'est à cette œuvre réparatrice que travaille, depuis quinze ans déjà, un brave curé de campagne, le curé Labelle. Infatigable pionnier de la civilisation, il peuple les régions ignorées d'établissements français. — Tantôt, accompagné de sauvages, il explore la contrée; tantôt, à la tête de jeunes ménages canadiens qu'il rassemble dans les villes et dans les bourgs, il disparaît vers le Nord, fonde un village et revient pour diriger une nouvelle caravane sur un point opposé. Son zèle ne connaît pas d'obstacle. Il pénètre dans le Parlement, enfonce les portes des ministères, s'adresse au gouverneur, et toujours il obtient les ressources qu'il désire.

A lui seul, cet intrépide colonisateur opère une révolution dans les mœurs et dans le tempérament de l'*habitant*, triomphant de la routine et des préjugés qu'elle entraîne. Sous son impulsion, l'initiative se développe, les vues s'élargissent et s'étendent au delà des Laurentides ; Québec parle sérieusement d'enlever l'Ouest à Ontario.

Il était juste que le nom du curé explorateur passât l'Atlantique ; tous les touristes français qui vont au Canada signalent, à l'envi, les efforts tentés par lui et les résultats qu'il obtient.

Dans un pays où le clergé dirige l'enseignement et contrôle la vie sociale elle-même, son influence est telle que nous avons dû nous y arrêter quelque temps. Entre les avantages et les inconvénients qui résultent de cette influence, la comparaison n'est pas possible. Les premiers embrassent tout ce que le dévouement et l'intelligence, mis au service d'une volonté ferme, peuvent inspirer à des patriotes et à des croyants. — Les seconds se réduisent à trois : ingérence dans la politique, esprit de domination, routine. S'ils devaient persister, ils ne seraient pas sans danger ; mais en Amérique, le pays de l'initiative, de la liberté et de la tolérance religieuse, ils sont appelés à disparaître. La portion éclairée du clergé donne l'exemple de la modération, et nous ne doutons pas que les retardataires n'entrent bientôt dans cette voie.

La théorie de la séparation de l'Église et de l'État, autour de laquelle s'agitent nos assemblées parlementaires, reçoit ici, dans ce qu'elle a de raisonnable et de juste, son application la plus étendue. Jamais l'exécutif n'intervient dans les affaires ecclésiastiques ; il laisse le culte s'organiser à sa guise, sans lui imposer la nécessité d'une autorisation préalable. Celui-ci, n'étant plus service public, ne relève d'aucun ministère. D'autre part, le clergé, propriétaire incontesté de tous les biens qu'il possède, les administre lui-même comme il l'entend et ne reçoit pas la moindre subvention du gouvernement. Ajoutons que les évêques sont directement investis de leurs fonctions par la Papauté.

La province de Québec compte neuf diocèses, dont sept catholiques : le siége archiépiscopal de Québec, les siéges épiscopaux de Montréal[1], Saint-Hyacinthe, Sherbooke, Rimouski, Trois-Rivières et Chicoutimi. Dans chacun de ces sept diocèses, le vieux système paroissial français est conservé. — Comme au temps jadis, le curé administre les intérêts de l'Église et ceux de la commune ; la paroisse reçoit à cet effet, pour se constituer, l'érection canonique et l'érection civile.

Nous savons que le clergé, n'ayant pas été comme chez nous dépossédé de ses biens par une révolution, n'a droit à aucune indemnité ; partant, que le budget des cultes n'existe pas. Ses ressources sont de deux sortes : il les tire de certaines taxes en nature autorisées par les lois, et du revenu de ses exploitations agricoles.

Quand, en 1864, le Parlement canadien vota la suppression du régime féodal, réserve fut faite pour les droits et priviléges de nature ecclésiastique. La

---

[1] Dans le courant de l'année 1886, le diocèse de Montréal, occupé par Mgr Fabre, a été converti en archidiocèse. A la même époque, Mgr Taschereau, archevêque de Québec, était élevé au cardinalat.

dîme persista, et le Code civil de 1867, lui donnant une nouvelle consécration légale, fixa la quotité du prélèvement au vingt-sixième des récoltes. — La dîme en plein dix-neuvième siècle! —Mon Dieu, oui, la dîme, dont l'habitant s'acquitte de bonne grâce, parce qu'elle est ici, non à proprement parler un impôt, mais la rémunération d'un service rendu ; une dîme populaire et, disons-le, une dîme donnant pleine satisfaction à la liberté de conscience. Seul, le catholique doit au curé, seul il contribue, dans une juste mesure,, aux frais de son culte. S'il était également réparti, ce genre de prélèvement serait parfait, et son seul tort est de ne s'appuyer que sur la propriété foncière. Nous n'aurions garde de supprimer une taxe si facile à percevoir, mais nous voudrions décharger les campagnes d'une partie du fardeau, en soumettant les villes à une redevance analogue.

Loin de s'en plaindre, le cultivateur ajoute à la dîme des prestations volontaires, vieilles coutumes rapportées de France, et que la France ne connaît plus.

On *court la guignolée*. Des bandes villageoises, formées de la jeunesse, battent la paroisse pendant les nuits de Noël et de la Circoncision, prélevant de porte en porte un impôt en nature que le curé distribuera aux indigents. Mais laissons le Canadien [1] nous raconter lui-même les détails de la fête : « Réunis et munis « de sacs de grande dimension pour les provisions, les « jeunes gens se mettent en route, faisant tout à coup « retentir dans le silence de la nuit les sons d'instru- « ments de musique et des chants d'allégresse..... « Arrivée au logis qu'elle veut forcer, la troupe s'ar-

[1] Sylva Clapin, rédacteur du *Monde*, de Montréal, *la France transatlantique*.

« rête, puis somme le propriétaire d'ouvrir sa porte,
« en entonnant le couplet bien connu :

> « La guignolée, la guignaloche ;
> « Mettez du lard dedans ma poche.
> « Si vous voulez rien nous donner,
> « *Dites-nous-le !*
> « Nous vous prendrons la fille aînée,
> « Si vous voulez,
> « Nous lui ferons faire bonne chère,
> « Nous lui ferons chauffer les pieds. »

Ce « *Dites-nous-le !* » n'est-il pas charmant ?

La *guignolée* ne fait grâce à personne ; il faut s'exécuter, remplir les sacs, y joindre, si l'on peut, quelques piastres, qui seront les étrennes du pauvre.

La seconde catégorie de ressources appartient en propre au clergé ; elle comprend les revenus de ses capitaux et le produit de ses exploitations agricoles. — Les monastères, les couvents, les séminaires possèdent des territoires considérables ; le domaine ecclésiastique forme le tiers de la propriété foncière au Bas-Canada.

Personne ne se récrie devant cet état de choses, car tout le monde en profite. La fortune publique, loin d'y perdre, s'alimente à cette source, qu'une sagesse prévoyante ne laisse point tarir. Les terres, transformées en métairies ou mises à ferme, fournissent une rente, et cette rente sert à fonder, non pas seulement des presbytères et des chapelles, mais des écoles, des universités, des hospices. S'il est vrai que nous sommes dans un pays de mainmorte où les congrégations sont exemptées des taxes, il n'est pas moins certain que lesdites congrégations supportent la charge de l'assistance publique.

Il y a bien une somme de 12 ou 1500,000 francs, votée annuellement pour les institutions de bienfaisance ;

mais ce chiffre minime n'est qu'un faible appoint destiné à secourir les paroisses isolées. A vrai dire, le service tout entier est supporté par le clergé, qui devient la providence du corps social. On comprend sans peine l'empressement que met l'habitant à prélever sa dîme et l'État à confier à l'Église la direction et le contrôle de certaines administrations.

Nous avons nommé l'enseignement. Or la question de l'enseignement est intimement unie à la question religieuse. De cette union, nous avons déjà cité un exemple frappant. Le prêtre qui nous accueillait à notre arrivée à Québec est à la fois supérieur du séminaire et recteur de l'université Laval. Également renseigné sur l'organisation du culte et sur l'organisation de l'instruction publique, il nous a entretenus de ces deux sujets. Le premier, nous l'avons résumé de notre mieux, en tenant compte de critiques formulées par un libéral qui, tout avancé qu'il est, est un vrai libéral. Il nous reste à parler du second.

La question de l'enseignement, qui, dans notre vieille Europe, passionne, agite et divise les esprits, nous paraît avoir reçu au Canada la solution la plus libérale, la plus raisonnable et la meilleure. Pour le montrer, émettons d'abord quelques principes généraux.

En logique pure et rigoureuse, il n'y a que deux systèmes d'enseignement. Dans l'un, l'État enseigne, et enseigne seul : c'est le monopole. Dans l'autre, l'État n'enseigne pas, et, sous réserve des lois de police, il laisse à chacun le droit d'enseigner comme il l'entend, et aux pères de famille celui de choisir l'école ou le maître qui lui plaît : c'est le régime de la pleine liberté.

Entre ces deux systèmes, on a souvent cherché et, sans violer la liberté, on a quelquefois admis des combinaisons mixtes, particulièrement celle où l'État enseigne, sans empêcher les autres d'enseigner. Pour que, dans ce système, la liberté ne soit point atteinte, il y a des précautions à prendre et des conditions à remplir. Il faut d'abord que, pour la collation des grades qui mènent aux fonctions publiques, l'État ne favorise pas plus ses écoles que les autres, et que, devant les jurys d'examen, le mérite d'un candidat soit seul consulté, non sa provenance, c'est-à-dire le lieu, le nom et le caractère de l'école où il a fait ses études. Il faudrait aussi que les écoles privées ne fussent pas, sinon toutes, du moins les principales, absolument et systématiquement exclues de toute participation aux faveurs budgétaires, puisque, dans ce système mixte, l'État, qui n'a point d'argent à lui, a cependant des écoles qu'il entretient à l'aide d'un budget de l'instruction publique, que nous payons tous. Dans la pratique, ce système présente donc des difficultés qu'on ne surmonte pas sans mettre, du côté de l'État, une certaine bonne volonté, et d'abord une pleine bonne foi.

Du monopole, nous n'avons rien à dire, sinon qu'il est absolument démodé dans le nom qu'il porte, sans qu'on cesse pour cela de le pratiquer, au moins en partie, dans certains pays, où, sous le nom de liberté d'enseignement, on impose aux pères de famille un régime qui n'est pas précisément celui de la liberté. Cet abandon que l'on fait partout du monopole *en nom* tient à cette circonstance que, inscrite ou non dans la Constitution des peuples, la liberté de conscience est partout en progrès.

Or, la question de la liberté de l'enseignement est

trop étroitement liée à celle de la liberté de conscience, pour que l'État puisse sérieusement faire croire qu'il accorde celle-ci quand il refuse celle-là. De là, le discrédit dans lequel tombe de plus en plus le régime du monopole, partout où, y mettant de la franchise, on voudrait essayer de le pratiquer sous son véritable nom.

Voyons, maintenant, comment, au Canada, on est heureusement parvenu à établir dans le domaine de l'enseignement le régime de la liberté, et à quel point on respecte le droit du père de famille dans l'éducation de ses enfants.

Du jour où le *self government* était appliqué dans le *Dominion*, la liberté des cultes était reconnue, l'État se séparait de l'Église, et la liberté d'enseignement s'imposait comme conséquence nécessaire du nouvel ordre de choses. Depuis lors, catholiques et protestants, subventionnés sans acception de confession, ouvrent des écoles primaires et des colléges, professent la médecine et le droit, fondent des fermes modèles et des établissements techniques.

L'instruction primaire est obligatoire, en ce sens que les pères de famille doivent payer une contribution scolaire pour chacun de leurs enfants âgés de sept à quatorze ans ; les indigents seuls en sont dispensés. Quant à la fréquentation de l'école, elle n'est soumise à aucune vérification de la part de l'État.

Certaines institutions ont reçu de la Couronne le titre d'Université. Leurs priviléges sont limités à la faculté de conférer les grades de bachelier, maitre ou licencié, docteur, et les chartes qui les érigent stipulent que le conseil universitaire à le pouvoir d'accorder les diplômes « à tout étudiant, qu'il soit élève ou non dans

lesdites universités ou dans d'autres colléges » . Il suffit
que le candidat satisfasse aux examens. Rien que de
juste dans ces dispositions.

Liberté des cultes ne signifiant pas négation et suppression des cultes, l'État n'autorise pas une école
athée. Quant à l' « école neutre » , dont s'entiche la majorité parlementaire de la France, qu'est-ce au juste?
C'est une école où, sous prétexte de liberté de conscience, l'instruction est exclusive, non-seulement de
toute notion confessionnelle, mais encore de toute
idée de Dieu. « Non-seulement le prêtre n'entrera plus
« dans l'école, même pour y donner, en dehors des
« heures de classe, l'instruction religieuse aux enfants
« dont les parents le demanderaient formellement,
« mais l'instituteur ne pourra pas prononcer devant
« eux le nom du créateur de l'univers, et si l'élève
« lui pose à cet égard une question indiscrète, il de-
« vra

Imiter de Conrart le silence prudent,

« afin de ne pas violer la neutralité de l'école [1]. »
Ajoutons que la fréquentation de cette école soi-disant
neutre doit, d'après la loi du 28 mars 1882, être obligatoire pour tous les enfants de six à treize ans.

Hâtons-nous de le dire : jamais le Canada n'a conçu
de l'école une pareille idée; jamais les parlements
provinciaux, d'où relèvent les questions d'éducation et
d'enseignement, n'ont admis, formulé ou proposé une
semblable doctrine.

Toutefois, il importe de distinguer, au point de vue

---

[1] Voir à ce sujet le *Correspondant* du 10 mars 1887, p. 855 :
De l'instruction primaire gratuite, obligatoire et laïque, par
M. Cambuzat.

du caractère de l'enseignement, entre la législation de la province anglaise d'Ontario et celle de la province française de Québec.

En général, dans Ontario l'enseignement n'a pas un caractère confessionnel. Ici, comme aux États-Unis, l'école est laïque. Le professeur appuie sa doctrine sur les principes de la religion naturelle, c'est-à-dire sur les principes de la philosophie spiritualiste : existence de Dieu, immortalité de l'âme. D'ailleurs il suffit que, dans un district scolaire, cinq pères de famille demandent la création d'une école publique de leur culte, pour qu'il soit fait droit à leur réclamation.

A Québec, les écoles sont ou catholiques ou protestantes. Il n'y a pas de milieu. L'enseignement religieux est donné par l'instituteur, que cet instituteur soit ou ne soit pas membre du clergé.

A vrai dire, nulle part on ne conçoit la possibilité de créer, en dehors de toute opinion religieuse ou philosophique, une école quelconque. Sans empêcher nullement le père indifférent d'élever son fils dans l'indifférence, on doute qu'un enseignement puisse conserver ce caractère. Le sentiment d'un professeur importe peu quand il s'agit de discuter un problème de mathématiques. Que Dieu existe ou n'existe pas, deux et deux n'en feront pas moins quatre; c'est certain. Mais là n'est pas l'enseignement tout entier. L'histoire, la littérature, la philosophie tiennent une place considérable dans les études, et ces matières touchent de bien près à la question religieuse. Or, pouvons-nous, en conscience, imaginer un maître assez insouciant, assez lymphatique, pour ne pas trahir ce qu'il pense par son attitude et ses paroles, par le moindre signe d'approbation ou d'improbation, quand il posera le pied sur ce terrain? En fait, l'école neutre ne serait-elle pas une chimère? C'est mal connaître le cœur humain que d'espérer obtenir une complète neutralité en matière de culte. Le maître aura beau faire : il restera, pendant la classe, le croyant ou le sceptique qu'il était avant de faire sa leçon. Les enfants prendront sa manière de voir, et seront à leur tour sceptiques ou croyants; mais neutres, c'est-à-dire sans préférence aucune, sans amour ni haine, ils ne le pourront pas; le but sera manqué.

Les subtilités de cette nature n'ont pas de prise, au Canada, sur le bon sens public. La question ne peut s'y poser, et le législateur ne songe même pas à en discuter la valeur théorique.

Ces idées générales, que nous avons essayé de mettre en lumière, forment la base de l'instruction dans la « Puissance ». Comme nous sommes dans un pays de décentralisation absolue, chaque province donne à ses écoles l'organisation qui lui plaît [1]. A vrai dire, la différence est peu sensible dans les systèmes adoptés, car tous, animés du même esprit libéral, tendant au même but, devaient forcément se rencontrer dans l'emploi des moyens.

Québec place à la tête de l'enseignement un *conseil*

---

[1] L'article 93 de l'Acte de 1867 laisse à chaque législature provinciale le soin de réglementer les questions d'éducation. Le paragraphe 3 de cet article a trait à la liberté de conscience et s'exprime ainsi : « Dans toute province où un système d'écoles « dissidentes existera par la loi, lors de l'Union, ou sera subsé- « quemment établi par la législature de la province, il pourra « être interjeté appel au Gouverneur général, en Conseil, de tout « acte ou décision d'aucune autorité provinciale affectant aucun « des droits ou priviléges de la minorité protestante où catholique « romaine des sujets de Sa Majesté, relativement à l'éducation. »

général formé des neuf évêques et de membres choisis par le gouvernement dans les différentes parties de la province. Ce conseil se divise en deux comités, l'un de dix-sept catholiques, l'autre de huit protestants, agissant chacun dans sa sphère, et surveillant les intérêts de leurs coreligionnaires. La présidence des assemblées plénières, confiée précédemment à un ministre, appartient aujourd'hui à un surintendant de l'instruction publique.

L'enseignement comprend, comme chez nous, trois catégories : l'enseignement supérieur, l'enseignement secondaire, l'enseignement primaire.

L'enseignement supérieur se donne dans des *universités* indépendantes de l'État, dues à l'initiative privée, qui reçurent de la Couronne l'autorisation de conférer des diplômes.

L'université Mac Gill, à Montréal, et celle de Lennoxeville sont protestantes. La première, fondée par un riche négociant, en 1827, se compose des facultés de droit, de médecine et d'art; la seconde borne son enseignement à l'étude de la théologie anglicane.

L'université catholique de Laval réunit les quatre facultés. Son siége est à Québec[1], et, depuis 1878, elle a créé une succursale à Montréal.

Un personnel distingué professe dans ces institutions, qui donnent aux Canadiens des deux races l'instruction la plus solide. Les croyances de la minorité sont scrupuleusement respectées, et nous constatons que, d'une part, les élèves de toutes confessions fréquentent les cours de Mac Gill et de Laval; de l'autre, que ces établissements ouvrent leurs chaires aux pro-

---

[1] Le R. P. Bourgeois, prieur des Frères Prêcheurs à Paris, a publié, en 1883, une intéressante étude sur l'Université Laval.

fesseurs éminents sans distinction de religion; accord surprenant qui plaide en faveur du régime adopté. ▲

Les circonstances nous ayant permis d'examiner de plus près l'université catholique, nous nous y arrêterons un instant.

« L'Université Laval », dit un prospectus que nous avons entre les mains, « n'a plus rien à demander « aux autorités civiles et religieuses pour compléter « sa constitution. Érigée civilement par S. M. la « reine Victoria, le 8 décembre 1852, elle est munie « d'une charte royale qui lui donne les plus amples « priviléges et l'assimile aux Universités les plus favo- « risées du Royaume-Uni. De son côté, le Souverain « Pontife Pie IX, de si auguste mémoire, satisfait « d'une épreuve de presque un quart de siècle, accor- « dait à l'Université Laval, le 15 mai 1876, l'érection « canonique solennelle par la bulle : *Inter varias* « *sollicitudines,* dans laquelle le grand Pontife dai- « gnait reconnaître le bien déjà produit par cette « institution pendant ses quatre-vingts années d'exis- « tence. »

Il est à remarquer qu'en octroyant cette charte, la Reine, pour la première fois, reconnaissait un ministre du culte catholique. C'était au moment où les prin- cipes de gouvernement constitutionnel, posés par l'acte d'union de 1840, commençaient à porter leurs fruits; deux fois, on s'en souvient, Lafontaine avait rempli la charge de premier ministre, et ses com- patriotes prenaient une part prépondérante à la direc- tion des affaires publiques. Lord Elgin, le premier gouverneur libéral des Canadas-Unis, plaida la cause des catholiques, et détermina la Couronne à transfor- mer en université l'école du séminaire Montmorency-

Laval. Le Pape se contenta, en 1853, d'encourager l'enseignement théologique par un indult ; puis, satisfait d'une organisation qui rendait les plus grands services au catholicisme, il accorda l'érection canonique : « Comme la souveraine de la Grande-Bretagne », dit la bulle, « a, depuis longtemps, doté et enrichi « l'Université d'une charte renfermant les plus amples « priviléges, et à laquelle Nous ne voulons déroger en « rien ; et comme Sa Majesté a laissé à la même insti- « tution l'*entière liberté de se gouverner elle-même,* « Nous sommes heureux, d'après l'avis de Vos Véné- « rables Frères, de combler d'éloges mérités S. M. « la Reine, le gouvernement fédéral et celui de la pro- « vince de Québec. »

La reine Victoria, la plus haute personnification de l'Église anglicane, accordant toutes les franchises à une institution catholique ; le Pape approuvant sans réserve, et remerciant la Souveraine spirituelle au nom du catholicisme : voilà un fait exceptionnel, consé- quence d'un libéralisme sincère, honnêtement pratiqué.

Il est bien établi que l'université conservera tous les droits d'une école libre. La charte le dit en termes formels. Elle ajoute que « la corporation du séminaire « de Québec, étant amplement dotée et pourvue de « moyens suffisants, ne recevra pas de subvention de « la législature provinciale ». Passant ensuite à l'or- ganisation de l'université, « elle accorde que l'arche- « vêque catholique romain du diocèse de Québec soit, « en vertu de sa charge, le *Visiteur* de ladite Univer- « sité ». Ce haut dignitaire, dont les attributions ne sont pas sans analogie avec les pouvoirs d'un souverain constitutionnel, approuve les lois et règlements qui lui sont déférés.

Le supérieur du séminaire devient *Recteur* et préside le *Conseil universitaire*, composé des Directeurs dudit séminaire (que ces Directeurs soient ou ne soient pas professeurs dans l'université) et des trois plus anciens professeurs des différentes Facultés de théologie, de droit, de médecine et des arts.

A ce corps appartient l'administration. Il fait les lois et règlements, confère à tout étudiant de la province, qui aurait été trouvé dûment qualifié pour les recevoir, les degrés de bachelier, maître et docteur dans les arts et dans les autres Facultés.

Peut-être avons-nous trop insisté sur cet acte constitutif; mais il nous a paru qu'en puisant aux sources mêmes, nous dégagerions plus complétement le large esprit de libéralisme qui en a dicté les dispositions.

Le séminaire de Québec possède un domaine considérable. Rien n'a été négligé pour l'instruction ou l'agrément des sept cents élèves confiés à ses soins. Tous les sports chers aux Anglais se réunissent dans de vastes emplacements ; des locaux parfaitement aménagés permettent d'ouvrir des laboratoires destinés aux expériences pratiques. Il y a plus : convaincue de la nécessité de préparer les jeunes médecins à l'exercice de leur art, l'université ne se contente pas de les admettre à ses cliniques dans les hôpitaux de Québec et de Montréal. Elle crée des dispensaires où elle traite les pauvres sans distinction de croyance. L'art dentaire, les affections des yeux et des oreilles, y sont l'objet d'un examen spécial. Le service médical est fait par des internes, sous la surveillance des professeurs, et les élèves assistent à la visite, poursuivant ainsi l'étude des différentes maladies au lit même des malades. — Un mot encore de la bibliothèque et des musées : la première entasse sur ses rayons quatre-vingt-dix mille volumes, et les seconds renferment de fort belles collections. Dans la section de peinture, notons quelques bonnes toiles de la vieille école française.

L'enseignement secondaire comprenait, en 1882, une trentaine de colléges classiques, treize colléges industriels, trois écoles normales et dix-huit écoles spéciales.

Les colléges classiques, placés sous la surveillance du diocèse, donnent à six mille élèves une instruction correspondant à celle de nos lycées. Parmi les plus connus, citons l'institution de Saint-Sulpice et celle de Ville-Marie, à Montréal; le séminaire de Laval, à Québec. Les classes, faites en français, vont de la huitième à la philosophie, et préparent les jeunes gens aux épreuves du baccalauréat. A tenir ce langage, ne semblerait-il pas qu'il s'agisse d'un collége libre de France?

Les sciences ne sont poussées que dans les écoles spéciales. Malheureusement, le Canadien, fort attiré vers les belles-lettres et la métaphysique, montre peu d'empressement à se mêler des questions techniques. Il est rhéteur plus qu'ingénieur, et nous avons vu que cette disposition naturelle avait été longtemps encouragée par le clergé. Toutefois un revirement se produit. Le développement des écoles spéciales marque une transformation dans la direction des études. Nul doute que les efforts tentés pour développer au Bas-Canada l'instruction pratique modifient, avant peu, le tempérament de l'*habitant*.

Québec, suivant l'exemple d'Ontario et des provinces maritimes, possède aujourd'hui une école polytechnique et une école commerciale. Ses deux écoles de sciences appliquées rendent des services; et, dans la branche des arts et manufactures, des progrès réels sont déjà accomplis.

A l'enseignement secondaire se rattachent les *Académies* de jeunes garçons et de jeunes filles, sortes d'écoles régionales où trente-cinq mille enfants reçoivent une instruction moyenne.

Avant que le Canada fût appelé à se gouverner lui-même, un tiers de la population catholique était illettré, et les campagnes, sacrifiées aux villes, se ressentaient d'un manque absolu d'organisation. L'enseignement primaire, considéré comme superflu pour la masse des habitants, n'était qu'un acheminement vers les études classiques. Il se donnait dans les colléges sans que les paroisses songeassent à en généraliser les éléments. Tout semblait à faire; mais à partir de 1867, l'initiative privée, stimulée par la législation provinciale, entra résolûment dans la voie du progrès. Le Canadien apporta dans la réforme cette largeur de vues qui, chez lui, nous a souvent frappés, et que nous considérons comme une garantie du succès de son œuvre.

Les écoles primaires se divisent en écoles primaires élémentaires et en écoles primaires supérieures. Tous les enfants peuvent y recevoir une instruction suffisante, et les relevés des dernières années, pour l'ensemble de la province, évaluent à plus de deux cent mille le nombre des élèves fréquentant ces institutions.

Dans chaque paroisse, une commission scolaire de six membres, élus par les contribuables, assure le bon fonctionnement des études, encaisse les fonds destinés à l'enseignement, et les répartit entre les différentes écoles de la localité, au *prorata* du nombre des élèves.

Ces fonds se composent d'une subvention du gouvernement, d'une taxe municipale prélevée sur la propriété foncière des citoyens, d'une contribution mensuelle, variant de vingt-cinq centimes à deux francs, fournie par tous les pères de famille pour chacun de leurs enfants en âge d'aller à l'école.

Dans les paroisses de religions diverses, c'est la majorité religieuse qui administre. Si la minorité se croit lésée dans ses droits, elle signifie son dissentiment à la commission et nomme trois syndics pour la représenter. Ceux-ci prélèvent sur les fonds scolaires la part correspondant au nombre des élèves qui suivent l'enseignement des écoles dissidentes ; ils administrent séparément. Assise sur de telles bases, l'organisation nouvelle évite les conflits et permet à l'instruction primaire de se développer librement, sans que des divergences d'opinions viennent en gêner le fonctionnement.

L'État n'a pas dévié de la ligne de conduite qu'il s'est imposée. Décidé à favoriser l'extension des écoles, il encourage les paroisses par des subventions justement réparties, leur fournit le moyen de faire face aux dépenses, les met à même d'assurer à tous les enfants de la commune une instruction suffisante, et cela sans porter la plus faible atteinte tant aux droits du père de famille qu'au principe de liberté de conscience.

Nous ne quitterons pas l'enseignement sans dire un mot de la littérature, qui est son œuvre.

Au Canada, personne ne fait des belles-lettres son occupation exclusive ; mais chacun se pique de les cultiver à ses heures. Que l'avocat et le journaliste s'y adonnent, on le conçoit. Que le médecin, le commerçant, l'agriculteur, s'essayent dans la presse, esquissent un roman, rêvent de poésie, cela nous surprend davantage.

Sans parler des anciens, nullement dépaysés dans ces régions hyperborées, Racine, Molière, Corneille, la Fontaine, Bossuet, Fénelon..., tous nos classiques y tiennent une place d'honneur. Chateaubriand a droit de cité à Québec, ainsi que Cooper ; Lamartine, Musset, Hugo, Thiers, Guizot, y sont acclamés avec le même entrain. Nos romanciers y reçoivent un excellent accueil. Seul, le naturalisme y dessèche sur pied, ne trouvant pas sur le sol du Parnasse canadien les éléments nécessaires à son épanouissement brutal.

La littérature marque son empreinte dans les mœurs et façonne en quelque sorte le caractère de l'habitant. Pendant les longues soirées d'hiver, tandis que la nature reste ensevelie sous la neige, le colon redit *à la veillée*, près du feu qui petille, des bouts-rimés et des refrains entremêlés de cantiques. Peuple religieux ! Peuple songeur ! dont l'imagination gambade à travers les souvenirs du passé et les horizons de l'avenir, il pense avec son cœur, et renvoie aux échos les sentiments qui le remplissent.

Quand, d'un trait de plume, Louis XV raya du nombre de ses colonies ses possessions d'Amérique, les Canadiens, débordés de toutes parts, ne pouvaient asseoir les bases d'une littérature nationale. Une préoccupation les dominait. Ne fallait-il pas, avant tout, sauvegarder la langue maternelle ? Cette langue, échappée au naufrage, fut garantie de toute atteinte. Pas de patois, quelques termes du cru, je ne sais quel goût de terroir ; mais, à tout prendre, un parler français.

Peu à peu le calme revint ; des institutions littéraires furent créées ; l'Académie royale se divisa en section anglaise et en section française ; l'Université Laval, et, à sa suite, les colléges et les cercles, étendirent l'étude des arts libéraux.

Dans la poésie, Octave Crémazie, Lemay, comptent parmi les meilleurs. Fréchette nous émeut par la sincérité de ses accents. Quelle fraîcheur d'impression dans ces vers d'un exilé[1] :

> O ruisseau gazouillant, ô brises parfumées,
> Accords éoliens, vibrant dans les ramées,
> Soupirs mélodieux, sons suaves et doux,
> Trémolos qui montez du frais nid de fauvettes,
> Voluptueux accords qui bercez les poëtes,
>   Chants et murmures, taisez-vous !

L'Académie française, en couronnant le charmant recueil de Fréchette : *Fleurs boréales* et *Oiseaux de neige*, a rendu justice à son talent[2].

Chauveau, Marmette, de Gaspé, ont pris dans les légendes canadiennes les sujets d'excellents romans. Sylva Clapin expose aux yeux des Parisiens les merveilles de la *France transatlantique ;* Bibaud, Turcotte, Ferland, démêlent habilement les péripéties de l'histoire de Québec. Garneau surtout, l'émule et l'ami de Henri Martin, captive par ses récits animés, ses tableaux dramatiques, ses aperçus inattendus, ses vues profondes. Avec lui, nous assistons à la lutte disproportionnée qui s'engage entre le Canadien et l'Anglais ; nous applaudissons à l'indomptable persévérance du colon défendant sa nationalité compromise. Garneau

---

[1] Voy. *Bibliothèque universelle* et *Revue suisse*. (Livraison d'août 1883.)

[2] Fréchette vient de publier un nouveau poëme, *la Légende d'un peuple*, auquel le public fait le meilleur accueil.

mourut trop tôt pour terminer son œuvre. Il nous eût montré Lafontaine, puis Morin, puis Taché, à la tête du gouvernement, décrétant la réforme des institutions, conviant à Québec les colonies anglaises d'Amérique, pour y jeter les bases de l'organisation fédérale. L'*histo-rien national* n'est plus un étranger parmi nous, et si nous commençons à connaître les événements qui se sont déroulés depuis plus d'un siècle dans la Nouvelle-France, nous le devons avant tout au patriote canadien.

La liberté des écrits étant sans limites, les journaux ont pris un développement prodigieux. Le Bas-Canada n'en compte pas moins de quarante, véritables encyclo-pédies ouvertes à tous les genres, où chacun essaye sa plume, traite de politique, d'arts, d'agriculture, de finances, etc...

La presse excelle dans la polémique, qu'elle conduit avec un flair normand. A la fois tenace et souple, elle a le tempérament querelleur, et trop souvent la lutte qu'elle engage laisse percer l'impertinence et fait qu'on articule les gros mots. Nous ne parlons pas des feuilles importantes, mais de cette avalanche de gazettes qui envahissent les grandes villes et se débattent dans les bourgs, distribuant des *raclées, pulvérisant* les libé-raux, *vomissant à la face* des conservateurs l'expres-sion de leur mépris. De tels propos demeurent heureu-sement sans portée. Dans ces tournois de paroles où le jouteur dépasse le but, personne ne se sent atteint. Ce n'est pas seulement, comme on l'a dit avec esprit de la presse en Amérique, que « le nombre des tyrans y a tué la tyrannie »; c'est surtout que, si les paroles sont bles-santes, le tempérament reste calme; l'agitation se passe à la surface sans jamais pénétrer dans les couches pro-fondes de la société. « En Europe, nous disait naguère

M. H. Fabre, le sympathique commissaire général du Canada à Paris, en Europe, dans ces milieux inflammables, dans ce centre de populations toujours tourmentées du furieux désir de secouer le joug des charges sociales qui pèsent sur elles, des provocations de cette nature amènent promptement des complications graves. Chez nous, où, en somme, il y a au soleil place pour tous, où chacun est content de son sort, ces complications ne sont point à redouter. »

Il appartenait à un homme de la valeur de M. H. Fabre d'excuser les faiblesses et les torts de ses collègues. Longtemps, comme directeur de l'*Événement*, de Québec, il donna l'exemple d'une bienséance courtoise.

Ce séduisant conteur, qui attire à ses conférences le public parisien, est resté tel que l'avait jugé M. H. de Lamothe en 1879 :

« La verve toute gauloise, mêlée d'une pointe de
« scepticisme railleur, avec laquelle il sait fustiger ses
« adversaires politiques, sans jamais descendre jusqu'à
« l'injure brutale et violente, si familière, hélas! à la
« plupart des journalistes de son pays, lui assure une
« place à part dans la presse périodique bas-cana-
« dienne et dans le parti libéral, auquel il appartient. »

M. Cauchon, ancien rédacteur du *Journal de Québec*, s'est fait remarquer par la vigueur de ses articles, avant de remplir à Winnipeg les fonctions de gouverneur. MM. Beaugrand, Parent, Dessoules, Provencher et bien d'autres, mériteraient une mention spéciale dans une étude détaillée.

Citons enfin, dans un genre différent, l'abbé Tangay, qui reconstitue la généalogie complète des Canadiens-Français. La bibliothèque fédérale d'Ottawa lui ouvre ses rayons, et cet infatigable chercheur publie en ce moment le second volume de cette curieuse compilation. La question des tenants et aboutissants n'est pas sans intérêt pour l'*habitant* respectueux des traditions, fier de ses origines et de son histoire.

Maintes fois, en descendant le Saint-Laurent, de modestes colons nous questionnaient sur des parents laissés là-bas. « On s'est dit adieu, *il y aura tantôt deux cents ans,* sur les côtes normandes, et l'on ne serait point *troublé* de *savouère* s'ils se *portiont* bien tout de même. »

Demain, nous les retrouverons, ces braves bûcherons qui vont, la hache à la main, se tailler un *lopin* dans les forêts du Saguenay.

Il se fait tard, et, tout en nous endormant, nous nous prenons à songer.

Que de joies au sein de ces populations rurales, qui ont une croyance dans le cœur, mille rêves fleuris dans l'imagination, le calme dans l'esprit, l'immensité devant elles !

CHAPITRE VII

UNE EXPÉDITION AU PAYS DES PEAUX-ROUGES. — LE SAGUENAY
ET SES COLONS. — LA TRIBU INDIENNE DES MONTAGNAIS. —
UNE CONVERSATION AVEC LE « PÈRE DES SAUVAGES ».

A la distance où nous sommes du pays natal, les partis politiques ont une tendance à disparaître; les divergences d'opinion s'effacent; la forme du gouvernement se perd dans un lointain, et l'idée de patrie prend une consistance particulière, une sorte d'individualité propre. Le Français n'est plus douloureusement affecté par le spectacle quotidien des misères intérieures ni des querelles de clocher. Il n'est plus témoin de ces débats parlementaires où l'intérêt national le cède trop souvent à des calculs moins généreux; il se compose une France à lui et croit en son phalanstère jusqu'au jour où l'étranger en fait crouler l'échafaudage. Je ne sais rien de plus pénible que d'assister, hors de chez soi, au procès de son pays, et malheureusement le Yankee dissimule peu ses sentiments pour nous.

Au Canada, tout diffère. Française par nature, la province de Québec excuse les faiblesses de la mère patrie, elle oublie ses torts, exalte ses mérites. Sans doute, elle a ses préférences et rêve, pour son ancienne métropole, un régime analogue à celui qu'elle possède, un gouvernement moderne et stable, s'appuyant à la fois sur la tradition et le progrès. Mais quand il s'agit pour elle d'exprimer son sentiment filial, elle le manifeste hautement, applaudit au souvenir de la France, sans discuter l'organisation constitutionnelle qu'il lui a plu de se donner. Elle salue le drapeau blanc et le drapeau tricolore, arbore l'aigle et la fleur de lys, ordonne des prières publiques au commencement de la guerre de Crimée, prend le deuil de Henri V et de Napoléon IV, porte des toasts à M. Grévy (maintenant à M. Carnot), accueille le général de Charette en lui jouant la *Marseillaise*. *L'habitant* ne se dit ni républicain, ni royaliste, ni bonapartiste; il est tout cela.

En 1870, les enfants de Québec passent l'Atlantique et se battent en Français sur la Loire. A Patay, ils meurent en Canadiens. De tous les points de la province, les colons accourent au consulat de France pour s'enrôler.

   « Monsieur le Consul, on nous apprend là-bas
   « Que la France, trahie, a besoin de soldats.
   « On ne sait pas chez nous ce que c'est que la guerre;
   « Mais nous sommes d'un sang qu'on n'intimide guère,
   « Et je me suis laissé dire que nos anciens
   « Ont su ce que c'était que les canons prussiens.
   « Du reste, pas besoin d'être instruit, que je sache,
   « Pour se faire tuer ou brandir une hache.
   « Et c'est la hache en main que nous partirons tous;
   « Car la France... Monsieur... la France, voyez-vous... »

Cette émotion poignante qu'éprouve Fréchette, chacun la ressentait alors sur les rives du Saint-Laurent. Le désastre a brisé tous les cœurs, comme la victoire jadis les avait animés. Le Canadien n'a pas seulement conservé le souvenir de ses anciens rois; il a suivi des yeux les événements qui se sont succédé en Europe, s'intéressant au sort du Vieux Pays.

Aujourd'hui même, 28 août, à bord du steamer *le Saint-Laurent,* nous causons avec un bûcheron de Chicoutimi, et voilà notre homme qui entame un récit détaillé des guerres de l'Empire; la retraite de Russie le passionne, et quand il en vient aux Cent-Jours, c'est en soldat de la vieille garde qu'il nous parle du petit caporal. Nous le quittons pour serrer la main d'un ancien zouave pontifical, qui nous met en rapport avec deux de ses compagnons d'armes. La conversation tombe maintenant sur le Saint-Siége. Rome et la France: ces deux mots dépeignent le Canadien tout entier.

Parmi les relations précieuses que nous nous créons sur le bateau, notons M. Fréchette, le frère du poëte, esprit libéral et causeur agréable. Il nous présente au ministre de la milice et de la défense, sir Adolphe Caron, Canadien-Français, qui sera notre providence pendant toute la durée de notre voyage au Canada. Nous passons deux heures charmantes avec ce dernier, que nous retrouverons dans une semaine à Ottawa.

M. Caron, jeune encore, occupe une des situations les plus importantes du pays. Sous sa direction, le département de la guerre prend un développement considérable, et les services qu'il vient de rendre pendant la rébellion des métis lui ont valu le titre de *sir,* que lui décernait ces jours derniers la reine Victoria. Nous reviendrons, plus tard, sur l'organisation de la milice; mais nous ne quitterons pas l'homme du monde, qui nous a si gracieusement accueillis, sans lui exprimer notre reconnaissance.

Québec a disparu derrière l'île d'Orléans que nous longeons depuis une heure, et le bateau, évoluant vers la gauche, s'engage dans un archipel d'îlots verdoyants où se jouent les premiers rayons du soleil. Le Saint-

Laurent, qu'une distance de cent lieues sépare encore
de l'Océan, se développe sur une largeur de dix-
huit kilomètres; à Tadoussac, où nous arriverons ce
soir, il aura doublé. Le lit s'évase sans cesse et forme
à son embouchure un estuaire de trente-cinq lieues.
C'est une mer d'eau douce se déversant dans l'Atlantique.

Près de nous se déroule la chaîne abrupte des
Laurentides. Au flanc de ces montagnes magnifique-
ment boisées s'accrochent quelques cabanes de bûcherons; mais les pentes escarpées s'opposent trop souvent
à l'établissement d'un village. Pas une vallée jusqu'à
Saint-Pierre, cité naissante construite sur la baie Saint-
Paul, au confluent de deux cours d'eau. Ici, le bateau
s'arrête, prend des passagers et du bétail, puis continue sa marche en côtoyant les Éboulements, d'aspect
plus sauvage. Voilà Murray Bay, le séjour à la mode,
la ville de plaisance. Nous avons dépassé l'Ile aux Cou-
dres, qui cache dans ses entrailles de précieux gisements
de fer, et nous voyons se superposer en face de nous
quatre séries de montagnes, dont les tons se nuancent
et pâlissent pour se mêler aux nuages. Ces sites pittoresques font penser aux points de vue variés de Salzbourg.
Parfois des tourbillons de fumée tachent de noir l'horizon; c'est l'habitant qui défriche, incendiant les forêts
pour frayer un passage à la charrue. Dans ces régions, où
le bois n'a pas de valeur par lui-même, personne ne le
soumet à une coupe régulière. Ce serait gaspiller son
temps, paraît-il, tandis qu'on trouve dans cet amoncelle-
ment de cendres combinées à l'humus la base d'un excellent engrais. Que de richesses n'en sont pas moins per-
dues, et quelle valeur acquerraient, sur nos marchés européens, tous ces bois qui s'embrasent au gré du vent!

Malgré la précaution qu'il prend d'entourer de sillons ses champs et sa demeure, le colon voit parfois sa cabane détruite et ses moissons ravagées. Mais qu'y faire? La flamme se promènera dans les forêts du Saint-Laurent, jusqu'au jour où l'industrie des transports offrira à l'exploitant un débouché avantageux.

La rive droite, que nous rejoignons à la hauteur de Kamouraska, n'a pas le caractère tourmenté des Laurentides. Des collines plus ondulées la limitent, se reliant en certains endroits, pour laisser des villages se grouper. Parmi les stations d'été qui attirent les canotiers et les chasseurs, se distingue la Rivière du Loup, où sir A. Caron possède une agréable résidence.

Tadoussac, que nous touchons vers huit heures du soir, est situé au confluent de la rivière et du fleuve, à deux cent cinquante kilomètres de Québec. De nombreux souvenirs s'y rattachent. Tentés par la situation géographique du lieu, les premiers explorateurs français s'y arrêtèrent avant de poursuivre leurs découvertes. Un siècle plus tard, les rapports fournis à la métropole sur les conditions favorables de la vallée déterminèrent Louis XIV à comprendre tout le territoire dans le domaine de la Couronne.

Les Compagnies fermières de ces biens royaux reçurent l'ordre d'explorer la contrée. Une carte du bassin, dressée au début du règne de Louis XV, atteste que le gouvernement avait sur ce point des indications précises. Survint le traité de Paris. Les bailleurs changèrent de maître, mais non de condition, et, trop intéressés à maintenir leur monopole, ils firent le silence sur les ressources du pays. A notre époque seulement une nouvelle exploration fut tentée. La Compagnie de la baie d'Hudson s'évertue, par tous moyens, à dissi-

muler les qualités du sol, mais la lumière se fait, et la
colonisation du Saguenay commence. Elle n'est encore
qu'à son début. Les vastes plaines fertiles qui vont de
la vallée du Saint-Maurice au lac Saint-Jean ouvrent à
l'agriculture les plus vastes horizons et n'attendent,
pour se peupler, que l'achèvement d'un chemin de fer
en voie d'exécution. Abritée des vents de l'est et du
nord par les contre-forts des Laurentides, cette contrée
jouit d'un climat plus tempéré que celui de Québec ;
des informations récentes font supposer que les conditions d'existence ne seraient pas sensiblement modifiées
dans les espaces qui s'étendent au delà de la « Hauteur
des Terres », à peu de distance de la baie d'Hudson.

Il fait nuit quand nous nous enfonçons entre les deux
gigantesques falaises qui bordent la rivière. Les passagers rentrent dans leurs cabines, et nous nous mettons
en devoir de commencer par une bonne nuit notre
excursion vers le pays des Peaux-Rouges.

A six heures du matin, nous débarquons à Chicoutimi,
le point extrême de la navigation des steamers. Les ingénieurs canadiens ont construit, avec des poutrelles et
des madriers, un port très-vaste, très-solide et d'un entretien peu coûteux. En ce moment ils l'agrandissent,
font des barrages, élèvent une véritable muraille massive
de huit mètres d'épaisseur, soutenue par des amoncellements de bois de rebut. Tout s'emploie, pénètre dans
les fissures, s'entasse sous l'effort de chutes d'eau détournées de leur cours et forme un ensemble résistant
et compacte. La ville ne compte encore que neuf cents
âmes, mais déjà son commerce avec l'intérieur attire
les populations du Saint-Laurent. Du jour où le chemin
de fer projeté reliera Québec et Chicoutimi au lac Saint-
Jean, ce centre prendra un développement prodigieux.

Nous saluons une dernière fois sir A. Caron, qu'entoure un groupe de solliciteurs, et nous faisons prix avec deux « charretiers ». Ils nous transporteront jusqu'aux dernières limites de la colonisation et les franchiront pour atteindre le campement des sauvages Montagnais.

Un « charretier », qu'est-ce que cela? — C'est un cocher. Le cheval prend le titre de « trotteur », et la voiture s'appelle un « char ». On « embarque » et l'on « débarque », ce qui n'est pas sans analogie avec le « Comment naviguez-vous? » des Flamands.

Bêtes et gens nous conviennent à ravir, mais le char ne se recommande que par son originalité. Figurez-vous une planche de deux mètres de long, mince et flexible, clouée sur les essieux de deux paires de roues; un brancard pour le trotteur, un tabouret en avant pour le charretier, un autre au milieu pour les voyageurs, et vous avez une idée fort complète du véhicule chargé de nous mener « contre vents et marées » pendant quatre jours. Sur notre siége rudimentaire, un client pourrait s'asseoir à la rigueur; mais à deux nous l'envahissons littéralement, chacun débordant de son côté et s'y cramponnant de toute la force de ses poignets.

La carriole de Paul S... et de Gustave T... précède la nôtre et manœuvre de bâbord à tribord, sautant au moindre choc. La vigueur de l'attaque trouve un instant cette paire d'amis sans défense; ils perdent le contact du tabouret, puis se raccrochent comme ils peuvent, à grand renfort de rétablissements. C'est une véritable séance de voltige fantaisiste. Tandis que D... et moi nous jouissons du coup d'œil, notre planche fléchit, et, rebondissant comme un ressort, elle nous projette tous deux sur le dos du cocher. Nous devenons sérieux. Luttant, à notre tour, contre les cahots de la route, nous parvenons à nous maintenir dans notre panier à salade. Mais voilà du nouveau. Le chemin que nous suivons, bordé de profondes ornières, descend à pic le long d'un ravin. Bien entendu, pas de frein à nos chars. Nos chevaux, sans attendre le moindre signal, partent au train de charge sur cette pente incroyable, pour escalader à même allure, sans doute en vertu de la vitesse acquise, le mamelon qui se dresse devant nous. Dans ce pays ignoré de l'administration des ponts et chaussées, les plis de terrain se succèdent, et le même manége se répète indéfiniment. Nos bêtes sont à la hauteur de la situation, et nous-mêmes, imitant les charretiers, nous évitons les chutes par des mouvements savamment combinés. Le roulis, le tangage, les coups de vent, rien ne nous a manqué depuis notre « embarquement » ; la tempête est déchaînée, et nous nous débattons comme des naufragés au milieu des capricieuses ondulations du sol.

Notre homme est un petit brun à l'œil vif, aîné de quatorze enfants ; il trouve tout naturel de subvenir aux besoins de la maisonnée, jusqu'au jour de son mariage ; alors il passera la consigne à ses frères, et chacun travaillera de son mieux pour apporter l'aisance au foyer paternel. Les réflexions judicieuses et le gai badinage de ce jeune automédon viennent nous divertir, quand les difficultés de la route n'absorbent pas son attention.

Un jour, raconte-t-il, qu'il *charriait* un lord à travers le pays, son embarras fut extrême. Impossible de s'entendre, le touriste ignorant le français et lui ne comprenant pas un traître mot d'anglais. Personne pour leur servir d'interprète ; car, dans ces régions de l'Est, la langue de Shakespeare n'est pas plus en usage que le sanscrit ou le persan. Force fut de parler par gestes, et le fils d'Albion ne dissimula pas sa profonde déconvenue. Pareil incident n'est pas à craindre pour nous; notre langue est celle du pays, et nous répondons avec joie aux souhaits cordiaux que nous adressent les passants. Sur le seuil d'une cabane se tient une jeune maman entourée de moutards; nos compagnons l'abordent et lui demandent un bol de lait. « Du lait, mes bons messieurs, *c'est correct;* nos vaches m'en ont donné deux *gallons* ce matin. Yvonne! va-t'en querir des tasses aux messieurs. » La fillette interpellée disparaît, revient et se sauve à toutes jambes, lançant sur nous un regard effaré. Au premier pas que nous faisons pour entrer dans la pièce unique qui sert de cuisine et de salle de réception, toute la marmaille est en fuite. L'intérieur est celui d'un paysan aisé; à la tête du lit, un crucifix; contre les murs, des images coloriées, représentant la Vierge Marie et certains traits de la vie des saints. Par malheur, l'âtre antique, le manteau de la cheminée, ont cédé la place au prosaïque fourneau des Yankees. La maison, solidement construite en rondins équarris, ne se compose que d'un rez-de-chaussée peu élevé. Des *bardeaux,* sortes de lattes superposées jouant l'ardoise, recouvrent un toit qui fait saillie. Derrière, se trouvent la chambre des enfants et les annexes. C'est la simplicité et l'aisance, mais point encore le confortable des demeures américaines.

A mesure que nous avançons, les cabanes s'espacent, conservant toutes le même type. Autour de chacune d'elles, des légumes en pleine terre, des champs de maïs, de blé, d'orge, etc...., puis des régions, ravagées par la flamme, où se dressent des troncs d'arbres carbonisés, que l'habitant arrache avant les labours. Parfois, le temps lui manque pour déblayer le sol, et le grain qu'il sème au milieu des souches n'en donne pas moins une récolte suffisante pour ses besoins.

Sur notre parcours, les cultures ne forment qu'une bande de terre de deux kilomètres de largeur. Au delà, la forêt vierge, encore intacte, reprend ses droits, prolongeant ses masses sombres à l'infini. A notre gauche se dessinent les collines qui nous séparent des tributaires du lac Saint-Jean. Si le temps nous permettait d'en gagner la crête, nous verrions se développer devant nous les vallées fertiles qui donneront avant peu l'opulence aux colons. C'est à l'ouest, au nord et au nord-est du lac, que se rencontrent les plus belles terres. Là se formera avant longtemps l'un de ces immenses greniers du Canada, une sorte de Manitoba d'où les produits sortiront pour inonder la place de Québec et les marchés de l'ancien continent. Au dire des explorateurs, les colons actuels du Saguenay ne pourront supporter la concurrence de leurs voisins. Et cependant le rendement du sol atteint ici le chiffre de 27 hectolitres à l'hectare [1].

[1] Nous copions dans le journal *Paris-Canada* ce tableau comparatif des poids et mesures :

Mesures de longueur.

La verge	=	3	pieds anglais	ou	$0^m,91^c$ 1/2
Le pied	=	12	pouces	—	0 30 1/2
La brasse	=	2	verges	—	1 83
La perche	=	5 1/2	—	—	4 57 1/2
La chaîne	=	22	—	—	20 02
Le mille	=	1,760 (ou 80 chaînes)		— 1,610 40
Le mille marin	=	2,006 (ou 120 nœuds)		— 1,852

Mesures de superficie.

Verge carrée = un carré de 91^c 1/2 de côté.
Perche carrée = 30 1/2 verges carrées, ou $25^m,25^c$.

On juge, par cet exemple, de l'avenir brillant réservé aux populations du Bas-Canada.

Nulle part l'apparence de la misère. Du reste, comment la misère existerait-elle dans un pays où le paysan est propriétaire du bien qu'il cultive? Pour la modique somme de vingt piastres (cent francs), payable en cinq annuités, il achète au gouvernement un lot de cent acres de forêt vierge. Il faut défricher, mais le feu a bientôt accompli son œuvre; puis les semailles se font, et la récolte assure à la famille le pain de l'année. Cinq ans suffisent pour transformer les espaces incultes en terres arables et en bons pâturages; ajoutons que la sécheresse, les gelées tardives sont ici peu fréquentes; qu'enfin les sauterelles, si désastreuses aux environs de Québec comme aux États-Unis, n'ont pas fait la moindre apparition sur les rives du Saguenay.

D'impôts, l'habitant n'en paye pas ou fort peu. Une patente sur les liqueurs alcooliques, la taxe des écoles

Chaîne carrée	=	16 perches	ou	4^{ares}, 04^{c}.
Acre	=	6 chaînes	—	40^{a}, 40^{c}.
Mille carré	=	640 acres	—	309^{hect}.

Mesures de poids.

Livre	=	453 gr. 59 c.	
Once	=	28 35 c.	
Quintal	=	45 kil. 35 gr. (ou 100 livres).	
Tonne	=	907 kil. 18 gr. (20 quintaux ou 2,000 liv.).	

Mesures de capacité.

Gallon	=	4 pintes	ou	4 litres, 54^{c}.	
Pinte	=	2 chopines	—	1 — 13^{c}.	
Minot	=	8 gallons	—	36 — 34^{c}. (c'est le bushel anglais).	
Baril	=	25 gallons	—	1 hectol. 13 litres.	

Le boisseau français équivaut à un demi-minot, et l'arpent français se rapproche de l'acre.

Nota : L'usage du système décimal est facultif au Canada.

et la dîme, voilà toutes ses charges. La culture du tabac n'est soumise à aucune surveillance, et le gouvernement n'intervient que pour prélever un droit sur la vente. En France, observe M. de la Brière, si l'impôt était distribué par tête, chacun payerait cent neuf francs ; au Canada, chacun trente-cinq !

La liberté des successions ne subit aucune restriction. Le père de famille est libre de tester pour qui bon lui semble, de confier à l'un de ses fils (ordinairement l'aîné) le soin d'exploiter le patrimoine, à charge pour lui de dédommager ses frères et sœurs. N'est-ce pas la réalisation du rêve de M. Le Play et de l'école de la Paix Sociale ? « L'étranger, dit le Code civil [1], a le droit de succéder et de disposer librement par testament de ses biens, de quelque nature qu'ils soient, en faveur de toute personne capable d'acquérir et de posséder, sans réserve, restriction ni limitation, de la même manière que peuvent le faire les sujets britanniques. » Ainsi, les Canadiens évitent le morcellement de la propriété. Il est vrai que les charges imposées à l'héritier dépassent trop souvent ses moyens et l'obligent à hypothéquer le domaine paternel. Cela peut durer jusqu'à la majorité de ses frères puînés ; mais après, apparaît le remède, tout colon âgé de dix-huit ans obtenant une concession gratuite moyennant certaines conditions prévues par les lois.

Ces dispositions visent surtout les émigrants, que le Parlement de Québec veut attirer par ses offres. Le lieutenant gouverneur en son conseil désigne les lots qui seront l'objet d'octrois gratuits, et les agents d'émigration sont tenus de délivrer, à ceux qui leur en font

[1] *Code civil du Bas-Canada,* art. 609 (83).

la demande, un permis de possession, sur une étendue de cent acres. Le concessionnaire doit s'installer sans délai et devient propriétaire au bout de quatre ans, s'il a bâti une maison et mis en culture douze acres de terre. Notons qu'une loi garantit ces biens contre les poursuites de créanciers antérieurs à l'époque de la concession.

Bon prince vis-à-vis des étrangers, le législateur se montre galant pour les dames. Bien que le sexe soit, ici, moins faible que dans notre vieille Europe, on a voulu le protéger d'une façon toute spéciale. A défaut de convention matrimoniale, la femme possède un douaire coutumier, en cas de prédécès du mari; ce douaire comprend l'usufruit de la moitié des biens du défunt.

Comme aux États-Unis, la recherche de la paternité est permise, et la jeune fille séduite peut exiger le mariage, ou tout au moins une forte indemnité. Nous n'avons garde de prendre un parti dans cette question épineuse, et nous constatons qu'en fait les procès de cette nature se présentent rarement.

Personne ne s'étonnera que, protégé par les lois, favorisé par le sol, le colon de Saguenay jouisse d'un véritable bien-être ; auprès de l'*habitant*, nos paysans feraient triste figure. Chez nous, c'est la vie à l'étroit, dans un petit enclos; tous s'y restreignent et restreignent aussi le nombre de leurs enfants. Dans les contrées que nous traversons, c'est l'existence large, indépendante. On dépense sans compter, et l'on se donne le luxe d'une nombreuse famille. A les voir le dimanche, gantés de frais et de neuf habillés, les hommes en *gentlemen,* les filles en demoiselles de qualité, dirigeant leurs *trotteurs* sur l'église parois-

siale, on se croirait au milieu de touristes retournant
à la ville. Leurs traits sont fins, leur tenue élégante;
on se demande d'où leur vient le bon goût que révèle
leur mise. Peut-être leurs économies passent-elles trop
souvent dans des achats futiles? Confiants dans l'avenir,
ils n'épargnent guère et pourraient, à ce sujet, prendre
modèle sur le paysan normand.

A son tour, le Normand, qui se contente d'un fils
unique, jetterait utilement les yeux sur ses anciens
compatriotes. La veillée réunit la famille. Ils sont dix,
vingt bambins, grands garçons ou fillettes. C'est la vie
primitive dans toute sa fraîcheur, avec tout son cachet;
c'est la *famille-souche*, telle encore que l'a conçue
M. Le Play.

L'histoire de ces ménages ne varie guère. Colin et
Colette se sont plu ; leurs parents les ont fiancés, et six
mois après, souvent plus tard, le brave curé préside à
leurs épousailles.

Arrivent les enfants ; c'est pain bénit. Vingt ans s'é-
coulent, et les grands font sauter sur leurs genoux les
petits au maillot. Souvent les aînés sont déjà mariés,
que la mère de famille n'a pas renoncé aux espérances.
Alors, chacun piqué d'honneur songe à peupler la province de colons français. La coutume du vingt-cinquième
n'existe qu'au Canada ; elle en est l'expression vivante.
Mettre à la charge du clergé le vingt-cinquième enfant
d'une seule femme, le fardeau ne semble-t-il pas bien
léger pour l'Église? Eh! mon Dieu, le Benjamin de
vingt-quatre frères n'est pas un mythe sur le Saguenay ;
parfois il faut s'exécuter, et chacun fait son devoir. Le
prêtre recommande à ses ouailles de croître et de multiplier, et celles-ci sont tellement convaincues de cette
nécessité, qu'elles ont fait tomber la candidature d'un

député pour cause de célibat. Il n'avait pas rempli ses devoirs civiques [1].

Quel est le résultat de cette émulation ? C'est que depuis un siècle les Canadiens, de soixante-dix mille qu'ils étaient, sont devenus deux millions, qu'ils ont augmenté d'environ trente fois leur nombre, tandis que la France doublait à grand'peine.

Stimulée par un climat vif et sec, la race ne paraît pas se ressentir de ce prodigieux développement. A Iberville, notre première étape, la *créature* [2] à laquelle nous demandons un gîte compte trente-cinq ans au plus, et le bébé qu'elle berce sur les marches de l'escalier prend rang le onzième. Les dix premiers respirent la santé. Inutile d'ajouter qu'elle attend la douzaine.

[1] Le rédacteur du *Mail*, de Toronto, consacre à la race canadienne un intéressant article dont nous détachons ce fragment : « Les chiffres que nous donnent les dénombrements de la race « française sont vraiment extraordinaires. Le nombre des émigrants « qui sortirent de la vieille France pour venir s'établir au Canada, « sous l'ancien régime, n'a pas dépassé dix mille. L'émigration ve- « nant de France cessa effectivement en 1700. En 1763, malgré « les guerres sauvages et toutes les misères de la vie de colon, « dans ce temps-là, la population de la colonie comptait soixante- « dix mille habitants, et aujourd'hui la race française, au Canada et « aux États-Unis, compte à peu près deux millions... Quel sera le « résultat de cette expansion extraordinaire ? Les établissements « anglais créés dans Québec par les autorités impériales, dans le « but d'éliminer l'influence française, disparaissent les uns après « les autres. L'*habitant* ne se contente pas d'envahir les États de « la Nouvelle-Angleterre et de fonder des colonies dans le Nord- « Ouest ; il pousse vigoureusement les Anglo-Saxons hors d'Onta- « rio... Il est probable que dans vingt-cinq ans les Français seront « les maîtres dans toute la partie est d'Ontario jusqu'à Kingston, « sans compter tout le nord de la province. Dans ce temps-là, les « établissements anglais des cantons de l'Est auront été obligés de « capituler. »

[2] Nom donné à la femme par l'habitant.

Plus confortablement installée que les autres colons, cette joyeuse maman se qualifie du nom d'hôtesse. Elle héberge à ce titre les colporteurs assez hardis pour promener leurs marchandises aux confins du monde civilisé. Nous en trouvons deux autour de la table rustique que la patronne vient de quitter. Ils nous accueillent bruyamment, entonnant en notre honneur le refrain de « Vive la France ! vive l'Italie ! » refrain démodé que le Savoyard ne chante plus. Malgré ces avances, nous sommes peu disposés à jaser. La journée a été dure, et les saccades de notre planche roulante nous ont broyé les reins d'une telle manière que nous songeons surtout à gagner nos couchettes. Les uns prendront les couvertures, les autres les paillasses, trop heureux de pouvoir dormir sous un toit. Qui sait si demain nous serons aussi bien partagés ?

La cuisine n'est certainement pas succulente ; mais avec du lard, des œufs et du fromage personne ne meurt de faim. Nous préférons même ces repas primitifs aux mélanges savamment combinés des Yankees, et nos vœux seraient comblés si nous pouvions arroser notre dîner d'un petit verre de vin clairet. Pourquoi n'arriverait-on pas à acclimater la vigne dans les vallées abritées du lac Saint-Jean? Les tentatives faites, il y a dix ans, dans des zones moins tempérées ont prouvé qu'avec un peu de soin le cep résistait au froid et que le raisin mûrissait. Un avenir prochain nous ménage bien des étonnements sur la force productive de ces contrées désertes. Le flot de la colonisation monte rapidement vers le Nord, et les soixante-dix kilomètres qui nous séparent de la Pointe Bleue seraient déjà franchis, si le gouvernement n'avait interdit aux Canadiens de s'établir dans la *réserve* des Montagnais.

Ces peuplades évangélisées ont presque toutes perdu la nature farouche de leurs ancêtres, mais elles en ont conservé, jusqu'ici du moins, la vie aventureuse et vagabonde.

Elles sont à une étape d'Iberville, et nous ne résistons pas au désir d'entrevoir les Chasseurs de Fourrures dans leur « village d'Été ».

Dès le lever du soleil, nous prenons place dans nos affreuses carrioles. Quelques maisons isolées dessinent encore la route de Chicoutimi ; les villages s'espacent de plus en plus, et la forêt vierge nous envahit.

Vers dix heures, une forte odeur de bois brûlé nous arrive, et des nuages de fumée, qui s'épaississent progressivement et se compliquent de flammes, semblent avancer sur nous. « On défriche là-bas, nous dit notre charretier. Nous avons vent debout, mais le chemin est large, et nous pourrons passer. » Lançant aussitôt son cheval au galop, il nous fait traverser le brasier sur une longueur d'une demi-lieue. L'incendie qui gagne de tous côtés, le fracas du feu dans les branches, la vue des arbres qui craquent et se fendent, tout cela réuni produit un effet fantastique. Chemin faisant, nous croisons le paisible colon dont l'allumette a créé cet enfer. « Peste ! lui crie T..., vous nous faites passer un joli quart d'heure ! — *Il n'y a pas de soin* [1], repartit le brave homme, *c'est correct.* »

Ce qui est moins correct, c'est de boucher avec des fagots les trous des ponts vermoulus. Pour avoir tâté de ce plancher artificiel, notre pauvre bête s'enfonce jusqu'au poitrail dans une ouverture béante. Rien de cassé, fort heureusement, et nous pouvons continuer

---

[1] *Il n'y a pas de soin* signifie : tranquillisez-vous ; familièrement : ne vous faites pas de bile.

notre route. Nous sommes dans la région des lacs et des torrents, côtoyant les uns, passant à gué les autres, car, vermoulus ou non, les ponts n'existent plus. Mais quelle n'est pas notre stupéfaction de voir sur une riière, dont le nom se prononce *Ouïatchoine* et s'écrit 'importe comment, un petit vapeur destiné au transort des bois de construction ! La forêt qui nous envionne pourrait lui fournir du charbon; quant aux rbres, ils ont disparu, et les seuls qui restent debout, à noitié carbonisés et dépouillés de leurs branches, ·essemblent à d'immenses perches à houblon plantées ans la cendre.

Un bac nous transporte, armes et bagages, sur l'autre ive. Ici, changement à vue; un panorama complet se éroule. A gauche, le pays est fermé par une série de iauteurs; à droite, se découvrent les eaux bleues du lac aint-Jean; devant nous, s'étend la savane, plaine imense où se réfugient les troupeaux d'élans.

Jusqu'à Roberval le chemin est battu; puis les traces e culture s'effacent et les habitations disparaissent. 'ncore une paroisse à passer, le petit hameau de Saintormandin, premier avant-poste de la civilisation au ord-Est, et nous laissons derrière nous le pays des isages Pâles.

Une croix, une barrière rustique ferment la route ue nous avons suivie pendant deux jours. Au delà, 'est la réserve des Montagnais.

Les Peaux-Rouges sont dans l'impossibilité de lutter ontre les envahissements de la race blanche; leur omaine se restreint sans cesse, et le gouvernement anadien se voit obligé de les protéger en leur laissant a jouissance exclusive de certaines contrées. Des traités assés avec les différentes tribus en font de véritables pensionnaires de l'État. Elles reçoivent des vêtements et quelquefois des vivres; faible compensation, si l'on songe que ces races ont dû renoncer à la vie libre, indépendante, pour végéter dans les limites qui leur sont assignées. Les Montagnais peuvent encore remonter vers le pôle, sauter les rapides des régions boréales dans leurs *canous* d'écorce, poursuivre le gibier dans les forêts du Nord, errer à l'aventure sur les bords de la baie d'Hudson. Mais cette petite barrière que nous venons de franchir arrête leur domaine. Ils n'iront pas plus loin. Là se trouvent des races supérieures, qui les ont évincées et qui occupent leurs anciens territoires de chasse. Ils reculeront toujours, fatalement, et, dans la lutte pour l'existence (le *struggle for life*), ils seront sacrifiés.

Les Indiens l'ont compris. Les guerres désespérées qu'ils ont engagées contre la Nouvelle-France et la Nouvelle-Angleterre, celles qu'ils engagent encore au Nord-Ouest, n'ont pas d'autre motif que de défendre leur propriété pour sauvegarder leur indépendance. Aux États-Unis, ces malheureux sont traqués comme des fauves, inquiétés jusque dans leurs réserves. Sous prétexte qu'il *ne payent pas* la société, la République a juré de s'en défaire. Encore dix ans, et le dernier Enfant de la Nature aura perdu la liberté; mais le *business* régnera sans partage dans les plaines de l'Arizona et du Texas.

La chasse à l'homme n'a pas dépassé la frontière américaine. Continuateur de la politique française vis-à-vis des races indigènes, le gouvernement canadien ne néglige rien pour améliorer leur sort. Leurs intérêts sont remis entre les mains d'un surintendant général ayant rang de ministre dans le cabinet d'Ottawa, et sous sa direction, des bureaux et des agents répartissent entre les tribus les allocations que leur reconnaissent les traités. L'*eau de feu*, dont les effets terribles affolent le Peau-Rouge et lui donnent le coup de grâce, est sévèrement exclue des territoires indiens ; toute infraction à cette règle est punie d'une amende de trois cents piastres.

Il se peut que, dans la délimitation des réserves, des difficultés surgissent, et que des expropriations pour cause d'utilité publique amènent des troubles ; les événements dont Riel vient d'être la victime et le héros 'en sont qu'une preuve trop certaine. Mais comment 'épondre aux exigences d'une situation si complexe ? 'aut-il faire supporter au pouvoir fédéral toute la resonsabilité des désordres et des malheurs qu'entraîne sa suite la rébellion des métis ? C'est ce que nous ssayerons de débrouiller quand nous pénétrerons au anitoba. Dans cette région plus favorisée, les esprits ont calmes, le colon vit en sécurité, et la fermentation ui se manifeste à Winnipeg et à Regina ne semble as impressionner les Indiens campés à la Pointe-Bleue.

Accroupies à l'entrée de leurs tentes, disséminées ur la grève, une vingtaine de *squaws* — ou sauvaesses — fument tranquillement le calumet, tandis que eurs nobles époux réparent les pirogues de la tribu. a troupe a cependant remarqué nos carrioles ; car les nfants cessent leurs gambades et le sexe faible ommence à donner des signes de stupéfaction, fixant ur les intrus un regard ahuri. Évidemment, nous ne ommes pas attendus. Mais voilà qu'un jeune homme, u visage aussi pâle que les nôtres, sort d'un chalet ustique adossé à la petite église de la mission. C'est le ls de l'administrateur, appelé ici le « Père des sau-

vages ». Il vient à nous et nous introduit avec une simplicité charmante au logis paternel. « A l'auberge de
Roberval, où vous ne pourrez retourner avant la nuit,
vous aurez une mauvaise paillasse pour quatre, nous
dit la maîtresse de maison. Restez ici, nous vous ferons de la place, et le soir, si la fantaisie vous en prend,
vous jouerez du piano. » Nous savions que le piano
voyageait toujours avec le Canadien comme avec son
voisin le Yankee; mais le trouver dans une réserve de
Peaux-Rouges, au delà de la Fin des Terres, cela dépasse toutes nos prévisions. L'accueil et l'offre sont trop
gracieux pour que nous nous entêtions à rebrousser
chemin ; d'ailleurs nos chevaux n'en peuvent plus, et la
perspective de rester en panne ne nous sourit qu'à
moitié; quant à partager la hutte d'un sauvage, malgré
le pittoresque de l'aventure, nous y renonçons sans
regret. Une soirée pleine de couleur locale au milieu
des Montagnais, une bonne nuit et un bon repas sous
un toit hospitalier, n'y a-t-il pas là de quoi bénir le
génie bienfaisant qui dirige nos pas?

A côté de la famille canadienne qui nous donne avec
tant d'obligeance le feu et la chandelle, vit un Anglais,
en ce moment absent, faisant pour la Compagnie de la
baie d'Hudson le commerce des fourrures. Pendant le
temps de la mission, un prêtre catholique complète
cette réunion de Peaux-Blanches, heureux de former
en pleine barbarie un noyau de civilisation. Il y a dix
jours à peine, les habitués de la Pointe-Bleue se trou-
vaient au complet. Quatre-vingts tentes bordaient la
rive, et la petite église recevait la visite de deux cents
sauvages. De toutes les influences qui s'exercent sur
l'Indien, la religion est la plus efficace. Le positivisme
n'éclôt pas en pleine nature vierge. Ces vastes régions,

sillonnées de fleuves immenses et de mers intérieures, les forêts qui se perdent dans l'inconnu, la savane sans fin, les glaces éternelles des pôles font naître un impérieux besoin de surnaturel que la philosophie ne pourrait satisfaire.

La simplicité évangélique, au contraire, plaît à ce simple d'esprit ; elle touche son cœur en même temps qu'elle développe son caractère moral. Tous se sont approchés des sacrements, et maintenant que le départ du missionnaire les rend à la vie nomade, ils quittent le village d'Été pour courir dans les bois. La plupart regagnent leurs territoires de chasse, et ceux que nous voyons sous la tente se disposent à traverser en *canou* les eaux perfides du lac Saint-Jean.

Ces *canous*, merveilles de légèreté et d'adresse, se composent de feuilles d'écorce superposées et enchevêtrées de telle sorte que l'eau ne peut s'y infiltrer. L'Indien franchit les rapides, tourne les récifs sur ce frêle esquif qui porte sa famille, et, quand le passage est terminé, il charge sur ses épaules son embarcation et la dépose à l'étape.

Les sauvages, que nous voyions tout à l'heure sur la grève, ont repris leur travail. Notre hôte nous conduit vers un groupe que dirige un métis irlandais, et, prenant un air mystérieux : « Monsieur Clary, dit-il, je vous présente quatre Français d'au delà des mers ; ce sont mes amis ; ayez-en soin. » La poignée de main est de rigueur ; c'est une marque d'estime qu'il ne faudrait pas négliger. L'homme que nous avons devant nous dépasse ses voisins de la tête ; son œil, protégé par d'épais sourcils, dénote une grande énergie, que justifie sa vigoureuse charpente. C'est le plus fin tireur de la tribu, et les autres reconnaissent sa supériorité. Clary

8.

nous met en rapport avec ses compagnons et nous mène au campement.

Les Indiens purs ont conservé le type très-caractérisé de la race algique, d'où ils descendent [1]. Ils sont, en général, petits et imberbes ; la peau est chocolat foncé ; les cheveux, noirs et lisses, enduits d'une couche de graisse, tombent sur les épaules. Le front n'existe pas ; sous des arcades sourciliaires développées, un petit œil noir souvent morne. Dans l'ensemble de la physionomie, quelque chose de bestial. Notre présence les gêne visiblement, et c'est, paraît-il, dans les bois qu'il faudrait les juger ; leur regard prend alors une expression particulière, et leur prodigieuse agilité contraste avec la lourde démarche qu'ils affectent en ce moment.

[1] Les aborigènes de l'Amérique anglaise ne forment pas, comme on pourrait le supposer, une race homogène, possédant le même type, les mêmes aptitudes et les mêmes instincts.

La population sauvage répandue sur l'étendue de la confédération canadienne se divise en quatre races distinctes, subdivisées en trente-six groupes. Ces races sont :

1º La race innok, composée de quatre ou cinq mille Esquimaux. Elle vit dans les glaces de l'océan Arctique.

2º La race dénè-dindjié, entre la baie d'Hudson et la partie septentrionale des Montagnes Rocheuses. Elle compte environ quarante mille âmes.

3º La race iroquoise, d'où viennent les Hurons, les Iroquois, les Assiniboines, les Sioux, etc. Ces peuplades sont plus rapprochées que les précédentes des grands lacs et de la frontière américaine ; elles forment une population de dix à quinze mille âmes.

4º La race algique, qui comprend, d'une part, les tribus de l'Est : Montagnais, Abenakis, Micmacs, etc. ; de l'autre, certaines tribus environnant la baie d'Hudson ; ainsi : les Algonquins, Pieds-Noirs, les Cris. Le chiffre de la population algique est estimé à cinquante mille.

(Voir, sur la matière, un article de l'auteur dans la *Réforme sociale*, numéro du 15 décembre 1887.)

Les femmes n'ont rien de commun avec le beau sexe; celles que nous voyons étendues prés du campement ne peuvent être comparées, pour l'exubérance des formes, qu'aux magots de la Chine ou aux divinités japonaises, ou encore aux Vénus hottentotes.

Telles qu'elles sont, on nous assure qu'elles ont le don de plaire à leurs maris; c'est l'important. Peut-être autrefois, drapées dans une peau d'ours ou de bison, la chevelure couverte de plumes et le visage enluminé de tatouages, pouvaient-elles leur inspirer une passion farouche; mais, vêtues de défroques d'hommes civilisés, elles ne sont même plus effrayantes, c'est la saleté banale.

Le chef de la bande donne le ton en matière de mode. Complet de laine percé comme une écumoire, chemise écarlate en lambeaux, chapeau gris genre Robert-Macaire, bottes éculées à la Don Quichotte, tel est le charmant accoutrement de cet Œil de Faucon. Avoir fait dix-sept cents lieues pour voir les héros de Cooper en costume national et tomber sur d'affreux sauvages déguisés en mendiants dépenaillés de nos villes, j'avoue qu'à ce point de vue notre déception est grande. Il est vrai que s'il eût conservé sa couleur locale, l'Indien aurait peut-être succombé à la tentation de s'approprier nos chevelures. Mieux vaut encore que les Montagnais aient renoncé à se parer de scalpes. Robert-Macaire nous sauve de Renard-Subtil.

Nos Chasseurs de Fourrures sont d'ailleurs fort accueillants et nous proposent de partir avec eux pour le Grand-Nord, où nous tuerons, paraît-il, des caribous et des grizzlis. Le temps dont nous disposons nous oblige à décliner cet honneur; mais nous acceptons, séance tenante, une partie de canou. Quatre pirogues sont mises à flot; chacun de nous s'agenouille au centre, tandis qu'aux extrémités deux sauvages debout battent le flot de leur pagaie. Armés de cette rame étroite et courte, ils glissent rapidement, prennent un instant le large et contournent la Pointe-Bleue sans que le moindre clapotement trahisse notre présence! La nuit tombe, et la lune éclaire de sa lumière blafarde la surface de l'eau, donnant à nos embarcations un relief surprenant. Le coup d'œil est magique! Il semble que nous naviguons dans le pays des ombres chinoises. Soudain le vent s'élève, et nos sauvages, virant de bord, se dirigent au plus vite vers le village d'Été. Mieux que personne ils connaissent la nature capricieuse du lac; à force de sang-froid et d'intrépidité, ils passent partout, tournent l'obstacle, se garent des coups de vent et sauvent leur famille d'un péril imminent. Certes, nous sommes loin de courir un pareil danger; mais le flot moutonne et nos pirogues sont bercées en tous sens, disparaissant entre deux vagues pour reparaître sur la crête d'une troisième. Sur un signe de nos pilotes, nous gardons une immobilité absolue; c'est la seule condition qu'on nous impose. Mais comment dépeindre la magnifique impassibilité de ces hommes qui, droits à leur place, maintiennent l'équilibre des embarcations avec une dextérité inouïe? Un dernier coup de pagaie nous dépose sur la grève du village d'Été, et nous sautons à terre. Les canotiers ont repris leur attitude somnolente et leur lourde démarche; mais, pendant les deux heures que nous avons passées avec eux, nous les avons vus à l'œuvre et nous avons pu apprécier leur merveilleux instinct. Presque tous comprennent le français, et Clary s'exprime convenablement dans les deux langues canadiennes. Une distribution de cigares achève de nous

classer parmi leurs amis, après quoi nous les quittons
pour répondre à l'appel de nos hôtes.

La maîtresse du logis a surveillé tout particulièrement la cuisine, et le repas, servi par un Sang-
Mêlé, se passe gaiement. La soirée se prolonge dans
un petit salon garni de fourrures et tendu de chromo-
lithographies représentant des sujets religieux. On
parle de Québec, de l'Université Laval où le jeune O...
termine ses études, de la Belgique et de la France que
nous avons quittées le mois dernier ; puis la mère se
met au piano, et la famille entonne des cantiques en
l'honneur de la Vierge. L'artiste de notre groupe se
charge des intermèdes, envoie à tous les échos les gais
accents de la *Brabançonne,* à laquelle vient se joindre
le *God save the Queen* et, disons-le, la *Marseillaise,*
que nous réclament les Canadiens.

On le devine, tout ceci n'est qu'un accessoire pour
nous ; ce qu'il nous faut, c'est *interviewer* en conscience l'obligeant administrateur sur les mœurs des
Indiens qu'il dirige depuis quinze ans et qu'il appelle
lui-même ses enfants, sans doute pour répondre au
titre de « Père des sauvages » que lui ont décerné les
Peaux-Rouges.

Les fonctions de notre hôte concernent surtout la
police de la réserve, sur laquelle il fournit un rapport
annuel. Malgré le caractère officiel de sa situation, il
ne dispose d'aucune force pour assurer sa sécurité et
faire respecter les droits du gouvernement. Il juge,
d'ailleurs, cette précaution inutile, les Montagnais jus-
tifiant pleinement jusqu'ici la confiance qu'il leur té-
moigne. Si leur intelligence ne s'ouvre pas à certaines
conceptions, si leur nature refuse de se plier aux exi-

gences de l'état social actuel, leurs qualités morales sont précieuses et les placent au-dessus de certains civilisés.

A ceux qui prétendent abolir la propriété comme étant une invention du législateur, on pourrait répondre que la propriété collective et même la propriété individuelle ont été respectées de tout temps par les races aborigènes du nouveau monde. Les premiers explorateurs qui posèrent le pied sur le sol américain ont pu constater la parfaite observance de ce droit primordial. Les luttes sanglantes que se livraient au septième siècle les Algonquins, les Iroquois, les Cris, les Pieds-Noirs, etc., n'avaient d'autre cause que la délimitation de leurs territoires de chasse. Un arrangement survenait, et les intéressés fixaient avec une précision rigoureuse les bornes de leurs domaines. Les traités que passèrent avec les peuplades de l'Est les gouvernements de France et d'Angleterre n'introduisaient, dans les rapports de nation à nation, aucun élément nouveau. C'était toujours le vieux système indien, en vertu duquel les belligérants soutenaient leurs prétentions et faisaient reconnaître leurs droits. Dans les tribus, même procédé. Chaque famille reçoit du chef le pouvoir exclusif de rayonner sur un certain parcours qu'il ne doit pas dépasser. Si plusieurs sauvages sont autorisés à chasser sur un territoire commun, c'est à celui qui trouve le gîte qu'appartient le gibier. Le braconnier n'existe pas. Le braconnage est un vol, et le vol répugne à ces natures primitives.

Le Père des sauvages jouit, auprès des Montagnais, d'une grande considération. S'élève-t-il un différend sur la réglementation du parcours qu'ils se sont assigné, ils lui exposent leurs griefs et se rangent, sans discussion, à l'avis qu'il leur donne. Dans les cas exceptionnels, les principaux de la tribu se réunissent en conseil sous la présidence de l'administrateur; des décisions nettement formulées sont prises, et chacun s'y soumet. Grâce à cette obéissance passive, à cette conscience du devoir, à ce respect du droit, jamais la moindre rixe ne vient troubler la bonne harmonie de la peuplade.

Dans toutes les conventions qu'ils passent entre eux, les Indiens apportent un scrupule et une sincérité que les civilisés pourraient souvent leur envier. Ils ont foi dans le serment de leurs adversaires et ne trahissent jamais la parole donnée. Ces sentiments d'honneur et d'honnêteté, poussés quelquefois jusqu'à la délicatesse, sont encore rehaussés par un désintéressement absolu et un stoïcisme sans exemple.

Quand l'époque de la mission ramène à la Pointe-Bleue les Chasseurs de Fourrures, les uns ont fait de riches captures et les autres ont en vain poursuivi le castor et guetté la loutre. Les délaissés du sort reviennent au lancé les mains vides et n'ont rien à espérer de la Compagnie de la baie d'Hudson. C'est alors que leurs compagnons privilégiés leur font sans hésiter l'abandon de la moitié de leurs ressources :

> Il se faut entr'aider, c'est la loi de nature.

Dans l'infortune surtout, le sauvage déploie une énergie indomptable. Qu'il meure transi de froid dans les glaces du pôle, ou qu'il succombe dans une lutte inégale, on le verra accepter son destin avec une suprême indifférence. Jamais plus que dans la dernière révolte l'Indien n'a stupéfait par son audace et sa résignation. Captif, il a supporté les plus durs traitements sans murmurer une plainte; blessé à mort, il s'est enseveli dans les plis de sa longue couverture, attendant impassible le fatal dénoûment. A ces qualités, les Montagnais en ajoutent deux autres qu'ont développées chez lui les missions catholiques : la fidélité conjugale et l'amour de la famille.

Ils ont renoncé à la bigamie et forment des ménages bien assortis, paraît-il. Ce qui peut étonner, c'est que ces Enfants de la Nature ont un faible pour les mariages de raison. Non que des calculs intéressés les poussent à solliciter la main d'une jeune sauvagesse enrichie de dollars; la poule aux œufs d'or se trouverait plus facilement, et nous connaissons le souverain mépris du Peau-Rouge pour le vil métal. Mais le dieu Cupidon, si prodigue de ses traits quand Chateaubriand lui confie le soin de captiver la charmante Atala, ne torture pas de ses malices le pauvre cœur des rosières de la Pointe-Bleue. Les préliminaires sont fort simples. Les parents trouvent leur fils en âge de prendre femme et lui communiquent cette impression. Sans plus tarder, le futur *in partibus* expose le cas à une fiancée en expectative. Tous deux tombent d'accord. Le couple se rend à la petite chapelle de la Mission, en revient enchaîné par les liens indissolubles du mariage et se présente chez l'administrateur, qui achève la consécration par une poignée de main. L'entrevue, la déclaration, les fiançailles, le contrat, la cérémonie religieuse, tout cela a pris deux heures au maximum, et les jeunes époux sont pleinement satisfaits. Femme vertueuse, mari fidèle, tel est le résultat aussi exemplaire qu'inattendu de ces unions précipitées.

Qu'on l'observe dans les bois, au cours de sa vie errante ou dans son village d'été, partout le Monta-

gnais se montre soucieux du sort de sa famille. Ici,
nous le voyons revenir au bercail, après avoir achevé
les préparatifs du départ, tandis que, entassés sous la
tente, étroite et basse, autour d'un feu qui les chauffe
en les enfumant, la *squaw* et les enfants se disposent à
terminer la journée par un repas sommaire.—Là-bas,
sur son territoire de chasse, il dirige la marche de sa
petite colonne, portant les plus lourds fardeaux et protégeant sa compagne qui, chargée de bébés, s'attache à
ses pas. Arrivé à l'étape, il installe son campement,
se met en quête, court à l'aventure pour assurer
l'existence des siens. Mais, si loin que l'ait entraîné
le gibier qu'il poursuit, il retourne chaque nuit au
bivouac.

L'enfant a le culte de sa mère; il prend soin de sa
vieillesse. Clary nous fait entrer dans une cabane, et
nous y rencontrons un jeune sauvage qui, depuis
trois ans, renonce à la vie nomade pour se consacrer à sa mère aveugle. En vain, la pauvre vieille le
supplie de choisir une *squaw* et de gagner la forêt;
on la conduirait à l'hôpital, que l'administration prévoyante a fondé pour les Indiens du lac Saint-Jean.
Mais le fils ne veut rien entendre. Les Missions se
succèdent et les automnes arrivent, que toujours il
regarde d'un œil morne les chasseurs s'éloigner sur
leurs pirogues légères et disparaître à l'horizon.

Nous avons essayé d'esquisser à grands traits ce qui
constitue l'actif du Montagnais. Examinons maintenant
le côté faible de sa nature. Si le cœur de ce naïf ne s'est
pas altéré au contact de la civilisation, son intelligence a
refusé de s'ouvrir, et les avantages qu'il aurait pu retirer
de cette civilisation même lui restent jusqu'ici tout à
fait étrangers. Son oisiveté, son imprévoyance, l'im-

possibilité de le fixer au sol, semblent le condamner à un état d'infériorité qui ne finirait qu'avec lui.

L'Indien a pour toute fortune son fusil, son canot et sa tente. Quand, à la suite d'une fructueuse saison de chasse, il rapporte des fourrures qu'il vend à la Compagnie pour plusieurs milliers de francs, il dépense son argent en achats futiles, sans songer au lendemain. Sa misère est profonde. Le cheval sauvage, qu'il montait autrefois avec tant de finesse, n'existe plus ; jamais le Montagnais ne saisira l'occasion de s'en procurer un autre. Les terres qu'il a reçues du gouvernement demeurent incultes. Seuls, les métis ont pris des métayers, mais jusqu'ici tout profit est perdu pour les propriétaires. Vivant au jour le jour, le demi-sang, comme l'Indien de race pure, se désintéresse de tout ce qui pourrait l'attacher au sol. Son instinct le rappelle impérieusement à la forêt. « A force de persévérance, nous dit l'administrateur, je parvins à intéresser un sauvage, d'une intelligence peu commune, à la culture de son bien. Nous lui avions taillé un joli lopin, et, depuis plusieurs mois, cet homme, émerveillé des résultats obtenus, prenait goût au travail. La moisson s'annonçait belle. Souvent il m'entraînait dans son champ, réclamait mes conseils et les mettait en pratique avec un tact surprenant. Un jour qu'il me faisait admirer ses blés, une troupe de cerfs, sortant de la forêt, se mit à bondir dans la vallée. L'Indien devint pensif, et, le lendemain, j'appris que le malheureux avait disparu vers le Nord avec toute sa famille. La récolte périt sur pied. »

Bien qu'amendé par le christianisme, le Montagnais sent parfois son penchant à la férocité renaître. Il aime la vue du sang et se réjouit au spectacle d'un lapin qu'on écorche. Quand un ours est tué, toute la tribu se rassemble. Les femmes et les enfants se teignent les mains dans les entrailles de la victime, et le festin commence. La chair est cuite, puis mangée sur place. Une énorme marmite reçoit la graisse, et le héros du jour, après s'être huilé les cheveux selon le rite, avale une poche du précieux liquide. Le chef, les anciens, les *squaws,* s'avancent par ordre hiérarchique et procèdent de même. Des danses échevelées et des libations prolongent la fête jusqu'au jour.

Que la vie dans les bois développe chez les naturels un instinct de carnassier et de fauve, nous pouvons le regretter ; mais avons-nous le droit de nous scandaliser, alors que, au delà des Pyrénées, nous retrouvons la soif du sang poussée jusqu'au délire ? L'Espagnole, indolente et gracieuse, qui joue de l'éventail dans sa loge parfumée, attend, impatiente, que la corne du taureau découse le flanc tendu de malheureuses haridelles. Il y a pis : Bravo, taureau ! crie la charmante spectatrice, quand celui-ci éventre un homme.

On sait que le gouvernement canadien continue, vis-à-vis des Indiens, la politique de justice et de protection que suivait la France. Il n'a rien négligé pour améliorer leur sort : concessions de vastes territoires, distributions de vivres et de vêtements, création d'hospices et d'écoles indiennes [1], etc... A quel résultat pratique aboutissent ces efforts ? Est-on parvenu à vaincre la répugnance du Peau-Rouge pour les travaux manuels ? l'a-t-on rendu prévoyant ? — Sur ce point, nous laissons la parole à notre interlocuteur.

« Tout ce que nous pouvons espérer, en protégeant

___

[1] A la fin de l'année 1885, on constatait que les écoles indiennes étaient fréquentées par 4,789 élèves, presque tous métis.

« le naturel du pays, conclut l'administrateur, c'est de
« lui assurer les conditions matérielles d'existence
« que, livré à lui-même, il verrait bientôt décroître.
« Né pour la vie sauvage, il continuera à la mener dans
« les espaces qui lui sont réservés, et quand, resserré
« dans des barrières plus étroites, il se sentira dompté
« comme un lion dans sa cage, il succombera d'oisi-
« veté et d'ennui, à moins qu'il ne soit absorbé. Il se-
« rait faux cependant de prétendre que les races abo-
« rigènes sont en décroissance[1]. Depuis près de vingt
« ans que je vis au milieu des Montagnais, je constate,
« au contraire, une augmentation sensible. Leur nom-
« bre, de trois cent cinquante, s'est élevé à quatre
« cents. La charge est lourde, mais le gouvernement
« en accepte loyalement tout le poids. Il secourt par
« humanité ces êtres humains, sans espoir de les
« amender. Jamais ils ne coloniseront. Tant qu'ils se-
« ront eux-mêmes, ils resteront barbares. Ce n'est que
« par la fusion des races qu'ils se développeront et
« parviendront progressivement à un état supérieur.

[1] Si nous consultons les *Censuses* du Dominion, nous constatons qu'en 1871 on évaluait à 102,358 âmes le nombre des Indiens
établis au Canada. Ce nombre, en 1851, était porté à 108,547. Il
est vrai qu'un calcul de cette nature, basé sur de simples évalua-
tions, ne peut aboutir qu'à un résultat approximatif. Au contraire
les tableaux de recensement, dressés d'une façon régulière, dans
les régions civilisées, fournissent des renseignements d'une valeur
plus certaine. Ce second travail, fait dans quatre provinces (Ontario, Québec, Nouveau-Brunswick, Nouvelle-Écosse), corrobore le
premier. Il atteste qu'en dix ans la population aborigène des provinces de l'Est s'est accrue de 3,330 habitants.

Nous tenons donc pour fausse, au moins jusqu'à preuve du contraire, l'opinion que tous les groupes sauvages sont appelés à disparaître, « emportés par le souffle de la civilisation, avec les
feuilles de leurs forêts ».

« Mais alors le véritable Peau-Rouge, l'Indien pur,
« aura disparu. »

C'est peut-être beaucoup s'avancer que de dire, d'une
façon générale et dans un sens absolu : « L'Indien
n'est pas un être civilisable; jamais il ne coloni-
sera. » Un missionnaire bien connu au Canada, le
Père Lacombe, affirme que, dans la zone fertile du
Nord-Ouest, les peuplades évangélisées par lui, telles
que les Pieds-Noirs et les Cris, tirent du sol un certain
revenu. Il n'est pas moins certain que les Six-Nations,
établies sur la Grande-Rivière (province d'Ontario), ont
ajouté cette année à leurs cultures cinq cent cinquante
acres de terre; ce qui donne vingt-sept mille trois cent
seize acres de labours pour une tribu de trois mille
deux cent seize habitants. En réalité, les constatations
varient suivant qu'on considère tel groupe ou tel autre.
Par exemple, un Esquimau diffère d'un Montagnais
autant et plus qu'un Anglais peut différer d'un Italien.

Au cours de la conversation, l'administrateur de la
réserve nous a fourni sur les Montagnais certains détails qui ne sont pas sans intérêt. La langue parlée à la
Pointe-Bleue a ses règles propres, ses tournures que
les missionnaires ont réunies dans une grammaire sauvage. Ce petit recueil forme, avec un cahier de solfége
contenant des cantiques et des chants de guerre, toute
la bibliothèque des lettrés. L'Indien n'est pas indifférent à la musique; sans être un dilettante, il a le sentiment de l'harmonie; le piano l'intrigue, et les accents
d'une marche ou d'un hymne l'impressionnent. Sa
fanfare se réduit à une grosse caisse colossale, tendue
d'une peau de buffle, qui retentit chaque fois que la
mort d'un ours réunit la tribu.

Tout est profit dans la prise d'un ours. La chair suffit au festin, et la peau se vend douze ou quatorze piastres. Un caribou fait un repas, mais n'est pas une fortune ; mieux vaut une loutre, dont la fourrure rapportera neuf piastres. Le castor, plus commun, s'achète à raison de trois piastres la livre. La martre, le vison, le rat musqué, sont des articles très-demandés. Un chasseur peut toucher de quatre à six mille francs quand la saison lui a été favorable, et Clary, l'an dernier, parvint à doubler cette somme. L'ensemble des fourrures vendues en 1881 représentait pour Québec une valeur de huit cent mille francs. Notons enfin que, sur toute l'étendue du Dominion, en 1885, ce commerce s'élevait à trois millions six cent mille francs.

Il y a quelques années, le produit des pêcheries dépassait douze millions au Bas-Canada. C'est une des ressources les plus considérables de la province, et, dans les statistiques, la morue, le hareng, le homard, figurent à l'exportation pour une somme élevée. Peut-être, de ce côté, certaines réformes sont-elles nécessaires, si l'on veut donner à l'exploitation toute l'extension qu'elle comporte.

Ces considérations nous ont écarté de la question indienne, et la conversation devient plus générale. Nous la prolongeons fort tard. Le lendemain de bonne heure, nous prenons congé de nos hôtes et de nos amis les Peaux-Rouges, pour nous diriger sur Chicoutimi, par Iberville.

C'est toujours la même route et la même carriole, mais nous nous fatiguons beaucoup moins de la première que de la seconde. Rien cependant à signaler pendant notre marche en retraite ; rien, si ce n'est, à notre dernière halte, la cabane du père Duchêne. Ce

nom, qui servait d'enseigne aux gazettes révolution-
naires, aurait-il déteint sur le vieux solitaire? Ce qu'il
y a de certain, c'est que, seul de tous les colons du Saguenay, il affiche des opinions jacobines en politique
comme en religion. A vingt lieues à la ronde, chacun
se signe en proférant son nom, et les bonnes âmes égrè-
nent leur chapelet pour sa conversion. Le penseur n'en
veut point démordre. Blotti dans sa baraque, comme un
hibou dans le creux de son arbre, il fume silencieuse-
ment sa pipe sans s'inquiéter de notre venue. Ce qui
nous amène n'a rien que de naturel. Il a badigeonné
sur sa porte, en caractères cyclopéens, ces mots : *Jean
Duchéne, — licencié pour vendre des boissons spiri-
tueuses,* et nous sommes descendus chez lui pour goûter
à sa cave plus encore qu'à sa table. Malheureusement,
le vin n'a pas accès dans cette retraite. Notre philosophe
le remplace par une décoction de myrtilles, qu'une capitulation de conscience l'encourage à baptiser sans vergogne. L'hôtel de Chicoutimi est plus confortable;
nous y attendons patiemment le bateau de Québec.

Les géologues ne sont pas d'accord sur la formation
du Saguenay. Cette prodigieuse entaille, pratiquée en
plein granit sur une largeur d'un kilomètre, dans le
bas de laquelle se précipite un torrent profond de mille
pieds, donne lieu aux controverses les plus vives et les
plus opposées. Les uns voient dans l'ouverture de la
chaîne des Laurentides l'effet d'un cataclysme violent.
Les autres, et parmi eux M. l'abbé Laflamme, professeur distingué de l'Université Laval, considèrent que
là, comme aux chutes du Niagara, l'eau seule a creusé
cette gorge d'érosion qui, du lit de la rivière à la surface du sol, atteint une hauteur de douze cents mètres.
Par une série de raisonnements, il arrive à cette conclu-

sion que le Saguenay, très-antérieur au Saint-Laurent, fut le déversoir naturel d'une mer intérieure aujourd'hui réduite aux dimensions du lac Saint-Jean, et que ses origines remontent à une antiquité d'environ trente-six millions d'années. Les terrains primaires auraient mis tout ce temps à déposer sous les eaux. « Nulle part, plus que dans la vallée du lac, observe de son côté sir Logan, on ne saurait trouver un sol d'alluvion d'une aussi grande épaisseur... Les argiles marines, généralement recouvertes de sable et de gravier, se rencontrent presque partout. Il n'y a pas de sol plus friable ni plus facile à ameublir. » Cependant il est utile d'ajouter avec ce géologue et M. Robinson qu'à part deux cent mille acres de terres fertiles, la contrée qui s'étend au sud de Chicoutimi est stérile sur une certaine profondeur ; faible considération si l'on songe aux vastes étendues qui, de trois côtés, s'offrent à l'agriculture.

Le touriste, non moins que le savant, s'extasie devant le spectacle saisissant et sévère qui se présente à ses yeux. Au sein d'une nature sauvage, il se sent étreint par la puissance de cet étau gigantesque qui comprime le flot et ferme l'horizon. Du pont de notre vapeur, nous voyons les murailles qui surplombent se réunir au-dessus de nous. Une sorte de frisson s'empare de l'être ; il semble que ce déchirement de la croûte terrestre doive aboutir au chaos. Une seule vallée vient un instant égayer la vue, et la rivière s'y précipite pour former la baie de Ha! Ha! — Ha! Ha! Tel est le cri de soulagement, le soupir de détente que poussèrent, en présence de ces prairies verdoyantes, les premiers explorateurs du Saguenay. Enfin, nous touchons aux régions fertiles, aux sites souriants, au ciel bleu! Mais déjà *Ha! Ha! Bay* s'est cachée et la scène de dévastation se poursuit. Les rochers qui nous enveloppent nous serrent de plus près, pour former de chaque côté les falaises immenses des caps Éternité et Trinité. De l'une à l'autre, ces sentinelles colossales, qui semblent nous barrer le chemin, se renvoient les sifflements répercutés de la machine. La passe est franchie et le gouffre s'évase. Au loin, nous voyons Tadoussac et l'estuaire de la rivière, qui mêle ses eaux noires aux vagues limpides du Saint-Laurent.

La traversée du Saguenay a duré cinq heures. Nous regagnons nos cabines. Le 3 septembre, au petit jour, nous débarquerons à Québec.

CHAPITRE VIII

Encore un tour de roue, et nous entrons dans le port de Québec. La *Flore* et le *Bouvet*, de l'escadre française, stationnent au milieu du fleuve, profilant leur élégante mâture sur la surface illuminée de l'eau.

Des canots, détachés de la frégate, portent au débarcadère les officiers du bord. Sur le quai, la foule compacte suit du regard la manœuvre de nos matelots. — Nous voulons voir les « gens de chez nous », se sont dit les *habitants*, venus de loin à la ville. — Les « gens de chez nous » se demandent sérieusement s'ils ne sont point « au pays ».

Malgré l'heure matinale, nous obtenons la permission de visiter la *Flore*. C'est un beau navire, digne de représenter notre flotte dans ces parages hospitaliers. Le sol de Québec n'est pas moins français que le pont du bateau, mais le pavillon français ne protége plus la cité de Montcalm; au drapeau anglais revient cet honneur.

Comme au jour de notre première arrivée dans les murs de la vieille capitale, nous éprouvons je ne sais

quel besoin de songer aux événements douloureux qui
décidèrent du sort de la colonie; les souvenirs d'antan
se pressent dans l'esprit; nous voudrions rester quelques semaines encore au milieu d'une population
qui nous accueille comme des frères, et cependant
il faut partir, dire adieu au camp retranché d'une
nationalité qui survit à elle-même et renaît de ses
cendres.

Nous faisons une dernière fois le tour de la ville et
nous rentrons à l'hôtel Saint-Louis pour y « chèquer »
nos bagages. Quelle n'est pas notre surprise en croisant
deux camarades retrouvés à New-York, à l'heure
même de notre débarquement ! Ils font une excursion
sur le Saint-Laurent et comptent reprendre dans une
huitaine le chemin des États. L'un s'est soustrait momentanément à la vie dévorante de la « Cité impériale »; l'autre termine, par une pointe au Canada, un
voyage commencé, il y a dix-huit mois, dans les pam-
pas de l'Amérique du Sud. Cédant à nos instances, ils
se décident à rebrousser chemin, et c'est à six que nous
nous dirigeons sur Montréal.

De bons sleeping-cars nous transportent dans la
métropole du Dominion. Nous gagnons une nuit, mais
nous perdons la vue des villes desservies par le chemin de fer du Nord. Il est vrai qu'un séjour prolongé
serait nécessaire pour parcourir ces différentes localités et prendre pied dans la société française qui les
habite.

Nous regrettons surtout Trois-Rivières, une des
antiquités de l'Amérique. Cette cité était, au dix-septième siècle, le siége d'un marquisat prospère. Après
le traité de Paris, qui mit fin à la domination française,
les capitalistes furent expulsés par le vainqueur. C'était

décréter la ruine de la région[1]. Grâce à Dieu, le calme a reparu et le colon peut envisager l'avenir sous des couleurs moins sombres. Trois-Rivières compte onze mille habitants. Bien situé à l'entrée du Saint-Maurice, ce centre reçoit les produits de la vallée et jouit des avantages qu'offre le Saint-Laurent à ses riverains.

Sorel, de fondation plus récente, possède environ six mille âmes. L'importance de ses établissements industriels lui permet d'espérer un développement rapide.

Ces stations sont, pour ainsi dire, à l'état d'embryon; mais nous approchons d'une ville parvenue à complète maturité, d'une ville moderne, tenant à la fois de nos capitales d'Europe et des métropoles américaines. J'ai nommé Montréal.

Quand Jacques Cartier remonta le Saint-Laurent jusqu'à la rivière des Outaouais, il découvrit, au confluent des deux cours d'eau, un campement désigné, par les naturels du pays, sous le nom d'Ochelaga. La merveilleuse situation du lieu frappa les explorateurs, qui attirèrent l'attention du gouvernement français sur l'avantage d'une telle position. C'est un siècle plus tard, vers 1640, que des missionnaires obtinrent du roi de France la concession de l'île formée par la rivière et le fleuve. Aux Sulpiciens revient l'honneur d'avoir fondé la grande cité canadienne, qu'ils nommèrent Ville-Marie.

Deux cents colons, venus d'Anjou, s'y fixèrent dans

---

[1] C'est le sort qui attend l'Alsace-Lorraine, si les Allemands réalisent leur menace d'expulser les capitalistes de Mulhouse, de Colmar, etc.

la seconde moitié du dix-septième siècle, et le régiment de Carignan, licencié au Canada, contribua, quelques années plus tard, à la colonisation de la région.

Montréal tire son nom du mont Royal, auquel elle est adossée. Nous rappelons que deux faits historiques se sont passés dans ses murs. C'est à Montréal que fut tenue, le 8 septembre 1700, la grande assemblée indienne où le Rat, « homme d'esprit, extrêmement brave, et sauvage du plus grand mérite[1] », assura au chevalier de Callières, gouverneur de la Nouvelle-France, le concours des Cinq-Nations. C'est encore à Montréal que furent posés, soixante ans après, les préliminaires du funeste traité de Paris. Les prodiges de valeur qui avaient marqué chaque étape de notre petite armée rendirent impitoyable le vainqueur. Nous constatons avec regret que l'Angleterre n'eut pas la générosité d'accorder aux vaincus les honneurs de la guerre. Le chevalier de Lévis, l'héroïque commandant de cette poignée de braves, ne dissimula pas son indignation. Dans sa lettre du 27 novembre 1760, adressée au marchéal de Belle-Isle, ministre de la guerre, il déclare qu'il n'a d'autre part à la capitulation « que « d'avoir protesté contre le traitement fait aux troupes « de terre, qui auraient dû mériter plus d'attention de « la part de M. de Vaudreuil et plus d'estime de celle « du général Amherst ».

A cette époque, Montréal comptait à peine cinq mille âmes. Un siècle plus tard, en 1861, le chiffre de la population atteignait quatre-vingt-dix mille trois cent vingt-trois habitants; il approche aujourd'hui de deux cent mille.

---

[1] Voy. les *Mémoires du R. P. Charlevoix.*

New-York est un Montréal aggravé (*Montreal agra-vated*), disent les Anglais avec lord Dufferin ; de fait, Montréal peut être comparé, l'*agravated* en moins, à la cité américaine. Les rues sont coupées à angle droit par de grandes artères qui s'ouvrent sur des places élégantes et spacieuses. Toutefois, l'ensemble n'a pas de cachet. Dans le quartier des affaires, les maisons affectent certaines prétentions à l'architecture. Des hôtels de premier ordre, le Windsor surtout, offrent au voyageur tout le confort désirable. Nous remarquons des monuments importants, tels que le Palais de justice, l'Hôtel des postes ; des établissements d'instruction comme l'Université Mac-Gill, le collége des Jésuites, le grand séminaire ; des édifices religieux élevés par les nombreuses confessions, entre lesquelles se partage la population montréalaise.

Le mont Royal, émaillé de villas et de cottages, a été converti en une délicieuse promenade, d'où le regard embrasse un panorama complet de la ville et du fleuve. Au-dessus des « toits d'argent » qui scintillent se dressent les tours de Notre-Dame, le dôme de Saint-Pierre et les flèches d'une trentaine d'églises, plus ou moins gothiques. Le quartier fashionable s'étend aux pieds de l'observateur, et près du port se blottit la ville irlandaise. Ici comme partout, la Verte Érin semble déshéritée. Dans une cité élégante, ce petit coin obscur jette une note discordante. Le fleuve, magnifique, se couvre de navires de toutes dimensions, jusqu'au point où se développe, sur une largeur de trois kilomètres, le grand pont Victoria.

Bien à regret, nous ne pouvons porter à leurs destinataires nos lettres d'introduction. L'épidémie de *picotte*, qui règne à Montréal, les a mis en fuite. Sur le conseil d'un *habitant*, nous entrons au Palais de justice. Grande affluence à l'audience du tribunal. La querelle qui amène les plaideurs se serait vidée chez nous en champ clos, mais le duel n'est plus dans les usages des Canadiens, et l'offensé se contente de réclamer à l'agresseur une forte indemnité. Les avocats sont violents et passent avec une désinvolture surprenante d'une tirade anglaise à une conclusion en français. Jonglant d'une langue à l'autre, ils ne ménagent ni leurs confrères, ni les clients, ni le juge. Cet emportement factice ne laisse pas trace dans les esprits, mais il atteint un tel degré de vivacité, qu'il effaroucherait la Basoche elle-même. Qu'en dirait à Paris le conseil de l'Ordre? Qu'en penserait la magistrature? — Il est vrai que nous ne sommes pas à Paris.

Sous certains rapports cependant, la « métropole du Nord » se rapproche de la prétendue Babylone moderne. Elle est très-gaie, très-élégante, très-occupée. Les dimanches n'y sont pas monotones comme aux États-Unis ; une grande animation règne partout, et les magnifiques devantures des boutiques font le bonheur des boulevardiers.

Par contre, il est difficile de rencontrer deux villes plus différentes que ne le sont Montréal et Québec. Celle-ci, confinée dans ses vieux souvenirs, voit à regret les arts libéraux céder le pas à l'industrie et au commerce. Celle-là, au contraire, sans abandonner les traditions qui la rattachent à l'ancienne patrie, se flatte surtout d'être moderne. Elle s'assimile toutes les découvertes, développe son génie pratique, jouit d'un accroissement rapide et rêve un avenir brillant. L'aimable douairière constate avec un certain dépit le développement d'une sœur plus jeune et plus émancipée.

Jamais, quand il s'agit de soutenir, en présence des Anglo-Saxons, la cause de la race française, elle ne laisse percer la moindre animosité. Québec a trop l'esprit de famille pour déserter un parti auquel elle a sacrifié le plus pur de son sang; mais, quand les intérêts primordiaux ne sont plus en jeu, quand il n'est plus question que de querelles de ménage, elle devient tracassière. La vieille forteresse de Montcalm est encore la capitale de la province; elle redoute de voir son titre lui échapper. Un moment, elle put se réjouir de posséder dans ses remparts le Parlement du Canada tout entier; mais son triomphe fut de courte durée.

S'agit-il d'une exposition à organiser? Québec l'annonce et s'y prépare; Montréal la fait. — Veut-on lancer une affaire, installer une banque, tracer un chemin de fer, creuser un canal?... Les journaux de Montréal, plus importants que ceux de Québec, plus répandus, plus au fait des questions du jour, renseignent immédiatement le public, décident les capitalistes à s'emparer du projet.

Montréal s'amuse, et ses plaisirs servent au mieux ses intérêts : depuis deux ans, son carnaval attire les curieux de New-York, de Boston, de Chicago; tandis que la cité de Champlain se désespère de ne pouvoir devancer ce mauvais petit village d'Ochelaga. La fête est merveilleuse, d'un genre absolument nouveau. Des centaines d'ouvriers ouvrent des chantiers sur le Saint-Laurent transformé en une vaste carrière, et le « Palais de glace » s'édifie. Le gaz et l'électricité illuminent les murailles transparentes de ce curieux édifice, et le Tout-Montréal, enfoui dans des amoncellements de fourrures, fait irruption dans les salles, où s'organisent des bals et des tombolas.

Le toboggan, le patin, la raquette, le berlot, sont les plaisirs favoris. — Prenez une planche de trois mètres de long sur cinquante centimètres de large; recourbez-la à son avant, et vous avez un toboggan. — Posé sur les glissoirs du mont Royal, il descendra, rapide comme l'éclair, la pente qui conduit à la ville. Les Canadiennes n'hésitent pas à monter à bord de ces « traînes sauvages », et font de cet exercice aventureux le sport préféré de la saison.

La raquette, le patin et le berlot sont d'un usage général. Dans la campagne, ils deviennent indispensables, et nous comprenons l'importance que les colons attachent à l'emploi de ces moyens de locomotion. Sur la glace, un bon patineur franchit vingt kilomètres à l'heure; sur une couche de neige de deux mètres d'épaisseur, un bon « raquetteur » circule aussi facilement qu'un piéton sur le macadam d'une grande route.

Les premiers Français qui s'établirent sur le Saint-Laurent apprirent à chausser la raquette. C'est une branche de frêne ployée en forme de fer à cheval ou de cerf-volant. Deux bâtons transversaux conservent entre les côtés l'écartement voulu, et la semelle se compose d'un filet de lanières entrelacées au milieu desquelles le soulier s'engage. Rien n'est plus embarrassant pour un débutant que cette chaussure d'un mètre de long. Celles que nous avons essayées eurent le piètre résultat de nous immobiliser complétement.

Le berlot, ou traîneau canadien, remplace pendant l'hiver tous les autres véhicules. Sa forme originale, ses couleurs vives ont frappé les nombreux touristes qui assistaient l'année dernière au carnaval.

Pendant les six jours de fête, Anglais et Français,

également fiers de leur ville, unissent leurs efforts pour recevoir dignement les étrangers. D'ordinaire, les deux races se fréquentent fort peu; chacune demeure cantonnée dans un quartier spécial. L'ouest est habité par les Anglais; l'est, par les Français. Si les seconds ont conservé l'avantage du nombre et s'ils forment encore les deux tiers de la population de Montréal, les premiers, soutenus par les capitaux de la Grande-Bretagne, ont absorbé le haut commerce et l'industrie.

Nous pouvons cependant constater que, depuis l'Exposition universelle de 1878, des institutions très-prospères ont été fondées par les Canadiens avec le concours du Vieux Pays. Le « Crédit foncier franco-canadien », organisé sous le ministère de M. Duclerc, donne les meilleurs résultats. Le ministre prit rang, dans le conseil d'administration de la Société, à côté de M. Chapleau, secrétaire d'État au Parlement d'Ottawa. Nous ne saurions trop féliciter la France d'appuyer de son crédit les entreprises canadiennes, et nous serions heureux de la voir développer ses relations d'affaires avec son ancienne colonie.

Malheureusement, les tentatives opérées jusqu'ici pour resserrer les liens d'échange entre les deux pays n'aboutirent point à une entente. Les négociations commencées en 1879 durent encore [1].

Deux conférences furent tenues à Paris le 20 mars 1882 et le 10 mai 1883. Sir Alexandre Galt demandait pour le Canada le traitement de la nation la plus favorisée et l'abolition des surtaxes d'entrepôt pesant sur les produits canadiens. Il proposait, en retour, un abaissement notable des droits sur les vins français.

[1] Depuis trois ans, le cabinet de Londres autorise le *Dominion* à traiter par l'entremise d'un commissaire spécial.

Non sans raison, M. Tirard et, plus tard, M. Challemel-Lacour faisaient observer que la seule réduction consentie par le Dominion laissait subsister des droits exorbitants, tels que : 170 francs sur l'hectolitre d'eau-de-vie, de 223 francs sur les liqueurs, de 30 pour 100 sur les vêtements, etc... On se quitta bons amis, sans que la question eût avancé d'un pas. Nous n'entrevoyons pas la possibilité d'arriver à une entente officielle, tant que les relations commerciales ne seront pas facilitées par une modification dans le système douanier. C'est de l'initiative privée que nous attendons le resserrement de nos liens avec le Dominion.

Français d'Amérique et Français de France sont également intéressés à développer cette initiative et à la diriger du côté des échanges. Jusqu'ici, les aptitudes particulières des Canadiens, leur cohésion, leur merveilleuse fécondité, le talent avec lequel ils tirent parti du régime parlementaire, leur ont permis de soutenir la lutte contre la race anglo-saxonne. Cependant, nous devons reconnaître qu'au commencement du siècle, ils formaient la presque totalité de la population du Canada. Aujourd'hui, ils n'en représentent plus que le tiers. Partout, sauf dans l'Est, ils seront absorbés à la longue, si un courant d'émigration et de capitaux ne se produit pas rapidement. D'autre part, la crise agricole que nous traversons rend, d'année en année, la position de nos populations rurales plus critique. Nos denrées ne se vendent trop souvent qu'à perte, et la situation de la propriété foncière s'aggrave à mesure que nous marchons.

Un jour viendra où, par suite de l'accroissement de la population et surtout en raison de la diminution de la richesse, le laboureur sera dans un état de souffrance croissant; la mère patrie, dont il ne se sépare qu'à son corps défendant, ne pourra plus lui fournir les éléments d'une existence acceptable. Bon gré, mal gré, l'émigration s'imposera comme une nécessité. Si le paysan se trouve en rapport constant avec une France semblable à la sienne, plus jeune, plus vaste, plus productive, il n'aura pas la pensée de se diriger du côté des États-Unis, où il se verrait noyé dans une population anglaise ou allemande. Il fera voile vers le Canada, renforcera les rangs des Français d'outre-mer, travaillera pour son pays, contribuera à sa grandeur et lui rendra dans le monde la place qu'il n'aurait jamais dû déserter. L'avenir est aux puissances colonisatrices. Tous les États ont à cœur d'étendre leur influence, et, d'accord avec l'intérêt, le devoir de la France est bien plus de développer la sienne là où elle existe, que d'essayer de l'implanter dans des régions malsaines, trop éloignées et souvent hostiles.

Le Français cherche le Français; or, nous nous demandons sur quel point du globe il pourrait le rencontrer, si ce n'est au Canada. Si l'on admet, en principe, que le Français n'émigrera jamais, pourquoi rêver de jeter dans l'Extrême-Orient les bases d'un nouvel empire colonial? Si l'on envisage, au contraire, l'émigration comme un fait inévitable, pourquoi ne pas songer à coloniser d'abord le Canada?

Le Tonkin serait-il conquis et pacifié, que nos nationaux ne s'y trouveraient pas moins dépaysés, en admettant qu'ils puissent y vivre. Sur le Saint-Laurent, plus d'exil; car partout les traditions et la langue de la patrie sont conservées, la patrie demeure tout entière.

Ces réflexions nous ont entraîné bien au delà de

Montréal. Cependant nous ne quitterons pas la ville sans parler des voies de communication, soit par eau, soit par terre, qui la mettent en rapport avec les États-Unis et les deux océans. A vrai dire, cette question comporte l'examen de la navigation maritime et fluviale et l'étude des chemins de fer sur toute l'étendue du *Dominion of Canada*.

Reportez-vous à la carte jointe au volume et jetez les yeux sur le réseau hydrographique du Canada. Que voyez-vous ? — Un golfe incomparable, s'enfonçant au loin dans les terres ; un fleuve gigantesque, aboutissant à une série de mers intérieures ; un chapelet de lacs et de rivières, au milieu desquels s'interpose l'arête dorsale des Rocheuses,... vaste réservoir d'un futur chenal, peut-être destiné à réunir les Océans.

De tous les ports du nouveau continent, celui de Québec est le plus rapproché de Liverpool et du Havre[1]. Le port de Montréal jouit d'une situation exceptionnelle. C'est un port d'eau douce, large de trois kilomètres[2], long de six, situé à cent soixante-quinze lieues de l'Atlantique et à cent de l'eau salée. Les bateaux y trouvent un tirant d'eau de vingt-cinq pieds et n'ont pas à lutter contre le courant, insignifiant jus-

---

			Milles.
[1] La distance de Québec à Liverpool par Belle-Isle est de			2,645
—	— au Havre	—	2,810
—	de Boston à Liverpool	—	2,895
—	— au Havre	—	2,993
—	de New-York à Liverpool	—	3,095
—	— au Havre	—	3,228

[2] Au Canada, les distances sont exprimées en milles. Dans le cours de notre chapitre nous les convertirons en kilomètres. Rappelons ici que le mille ordinaire équivaut à 1,610 m. 40 c., et que le mille marin égale 1,852 mètres.

qu'aux rapides de Lachine. Il est vrai que, du 1ᵉʳ décembre au 31 mars, les glaces ferment l'entrée du fleuve. Jusqu'ici, New-York profite de cette circonstance. Avant peu, l'obstacle sera tourné. Halifax et Canso, deux ports permanents de la Nouvelle-Écosse, seront mis en communication avec Montréal par l'*Intercolonial railway*[1]. M. Langelier, dans une esquisse intéressante sur la Gaspésie, fait observer que la province de Québec pourra disputer ce privilége à sa voisine. D'une enquête poursuivie, en 1874, dans le but de déterminer la route la plus courte pour le transport des malles, il résulte « que le port de Paspiébac, situé « sur la côte nord de la baie des Chaleurs, offre tous « les avantages d'un havre de première classe, acces-« sible en toutes saisons... Il est, en effet, démontré « que les glaces polaires, apportées dans le golfe par « le détroit de Belle-Isle, se dirigent au nord-est « d'Anticosti, et que les glaces du Saint-Laurent sui-« vent la rive sud de la même île, laissant absolument « libres les parties méridionales du golfe. » Le jour où ces progrès seront réalisés, le rôle du Dominion, comme puissance maritime, sera d'une importance exceptionnelle.

Sait-on, à l'heure actuelle, quelle place revient au Canada, parmi les marines marchandes de l'ancien et du nouveau continent? Ne sera-t-on pas surpris d'apprendre que ce peuple de six millions d'habitants arrive immédiatement après l'Angleterre, les États-Unis et les États scandinaves; qu'il occupe le quatrième rang, tandis que son ancienne métropole, la France, est relé-

---

[1] *Railway* en anglais, *railroad* en américain, signifie : chemin de fer.

guée au septième? Les statistiques démontrent ce fait avec une rigueur mathématique[1].

La Puissance a compris l'importance d'une situation qui lui permet de disposer d'un littoral de quatre mille cinq cents kilomètres et d'un fleuve navigable sur un parcours de deux mille cinq cents. Possédant des bois de construction excellents, des ports à la fois spacieux et sûrs, elle s'est promis d'utiliser les forces que la nature mettait à sa disposition. Également convaincue que, pour arriver à une colonisation rapide, il fallait avant tout faciliter les échanges, elle entreprit de multiplier les voies de communication, de les relier entre elles, de les améliorer par des travaux d'endigage et d'approfondissement, de compléter cet ensemble magnifique par la création de réseaux de chemins de fer, sillonnant les régions inexplorées.

Dans cette œuvre civilisatrice, le Bas-Canada n'a pas voulu se laisser distancer. Mal secondé par le gouvernement, qui favorisait Ontario, il ne recula devant aucun sacrifice. Ses efforts reçoivent dès aujourd'hui leur récompense : gardant la clef de l'Atlantique, il profite du mouvement qui s'établit entre les États d'Europe, le Manitoba et l'Ouest. Un intérêt commun unit la cause de Québec à celle des autres provinces.

[1] Au 31 décembre 1882, le nombre des navires inscrits sur le registre du Canada était de 7,812, jaugeant 1,260,977 tonneaux. Dans ce nombre, 973 steamers, jaugeant 191,000 tonneaux.

En 1881, la Puissance avait construit 268 voiliers et 46 vapeurs. L'année suivante, 289 bâtiments nouveaux. Jamais la France n'a atteint de tels chiffres. Un tableau que nous avons sous les yeux nous permet de conclure qu'au moment où le tonnage net des navires canadiens était représenté par 1,311,218 tonneaux, les bateaux français n'en jaugeaient que 819,634. Dans la liste des marines marchandes par ordre d'importance, l'Allemagne arrive au cinquième rang, l'Italie au sixième.

S'il existe un terrain sur lequel les deux Canadas parviendront à s'entendre, c'est à coup sûr celui-ci. Le Dominion tout entier peut y viser le même but. Au dire de certains hommes politiques, l'opinion qu'en cette matière il ne s'agit plus d'Anglais ou de Français, mais seulement de Canadiens, commence à prendre de la consistance. Peut-être trouvera-t-on dans ce fait la première manifestation d'un sentiment national, s'affirmant en dépit des querelles de races, ravivées par la rébellion des métis. C'est à ce point de vue qu'il convient de se placer, pour examiner les voies de communication. Et d'abord, jetons les yeux sur le système hydrographique qui s'étend des côtes du Labrador à celles de la Colombie britannique [1].

Le Saint-Laurent est la fortune de la Puissance. Large de trente lieues à son embouchure, il n'a perdu vis-à-vis de Tadoussac que les deux tiers de sa surface. Dans ce port, prenons le bateau qui vient de Chicoutimi ou quitte l'Océan, pour remonter le fleuve. Nous doublons Québec et nous arrivons à Trois-Rivières. Ici débouche le Saint-Maurice, parti de la Hauteur des Terres et dirigeant ses ramifications vers la vallée du Saguenay. Voici, sur notre gauche, les rives canalisées du Richelieu. En suivant cette voie, nous aboutirions au lac Champlain et à l'Hudson. Le lac, dont le nom perpétue dans la région des Adirondacks le souvenir de la Nouvelle-France, fut, en 1783, distrait de la couronne d'Angleterre. Au delà de Montréal, nous rencontrons la grande rivière des Outaouais. Ses tributaires, sur une distance de cinq ou six cents kilomètres,

____

[1] Voir la carte jointe au volume.

sillonnent en tous sens les deux provinces. D'Ottawa, le canal Rideau se dirige sur Kingston.

Mais revenons au pont Victoria, en face de Montréal, où nous attend le vapeur. Impossible de continuer notre route par le fleuve. Six rapides successifs nous barrent le passage sur un parcours de dix-huit lieues. Ici commence une série de canaux, où les navires tirant dix pieds d'eau peuvent passer sans entrave, grâce à une habile combinaison d'écluses. Le canal de l'Érié, qui relie Buffalo à Albany, par conséquent à New-York, ne porte que des bateaux tirant six pieds, et cependant son trafic, de cinq millions de tonnes de marchandises, est très-supérieur à celui du Saint-Laurent. En présence de cette situation, le Dominion a décrété récemment des travaux qui permettront l'accès des grands lacs aux navires de deux mille tonneaux, déplaçant quatorze pieds d'eau. La métropole américaine répond à ces perfectionnements en supprimant tout péage sur l'Érié, et Montréal se voit dans la nécessité de s'imposer de nouveaux sacrifices. C'est un duel dans lequel New-York gardera longtemps encore l'avantage; mais un jour viendra où les droits de passage seront supprimés de Port-Arthur à Québec. Bénéficiant alors, comme la République, sa voisine, de plusieurs ports permanents, la Puissance attirera vers elle tout le commerce de l'Ouest.

Devant Prescott, le fleuve redevient navigable. Nous traversons le massif des Mille-Iles et pénétrons dans Ontario. Aux chutes du Niagara, nouvel écueil, nouveaux travaux d'endiguement. Le canal Welland rachète par vingt-cinq écluses la différence de niveau de plus de cent mètres, comprise entre Port-Dalhousie et Port-Colborne. Du lac Érié à la côte occidentale du lac

Supérieur, le passage est libre. Ni la rivière Détroit, ni la rivière Saint-Clair n'obstruent l'entrée du lac Huron, et le Sault-Sainte-Marie s'évite facilement. Un canal d'une demi-lieue permet de tourner l'obstacle.

Arrivé à Duluth, point extrême de la navigation, les bateaux de l'Océan ont franchi quatre mille kilomètres environ. Jusqu'au lac des Bois, le Dominion conserve une frontière naturelle, dessinée par une série de cours d'eau. Au delà, cette ligne n'est plus déterminée que par le 49°, décrivant, sans égard pour la configuration du sol, la limite des deux pays.

La grande voie navigable qui, partant du détroit de Belle-Isle, aboutit à Port-Arthur et à Duluth, ne s'interrompt pas brusquement. Bien que plus incertaine, elle se prolonge vers l'ouest. C'est en suivant cette route que la petite armée du colonel Wolseley atteignit, en 1870, les métis révoltés. Les lacs Manitoba et Winnipeg peuvent être considérés comme une mer intérieure, alimentée par deux rivières gigantesques : l'Assiniboine et la Saskatchewan. Tandis que la première s'arrête au plateau du Missouri, la seconde, scindée en deux branches, va se heurter contre les Rocheuses, d'où descendent, sur le Pacifique, le Fraser et la Colombia.

Tel est, en quelques traits, l'aspect général de ce système hydrographique tendant à rapprocher les limites d'un État grand comme l'Europe, plus grand que la Chine, la République américaine. Nous n'avons pas nommé les lacs et rivières qui dépassent le 54°. Dans les immenses territoires que nous venons de parcourir en pensée, nous avons omis des centaines de cours d'eau, et nous négligerons également le versant de la baie d'Hudson. Disons cependant, à ce propos, qu'il a été question d'établir un port à Churchill, plus rapproché de Liverpool que Québec. Ce port aurait l'avantage de communiquer par Indian-Lake et la Saskatchewan avec le Manitoba et le Nord-Ouest ; mais, perdu dans les régions polaires, il ne serait accessible que pendant l'été. Port-Churchill et Port-Nelson, déjà marqués sur les cartes, deviendront-ils plus tard les Arkhangel de l'Amérique ? — Qui sait ? — Un petit peuple qui relie par la vapeur les deux extrémités d'un continent est capable de tout oser.

Cette ébauche rapide des voies navigables nous permettra de suivre les travaux exécutés par les compagnies de chemin de fer.

Un rapprochement assez curieux se présente à l'esprit, quand on parcourt la liste des différents pays classés d'après le développement de leurs lignes ferrées. On y constate qu'en 1881 la France occupait le quatrième rang et le Canada le septième. Ce sont les chiffres intervertis des deux États, envisagés au point de vue de l'importance de leurs marines marchandes. Pour un peuple naissant, une telle place est assurément fort honorable ; elle est même exceptionnelle, si l'on songe que de tous les États, c'est le Dominion qui compte le moins d'habitants par mille de chemin de fer. Ce relevé, fait en 1882, attestait que la Puissance possédait une moyenne de 530 colons par mille en opération, tandis que sur le même parcours le Vieux Pays en avouait 2,700. Ajoutons que, depuis cette date, le complet achèvement du Pacifique-Canadien vint encore modifier ces étonnantes proportions [1].

[1] A la fin de 1885, on comptait 10,773 milles de voies ferrées au Canada. Le montant du capital employé dans la construction des

La carte des *railways of Canada*[1], dressée par ordre du gouvernement, indique 71 ligues, dont plusieurs sont encore inachevées. Suivant le cas, elles sont placées sous le contrôle du parlement fédéral ou des gouvernements locaux. La première catégorie se compose de chemins d'intérêt général et de tous ceux qui dépassent les limites d'une seule province. Dans le sud d'Ontario et dans la région comprise entre Montréal et les États-Unis, de nombreux réseaux s'enchevêtrent ; mais, plus à l'est, les voies de communication s'éclaircissent. Nous savons que des réclamations ont été formulées à différentes reprises par les riverains du Saguenay et du Saint-Maurice, et que la législature de Québec consacre à la construction des nouveaux chemins une grande partie de ses ressources.

Avant la création de la ligne du Pacifique-Canadien, — en anglais : *Canadian Pacific Railway*, ou plus simplement : *C. P. R.*, — le *Grand Trunk* était l'artère principale du Dominion. Son réseau rayonne dans les deux provinces, qu'il relie à la frontière américaine.

Venaient ensuite le *Great Western* et l'*Intercolonial ;* puis le *Chemin de fer du Nord* subdivisé en *Québec*, en *Montréal*, en *Ottawa railways*, etc. Mais qui songe, aujourd'hui, à faire ressortir l'importance de ces lignes ? Une entreprise colossale attire sur elle

différentes lignes s'élevait à 625,754,500 dollars, soit plus de soixante mille piastres par mille.

Les recettes atteignaient 32,227,470 dollars, et les dépenses d'exploitation 24,015,350 dollars, donnant un profit net de 8,212,120 dollars.

Les chemins de fer canadiens ont transporté, pendant l'année, 9,672,600 passagers et 14,659,000 tonnes de marchandises.

[1] Voy. *Map shewing the railways of Canada, to accompany the annual report on railway statistics*, 1884.

seule l'attention de tous. Elle consacre pratiquement l'œuvre de la Confédération canadienne ; elle crée une nouvelle route des Indes et s'assimile dans ce but les réseaux qui lui assurent une communication plus immédiate avec les deux océans. C'est ainsi que le *Nord* cède au Pacifique-Canadien son parcours de Montréal à Ottawa, et que l'*Intercolonial* met la grande ligne en relation avec Halifax et Canso.

Chacun applaudit à l'exécution merveilleuse de cette voie transcontinentale, et cependant, au début, les compagnies qui s'organisèrent pour la créer soulevèrent de nombreuses protestations. Lors de l'incorporation de la Colombie anglaise dans le Dominion, on s'était bien promis de réunir, par une *main line* [1], toutes les fractions de la Puissance ; mais à qui confierait-on ce soin ? C'était le point délicat, et quand sir Hugh Allan voulut se charger de l'affaire en s'appuyant sur les capitaux américains, tout le Canada s'en émut. Ce fut un scandale, un *pacific scandal !* Beaucoup pensaient qu'un travail à ce point national ne devait pas être accaparé par les Yankees, et cette opinion prit assez de consistance pour faire rejeter la première combinaison. Peut-être la politique n'était-elle pas étrangère à cette détermination. La Société qui réussit à se charger de l'entreprise se constitua sur des bases nouvelles, et le conseil d'administration, présidé par sir George Stephen, se composa de Canadiens et d'Anglais. Et cependant aucune œuvre de civilisation n'aura plus que celle-là un caractère cosmopolite. « Si la terre « sur laquelle elle se trouve assise est canadienne, — « remarque M. de Molinari, — les capitaux qui l'ont

---

[1] *Main line* signifie grande ligne.

« entreprise viennent d'Angleterre, de France, de
« Hollande, des États-Unis; les ouvriers qui ont con-
« struit la voie, de l'océan Pacifique aux montagnes
« Rocheuses, sont principalement des Chinois; de
« l'autre côté des montagnes, ce sont des Suédois, des
« Norvégiens, des Irlandais, des Italiens. Enfin, la
« Compagnie fonde, en grande partie, ses espérances
« de bénéfices sur le transit des marchandises asiati-
« ques et européennes. »

C'est le 2 novembre 1885, au moment ou nous tra-
versions le détroit de Juan del Fuca pour aborder à
Vancouver, que le premier train allant aux Rocheuses
quittait Montréal. Le 7, M. Smith posait le dernier rail
de la ligne intérocéanique. Un délai de dix ans avait été
donné aux administrateurs pour terminer leur œuvre :
en quatre ans et demi la voie était complétée, et six
mois plus tard elle se trouvait en pleine activité. Dé-
passant toutes les espérances, la Compagnie créa des
embranchements, coupa des montagnes, détourna des
cours d'eau, apporta à la construction de son réseau et
de son matériel les soins les plus minutieux, rendit
possible l'établissement d'une double ligne de steamers,
reliant l'Europe à l'Asie, Liverpool à Yokohama et à
Hong-kong, et cela, sans qu'une seule piastre ait été
dépensée au delà du subside accordé. Nous insistons
sur ce dernier point, absolument anormal dans un
État du nouveau continent, souvent même de l'ancien.

Le lecteur, qui consentait tout à l'heure à monter
sur le bateau du Saint-Laurent, voudra bien nous
accompagner sur la ligne du *C. P. R.* Le train part de
Montréal et se dispose à franchir la distance qui le

sépare de Vancouver. Examinons le *char-dortoir*[1] où nous allons prendre place. Le luxe et le confort s'y sont donné rendez-vous et semblent avoir atteint le dernier degré de la perfection. L'extérieur est en acajou uni, et l'intérieur marqueté de bois de rose et d'autres essences d'un heureux effet. Une allée traverse le wagon sur toute sa longueur (ordinairement de vingt-quatre mètres). Au centre, quatre compartiments garnis de banquettes se transformeront pour la nuit en « lits inférieurs[2] ». Des glaces, correspondant à chacun d'eux, permettent aux *habitantes* de commencer leur toilette derrière d'épais rideaux, avant de se diriger vers les petits boudoirs qui leur sont affectés. Aux « lits supérieurs » nous voyons des fenêtres et une sonnette d'appel, modification fort heureuse qui ne tardera pas à être généralisée sur toutes les lignes américaines. Le système d'aération est parfait, et les huit lampes fournissent un éclairage suffisant. Aux deux extrémités de la voiture se trouvent les cabinets de toilette. Notons encore le fumoir et la salle de bain, cette dernière d'un usage général sur la grande voie canadienne. Des *chars-palais* (wagons-salons) et des *chars-restaurants* complètent cet appartement roulant. Les voyageurs passent avec la Compagnie un bail de cinq jours. Le prix du loyer est de 485 francs[3] en première, joli denier, sans doute, mais qui permet aux locataires de franchir sans fatigue 2,634 milles, soit plus de quatre mille deux cents kilomètres. Au surplus,

---

[1] Le *char-dortoir* est le *sleeping-car* des Anglais, le *wagon-lit* des Français.

[2] Lits reposant sur les banquettes et placés en dessous des « lits supérieurs ».

[3] Ce prix est celui du trajet à partir de Québec.

la cuisine, bien que américaine, n'est pas désagréable. Dès huit heures du matin, le *breakfast* réunit les convives ; le *lunch* est à une heure, et le soir, de six à sept heures, chacun achève sa journée par un copieux *dinner*. De Montréal à Ottawa la ligne est animée par de nombreuses agglomérations. C'est dans la province de Québec, Saint-Martin, Saint-Jean, Sainte-Rose, Sainte-Thérèse, Saint-Jérôme et plusieurs autres localités, placées sous le patronage du paradis tout entier. C'est encore Granville, l'Original, bourgades françaises de nom et qui le seront bientôt de fait. Le Canadien, sous l'influence bienfaisante du curé Labelle, envahit le territoire d'Ontario. Ici comme à Québec, trop amoureux de la routine, il semble conserver ses anciens procédés de culture, sa faucille, sa bêche et sa petite charrue. Il est tenace, courageux, héroïque même ; mais qu'un peu de *goahead*[1] jetterait une note harmonieuse dans ce concert de qualités ! Inutile d'insister sur un *desideratum* que nous avons déjà signalé. Pendant 550 kilomètres nous remonterons la rivière des Outaouais ; nous la laisserons terminer l'arc de cercle qui marque la limite des deux provinces. Sur la droite, nous apercevons Montebello, où se retira Papineau, le O'Connel du Canada, comme disent les Anglais. Nous sommes à hauteur des rapides qui entravent la navigation jusqu'aux environs d'Ottawa, la capitale fédérale.

Les forêts sont nombreuses dans cette contrée, où la population fait du bois son commerce exclusif. Mieux que personne l'*habitant* manie la hache. Des scieries mues par des chutes d'eau qui se succèdent sur notre trajet, débitent les planches destinées à l'expor-

---

[1] Le lecteur est familiarisé avec cette expression américaine qui signifie : allons de l'avant ; mot à mot : tête en avant.

tation, et la rivière charrie jusqu'à Montréal les arbres abattus par les colons de la vallée.

Si les traces de civilisation se perdent à mesure que nous avançons vers l'ouest, la nature conserve long-temps encore le même aspect. Entre Carleton et Cal-lander, nous n'avons rien à signaler. Du premier de ces points part une ligne qui se dirige sur Toronto et communique avec Détroit. Le second marque le termi-nus de l'ancien réseau d'Ontario. Nous roulons main-tenant sur la voie nouvelle. La rivière des Outaouais a disparu, et nous suivons du regard les derniers contre-forts des Laurentides qui descendent sur les bords du lac Nipissing. Les Nipissings, tribu détachée de la na-tion des Algonquins, occupaient naguère ce territoire, au milieu duquel le gouvernement leur concède une réserve.

Nous pénétrons dans une région fertile, où la grande culture ne tardera pas à s'établir. On nous assure qu'au Nord, la colonisation du lac Témiscamingue est pous-sée avec une égale vigueur. A vrai dire, personne ne soupçonnait la richesse de ces vallées avant la construc-tion du Pacifique-Canadien. Les géologues considèrent tout ce terrain d'alluvion comme le lit d'une ancienne mer intérieure, et les raisons qu'ils font valoir se rap-prochent de celles que nous avons citées, en parcourant le Saguenay.

La petite ville de North-Bay, desservie par le *C. P. R.*, compte un millier d'habitants. Bien située dans le voi-sinage du lac de Nipissing, elle est appelée sans doute à se développer rapidement. Sudbury ne tardera pas à marcher sur ses traces. Point d'embranchement d'un nouveau réseau qui reliera Sault-Sainte-Marie au Mississipi, cette dernière station fournira aux États du

Wisconsin et du Minnesota une communication directe avec le Saint-Laurent et l'Atlantique. Ajoutons que la côte septentrionale du lac Huron constitue l'une des régions minières les plus riches du Dominion. A Bruce, à Sudbury, des gisements de cuivre ont été découverts, et les derniers, larges de cinq cents mètres, profonds de trente, s'étendent sur une longueur de douze à quinze kilomètres. Rien d'étonnant qu'un *Canadian Copper Company* [1] en ait déjà commencé l'exploitation.

Plus à l'ouest, le terrain s'engage dans un pays boisé, sillonné de cours d'eau. Cartier et Chapleau, deux villages prospères, rappellent le souvenir des hommes d'État canadiens qui provoquèrent la construction du chemin de fer. Des collines ferment l'horizon sur la droite, et derrière celles-ci coule la *Moose river*, l'un des principaux tributaires de la baie d'Hudson.

La ligne, qui s'était écartée des grands lacs, les rejoint à travers un pays rocailleux et aride. A chaque pas, les ingénieurs ont fait sauter des rochers, jeté des ponts et pratiqué des passages dans des gorges étroites, connues en Amérique sous le nom de *cañons*. De distance en distance, une station ou plutôt une cabane; parfois des masures abandonnées qui abritèrent les ouvriers de la Compagnie pendant les travaux; mais pas le moindre hameau, pas le plus petit *settlement*. C'est le désert complet dans toute sa monotonie. Nous avons franchi la rivière Nipigon et nous côtoyons le lac Supérieur jusqu'à Port-Arthur, le futur Chicago du Canada.

Née d'hier, la ville compte environ cinq mille âmes. Grâce à sa merveilleuse situation, elle communique

---

[1] Signifie : Compagnie des cuivres canadiens.

avec l'Atlantique par terre et par eau. Les Montréalais n'ont que l'embarras du choix : prendre une cabine dans le *palace-steamer*, ou s'installer dans le char-dortoir de l'express ; en tout cas, traverser fort à l'aise les mille milles (1,610 kilom. 400) qui les séparent de Port-Arthur. Également à portée du Dakota et du Manitoba, la place reçoit dans ses entrepôts plus de blé qu'elle n'en peut contenir ; son élévateur est comble. Bon gré, mal gré, il fallait en construire un second ; on l'établit à Fort-William, une autre métropole de l'avenir. Le sol se prête à la culture, et l'habitant, comme le mineur, trouvera l'aisance dans cette contrée. Ici, des bassins houillers provoqueront avant peu la formation de centres industriels ; là, des forêts, des prairies attireront les colons.

A l'occident, c'est encore l'inconnu, la nature sauvage. Il faut parcourir quatre cent quatre-vingts kilomètres pour retrouver les défrichements. Enfin, les habitations reparaissent et le train passe la rivière Rouge pour s'arrêter à Winnipeg. Deux mille trois cents kilomètres sont franchis depuis notre départ de Montréal, et nous avons effectué la moitié de notre course.

Nous ne nous occupons, en ce moment, que des voies ferrées ; mais, à ce point de vue même, la capitale du Manitoba mérite une mention spéciale. C'est une tête de ligne de premier ordre. Citons, vers le nord, un embranchement qui desservira dans la suite les lacs Manitoba et Winnipeg. Au sud, deux voies parallèles pénètrent dans le Dakota et le Minnesota pour aboutir au chemin de fer américain du *Northern-Pacific*. A l'ouest, le *Manitoba et North-West R. R.* portera jusqu'à la Saskatchewan les émigrants des deux mondes. Cette nouvelle artère, destinée peut-être à s'éten-

dre jusqu'au Pacifique, quitte la *main line* à Portage-
la-Prairie et suit la direction de la fameuse bande de
terres noires qui part de la rivière Rouge et atteint les
Rocheuses vers le 58° de latitude Nord. Les États-Unis,
dit le *Times,* n'offrent sur aucun point une pareille
étendue de terres arables, et si l'on compare le Pacifique-
Canadien aux grandes voies du *Northern-Pacific* et de
l'*Union-Pacific,* on s'aperçoit que les *bad-lands,* ou
contrées stériles, envahissent beaucoup moins la ligne
canadienne que ses rivales d'Amérique[1].

Tant que notre train côtoie la rivière Qu'Appelle, il
ne s'écarte pas de la zone fertile. A perte de vue se développe la plaine immense, semblable à un océan légèrement ondulé. Le « feu des prairies », qu'allume
une étincelle sortie de la cheminée d'une locomotive ou
du calumet d'un Indien, embrase parfois la surface du
sol, couvrant de larges taches noires les espaces rava-
gés. Au delà se perdent les régions destinées à l'élevage. Nous avons dépassé le pays des cultures et nous
entrons dans celui des *ranches,* énormes troupeaux de
bétail qui se nourrissent de la savane et vivent à l'état
sauvage sous la garde des *cow-boys.* Nous ferons connaissance avec ces sportsmen du Far-West pasteurs,
écuyers, gentlemen et bandits tout à la fois; mais le
train continue sa course, et, dans ce chapitre, nous
nous sommes promis de nous attacher à ses pas; pas
de géant, si l'on veut, car Winnipeg est déjà loin.

Plus de cent stations s'échelonnent sur la ligne avant
d'arriver aux Rocheuses. De toutes ces haltes, plusieurs
seront sacrifiées; mais nombre d'autres se développent.
Nous dépassons Regina, petite capitale d'un bien grand

[1] Plusieurs articles du *Times* viennent d'être réunis dans une
brochure intitulée : *A Canadian tour.*

territoire. Portage-la-Prairie, Brandon, Qu'Appelle, Calgary, sont déjà des villes, et, de ci, de là, des villages se forment.

Sur le plateau du Missouri, rien de semblable jusqu'à présent. La ligne traverse une région sablonneuse, désertée par le buffalo et fréquentée seulement par la poule et le chien de prairie. Les stations ne sont plus que des baraques isolées, où l'employé se nourrit de conserves alimentaires. Les boîtes de Chicago, dernier souvenir des douze mille ouvriers qui construisirent le Pacifique-Canadien, sont semées sur la voie. Mais passons ce désert insipide, dont l'uniformité n'est rompue que par la présence d'un marais, d'une crevasse ouverte par la sécheresse et dégénérant en « coulée » profonde, sous l'influence des pluies torrentielles et de la fonte des neiges. Allons à l'ouest, toujours à l'ouest!

Nous sommes à trois mille cinq cent cinquante kilomètres de Montréal, dans le territoire d'Alberta. Sur la ligne, Calgary; autour de nous, une zone fertile mesurant quatre millions d'acres[1], un second Manitoba, coupé de rivières, peuplé de « réserves », parsemé de *ranches*. Encore cent milles, et voici les Rocheuses. Leurs merveilleux décors font penser aux Pyrénées et aux Alpes. Le troisième pont, jeté sur la *Bow river* (ou rivière de l'Arc), est franchi. Soudain, la vallée se rétrécit, les pics se succèdent, et des gouffres béants s'entr'ouvrent sous la voie. A deux mille mètres au-dessus de nos têtes se dresse le mont Cascade, et près de nous surgissent les sources sulfureuses de Banff. Le mont Stephen, point culminant de la région, dépasse

---

[1] L'acre équivaut à 40 ares 40.

trois mille mètres de haut. Le président de la Compagnie, sir George Stephen, a voulu donner son nom à ce sommet, qui sépare les deux versants du Pacifique et de l'Atlantique. Là surtout, il s'est vu aux prises avec les forces de la nature. Sous sa direction, les ingénieurs ont taillé dans le roc vif une tranchée de cinq cents kilomètres, creusant des tunnels, enjambant des rivières, détournant de leur cours une quinzaine de torrents, ménageant à tout moment des rampes prodigieuses et des courbes inouïes. Honneur à ces audacieux qui ont assuré l'avenir du Canada et découvert au monde une source inépuisable de richesses !

Les obstacles sont franchis, et nous débouchons dans la vallée de la *Colombia river*. Cette entrée pittoresque est déjà fréquentée par de nombreux « prospecteurs », mineurs partis à la conquête d'un gisement argentifère. Comme le Sacramento, le fleuve roule des paillettes d'or ; mais celles-ci, trop rares, « ne payent pas » ; aussi s'adresse-t-on à des métaux plus modestes.

Les mines ne constituent pas l'unique ressource de ce versant. L'élevage, le commerce des bois de construction, l'agriculture, les pêcheries sont autant de richesses que l'avenir réserve aux colons. A cet ensemble s'ajoutent les avantages d'un climat tempéré. Grâce au voisinage d'un *Gulf stream,* la population côtière n'aura pas à supporter des variations atmosphériques comparables à celles que nous avons observées dans l'Est.

Sur le passage de la voie ferrée, nombre de forêts ont été incendiées. La flamme se promène encore dans les cèdres gigantesques qui garnissent les montagnes et bordent les lacs. Le train descend la vallée fertile du Fraser et disparaît dans les *cañons* de la chaîne des

Cascades. Nous touchons au but. Voilà Port-Moody, le terminus du Pacifique-Canadien sur le Grand Océan.

Le trajet total a duré cent trente-six heures ; tandis que, de New-York à San-Francisco, on compte encore six ou sept jours. Ajoutons que des travaux postérieurs permettront à la Compagnie de réaliser une économie de seize heures pour les trains omnibus et de quarante-six heures pour les express. En moins de cinq jours, le *C. P. R.* transportera ses voyageurs d'un océan à l'autre, et le service fonctionnera hiver comme été. Sur tout le parcours, et notamment dans les Rocheuses, des travaux considérables ont eu pour but d'assurer la liberté de la voie et de la garantir contre les avalanches. Profitant des pouvoirs étendus que lui confère la charte de 1881, la Société du Pacifique-Canadien relie sa grande ligne aux ports permanents de la Nouvelle-Écosse. Elle songe à favoriser la création de deux services de steamers, peut-être même à se charger de cette nouvelle entreprise. L'Angleterre et le Dominion y sont trop intéressés pour ne pas prêter aux promoteurs du projet un concours efficace. Les derniers renseignements que nous avons pu recueillir ne font que nous affermir dans cette opinion. Avant la fin de 1888, une « ligne courte » fonctionnera de Montréal à Halifax, en suivant le parcours de l'Intercolonial. Parviendra-t-on à passer le Saint-Laurent? Les directeurs de la Compagnie n'en font pas de doute. Bientôt un chemin de fer franchira le fleuve en amont de la grande ville canadienne. D'aucuns parlent même d'une « traverse » qui mettrait en communication la Pointe-Lévis et Québec[1]. Bref, quinze heures après le débarquement des

---

[1] Voy. à ce sujet le *Paris-Canada* du 8 juillet 1886 et suiv.

steamers à Halifax, le rapide de la « ligne courte » déposera les passagers à Montréal ou les emportera vers l'ouest par le chemin du Pacifique.

Nous avons parlé des steamers. L'organisation d'un service régulier de vapeurs à grande vitesse, sur les deux océans, s'impose comme une conséquence de la construction d'une voie transcontinentale. La première fera la traversée de Liverpool à Halifax et à Québec; la seconde partira de Vancouver et se dirigera sur Yokohama et la Chine. « En fait », disait dernièrement sir George Stephen à un reporter du *Herald,* « le Paci-« fique-Canadien ne sera réellement complet que quand « Hong-kong sera son terminus oriental et Liverpool « son terminus occidental. » Sur les lignes américaines de l'Atlantique, une économie de huit cents kilomètres sera réalisée, économie qui s'accentuera davantage à mesure que nous irons vers l'ouest. A Vancouver, le raccourci sera représenté par le chiffre de onze cent soixante kilomètres; à Yokohama, par celui de quinze cents kilomètres !

Nous basant sur de telles données, nous pouvons prévoir le jour où les steamers de Vancouver feront à ceux de San-Francisco une concurrence sérieuse. Nous n'ignorons pas que la Colombie garde en réserve des provisions indéfinies de charbon, alors que la Californie constate l'épuisement progressif de son bassin houiller. Le trajet étant plus court et les frais moindres, les transports s'effectueront à meilleur marché par le *C. P. R.* Comme sa voisine, le Dominion fera, avec l'Extrême-Orient, le trafic des laines, des cuirs, des céréales, des viandes et du bois; comme elle, il deviendra l'intermédiaire obligé de l'Europe et de l'Asie, et verra son transit augmenter sans cesse.

Si de la colonie nous passons à la métropole, nous remarquons qu'elle aussi tirera de la situation nouvelle un profit marqué. Les malles de Londres seront rendues à Yokohama en vingt-six jours, à Hong-kong en un mois, tandis que, par le canal de Suez, elles mettent actuellement quarante et quarante-quatre jours.

Au point de vue militaire, les avantages sont considérables. L'infanterie peut être transportée en cinq jours et demi d'Halifax à Vancouver; l'artillerie et son matériel, en huit jours. Il est certain qu'au moment où la Grande-Bretagne se trouverait engagée dans une guerre nécessitant le départ de ses troupes pour ses possessions de l'Est, le chemin du Pacifique-Canadien deviendrait sa ligne de communication la plus directe. L'Angleterre, si clairvoyante quand ses intérêts sont en jeu, n'hésitera pas à subventionner les services de steamers réclamés par le Canada. Il nous revient que l'opinion publique à Londres pousse le gouvernement à faire construire pour ce service des bateaux rapides, capables d'être utilisés comme croiseurs[1]. En tout cas, nous pouvons, dès à présent, considérer comme certaine la création d'une double ligne de vapeurs[2].

Plus nous examinons l'œuvre du Pacifique-Canadien,

[1] La *Shipping Gazette* engage le gouvernement à adopter le projet de croiseur proposé, il y a deux ans, par M. Pearce. Ce croiseur, en développant sa puissance, atteindrait une vitesse de vingt et un nœuds.

[2] Le gouvernement anglais vient d'accorder à la Compagnie du Pacifique-Canadien une subvention de 45,000 livres sterling par an, durant dix ans, pour un service de steamers mettant en communication la Colombie, la Chine et le Japon. D'autre part, le gouvernement canadien a voté pour le même objet un subside de 15,000 livres sterling. Cette double subvention assure la création et le succès de la ligne sur l'océan Pacifique. (*Paris-Canada*, n° du 29 septembre 1887.)

plus sa portée nous paraît immense. Une vaste contrée s'ouvre à la colonisation ; les *États-Unis du Nord* sortent du néant et songent à se mesurer avec la République américaine, le régime économique de l'ancien continent se modifie, et le flot des produits du Manitoba et du Nord-Ouest inonde déjà le marché du monde.

Cette perspective, qui réjouit le cœur du Canadien et de l'Anglais, n'est-elle pas de nature à préoccuper le Français ? — Oui, peut-être, si la France persiste à s'isoler et si elle renonce à prendre sa part des richesses du nouveau monde. — « Mais, nous objectera-t-on, en présence des souffrances de notre agriculture et de notre industrie nationales, quel diable vous pousse à développer la production au delà de l'Atlantique ? » — Nous répondrons : Le nouveau monde se développera rapidement et forcément, que la France le veuille ou non. D'autres pays, dont nous sommes les tributaires, s'empresseront d'occuper la bonne place qui nous est réservée. Notre agriculture et notre industrie nationales n'y auront rien gagné. En revanche, nous aurons perdu la partie, pour avoir jeté nos atouts.

S'il ne nous a pas été donné de suivre d'un bout à l'autre la grande voie canadienne, nous avons pu l'examiner du moins sur plusieurs points de son parcours : à Ottawa, à Winnipeg, à Brandon, etc.

Le hasard des voyages nous permit, à Victoria, capitale de la Colombie anglaise, de questionner les ingénieurs qui venaient d'inaugurer la ligne. En nous basant sur les renseignements qu'ils nous fournirent autant et plus que sur nos recherches personnelles, nous avons essayé d'indiquer le tracé du Pacifique-Canadien. Heureux si nous avons réussi à laisser entrevoir le développement progressif de la jeune confédération.

CHAPITRE IX

OTTAWA, CAPITALE DU DOMINION. — SIR ADOLPHE CARON, MINISTRE DE LA MILICE ET DE LA DÉFENSE. — DE L'ORGANISATION MILITAIRE AU CANADA. — BARNUM. — L'ACADIE ET LES ACADIENS.

En quelques heures, le train se rend de Montréal à Ottawa. Cette ville n'était à l'origine qu'un simple avant-poste militaire. Fondée en 1827 par le colonel By, qui l'appela Bytown (ville de By), elle ne prit le nom d'Ottawa qu'en 1854. A cette époque elle recevait le titre de cité. Sa fortune s'accrut rapidement. Nous savons, en effet, qu'Ottawa devint la capitale des Canadas-Unis en 1858 et la capitale de la confédération en 1867.

La ville compte environ trente-cinq mille âmes; elle tire uniquement ses ressources du commerce des bois. Le pittoresque y perd. Des murailles de planches empilées masquent la superbe chute du Rideau et celle de la Chaudière. Deux ponts traversent la rivière des Outaouais et font de Hull et de New-Edimbourg les annexes de la capitale.

Les Canadiens, toujours groupés autour de leurs pasteurs, avancent par masses dans la contrée. Dans la cité et ses faubourgs, les colons d'origine française sont quinze mille; dans l'ensemble de la province d'Ontario, ils sont actuellement cent trente mille, et les statistiques comparées de 1851 à 1881 témoignent qu'en trente années leur nombre a quadruplé[1].

Du chemin de fer, nous avons aperçu les flèches gothiques du Parlement. Cet important édifice, auquel manque la patine du temps, est bâti sur le plateau de Barrack-Hill. Les architectes qui l'ont construit se sont inspirés du palais de Westminster. Une tour centrale sépare la Chambre des communes du Sénat; dans les ailes, sont groupés les ministères. C'est là que nous devons retrouver sir Adolphe Caron. Une carte laissée obligeamment à *Russel House*, notre hôtel, nous avertit, D... et moi, que nous sommes attendus. Nos compagnons se borneront à visiter Ottawa, et reprendront, dans la journée, la route des États-Unis. Demain nous les rejoindrons à Rouse's Point, sur les bords du lac de Champlain, pour rayonner avec eux dans les Adirondacks. Laissons-les s'éloigner et répondons au bienveillant appel du ministre de la milice et de la défense[2].

D'un mot sir Adolphe nous met à l'aise. Dépouillant en notre faveur le personnage officiel, il se plaît à nous rappeler les détails de notre rencontre sur le bateau du Saint-Laurent. Nous lui contons notre course à la pointe Bleue, l'hospitalité cordiale du « Père des Sauvages », l'accueil de l'habitant. « Tant de témoi-
« gnages de sympathie, — lui dis-je, — nous touchent
« profondément. Ils nous décideront, sans doute, à
« gagner le Manitoba. Avant un mois, nous serons à

---

[1] En 1851, le nombre des Canadiens-Français dans Ontario était de 24,417; en 1881, de 105,032.

[2] Ce ministre n'appartient pas à l'armée C'est un homme politique, chargé de soutenir devant les Chambres les intérêts de son département ministériel.

« Saint-Paul, sur le chemin de Winnipeg. — Quitter
« le Canada sans jeter un coup d'œil sur son grenier
« d'abondance, — répond le ministre, — serait tron-
« quer à plaisir tout un voyage. L'évêque de Saint-
« Boniface et le lieutenant-gouverneur sont de mes
« amis. Ils vous faciliteront votre course, et vous re-
« viendrez satisfaits. » Satisfaits, comment ne le serions-
nous pas? Munis d'une dizaine de lettres qui nous recommandent aux autorités de la province, nous ferons, à
coup sûr, une pointe intéressante dans le pays des métis.

Tandis que nous devisons, un employé vient annoncer plusieurs officiers. Il paraît que nous pouvons
rester sans indiscrétion. Le secrétaire d'État aborde
les nouveaux venus en anglais, sans familiarité et sans
hauteur. L'entretien terminé, sir Adolphe nous donne
rendez-vous sur le terrain de manœuvre, et nous
confie aux bons soins de son secrétaire. Les honorables
sont en vacances; ils se préparent à la lutte que suscitera fatalement la rébellion des métis. J'imagine qu'à
Ottawa les séances se passent comme à Londres. La
disposition intérieure du Sénat et de la Chambre des
communes me fait penser à l'aménagement des Chambres anglaises. Si j'en crois notre mentor, le Dominion
emprunte à la métropole ses procédés de discussion et
son organisation des partis.

Trop souvent les polémistes bornent leurs prétentions à réclamer une substitution de personnes : X... est
au ministère et donne des emplois à ses amis ; mais
les amis de Z... surveillent le ministère et le renverse-
ront peut-être pour arriver aux affaires. Cette chasse aux
places a des inconvénients analogues à ceux que nous
avons remarqués dans le vieux monde. A ce point de
vue, le Canada n'est pas mieux partagé que la France.

Au contraire, si nous considérons l'organisation des partis, nous remarquons entre le Canada et la France des différences fondamentales, toutes à l'avantage du premier. — Au Canada, jamais les violents n'ont songé à renverser la société; jamais l'opposition n'a mis en question le principe même du gouvernement. Cela tient à ce que l'on n'a pas, comme chez nous, passé par une série de révolutions successives qui ont rendu la révolution permanente. D'autre part, les partis ne se subdivisent pas à Ottawa comme ils le font à Paris. Dans notre Parlement, la droite et la gauche se fractionnent trop souvent en cinq ou six catégories, possédant chacune un programme particulier. J'y vois des républicains conservateurs, des opportunistes, des radicaux, des intransigeants. J'y vois des royalistes, des bonapartistes, et dans chaque groupe j'aperçois des nuances diverses. Au Canada, les partis, dirigés exclusivement par les *leaders*, obéissent au mot d'ordre et forment dans l'Assemblée deux camps distincts. Qui se dit de la droite défend le cabinet; qui se dit de la gauche lui fait échec sans merci. Souvent cette division repose sur des divergences insaisissables. Mais les camps n'en sont pas moins nettement définis.

De la situation tranchée des partis résultent de sérieux avantages. Droites et gauches peuvent se compter et compter aussi le nombre de leurs adversaires. Dès lors, plus de défection dans les camps, plus de morcellement, plus de surprise. On agit au grand jour; on joue cartes sur table. L'opinion publique s'éclaire et se fixe. Soumis à ce juge suprême, respectueux de ses tendances, fort de son appui, le gouvernement acquiert une autorité qu'il serait puéril de lui contester; il travaille sans à-coup au bonheur du pays.

Tout en causant, nous arrivons à la Bibliothèque.
Elle occupe, derrière la tour centrale, une vaste salle
surmontée d'une coupole. Des centaines de rayons
couvrent les murs. Cependant, qui pourra remplacer
les vingt mille volumes disparus dans l'incendie du
parlement de Montréal, le 26 avril 1849? Le biblio-
thécaire actuel du Parlement fédéral, M. Sylvain, nous
fait de cette journée, dont nous avons déjà parlé, une
peinture émouvante [1]. Nous devons à l'amabilité de ce
Canadien-Français plusieurs brochures intéressantes.
Jointes à la caisse de livres que nous envoie le ministre, elles forment une petite collection, précieuse pour
nous à plus d'un titre.

Nous passerons notre après-midi sur le terrain de
manœuvre, où sont réunis les miliciens de la région.
En attendant l'heure du rendez-vous, je parcours le
« rapport du ministère de la milice et de la défense
pour l'année 1884 ». Les détails que j'y rencontre et
les renseignements que je tiens directement de sir
Adolphe me permettent de consigner quelques notes
sur l'organisation militaire du Dominion.

La milice se compose de volontaires et se divise en
milice active et en milice de réserve. Quarante mille
hommes forment la première, quand l'effectif est au
complet (en fait, elle n'en compte aujourd'hui que
trente-deux mille) ; soixante mille sont compris dans
la seconde. On sait que l'Angleterre a retiré ses troupes du Canada, et que son armée n'est plus représentée
que par un régiment tenant garnison à Halifax, en
Nouvelle-Écosse. Laissant à sa colonie le soin de se

-----

[1] Voir chapitre v, page 79 *in fine.*

défendre, la Couronne lui permet de développer son initiative et réalise, du même coup, une économie considérable. Inutile d'ajouter que le jour où le Dominion se verrait envahi, les bataillons de la Reine lui apporteraient un généreux concours. De son côté, le gouvernement d'Ottawa, lors des difficultés survenues entre la Grande-Bretagne et la Russie, fit à la première ses offres de service. Métropole et colonie opèrent chacune dans leur sphère propre et paraissent décidées, le cas échéant, à se prêter un mutuel appui.

L'armée n'est d'ailleurs qu'en formation au Canada. Jusqu'ici, le pays ne pouvait disposer de forces suffisantes pour faire respecter sa frontière, et la population, dirigée du côté des affaires, sentait peu la nécessité de se prémunir contre les empiétements des États-Unis.

Au point de vue du recrutement et des appels, la Puissance se divise en quatorze districts, dont trois dans la province de Québec, quatre dans la province d'Ontario, etc.

La milice active est habillée, équipée, prête à entrer en campagne. Elle possède des fusils nouveau modèle et se réunit tous les deux ans pour une période d'exercice de douze jours. Le soldat reçoit un prêt quotidien s'élevant souvent à une piastre (cinq francs), ce qui fait de lui, comparé à notre troupier, un petit Crésus.

Le budget de la guerre ne s'élevait, en 1883, qu'à 772,811 piastres, soit une contribution de 0 fr. 93 centimes par habitant, tandis qu'en France, la même année, tout citoyen supportait, de ce fait, une charge de 22 fr. 32 centimes. Rapprochés les uns des autres, ces chiffres n'ont besoin d'aucun commentaire. Depuis cette époque, les crédits votés par le Parlement fédéral, pour le département de la milice, accusent une augmentation sensible dans les dépenses. C'est ainsi que, dès 1884, ce budget fut fixé à 1,051,583 piastres. Des innovations importantes, amenées dans l'organisation militaire, correspondent à cet accroissement; elles introduisent dans l'armée un élément nouveau et modifient la situation du Canada, d'une façon telle, que nous croyons utile de nous y arrêter un instant.

A côté de la milice fonctionnent des écoles d'instruction militaire et un collége royal de cadets.

Les premières, de création toute récente, comprennent deux écoles d'artillerie, formant deux batteries modèles, une école de cavalerie et trois écoles d'infanterie. Un projet tend à établir à Winnipeg une école d'«infanterie montée» sur le type adopté par l'Angleterre, pendant l'expédition d'Egypte. Les distances qu'il faut parcourir dans le Nord-Ouest pour atteindre les tribus révoltées nécessitaient la création d'un corps facile à déplacer. Il est également décidé qu'une nouvelle école d'artillerie sera fondée dans la Colombie anglaise, sans doute à Havre-à-Charbon, terminus de la ligne du Pacifique-Canadien.

On peut, dès à présent, se rendre compte qu'il ne s'agit pas ici d'écoles ordinaires, mais de batteries, d'escadrons, de bataillons modèles, formant un véritable noyau d'armée permanente. L'habitant donne déjà à cet effectif de deux mille hommes le nom d'active. Ces troupes sont parfaitement exercées; des chefs distingués les commandent et impriment aux études militaires une impulsion que constatait dernièrement, en des termes fort élogieux, le gouverneur général.

Les élèves contractent, à leur entrée dans les écoles régimentaires, un engagement de trois années, passées effectivement sous les drapeaux. Au cours de leur instruction, ils reçoivent des grades, et, leur service terminé, ils obtiennent, après examen, un certificat d'aptitude, les rendant propres à remplir dans la milice les fonctions d'officier et de sous-officier.

Du certificat, nous distinguons le brevet. Seul, le brevet confère le titre d'officier, mais il est de règle qu'un officier ne peut être promu qu'après avoir obtenu le certificat ci-dessus mentionné. Cette disposition des règlements militaires n'est pas sans analogie avec ce qui se passe en France pour les engagés conditionnels d'un an, versés dans la réserve.

Les cadres fournissent un service annuel de douze jours. En dehors des appels, personne n'est commissionné, et chacun est libre de remplir des emplois civils. Grâce au dévouement et au bon vouloir des hommes, à l'intelligence des chefs, la conduite de la milice pendant la période mouvementée de 1884-1885 a dépassé toute attente. Il est vrai qu'avant la mobilisation de cette armée de soutien, rassemblée dans les différentes provinces, le gouvernement avait dirigé sur le théâtre de l'insurrection le personnel de ses écoles régimentaires.

Nous avons signalé, parallèlement aux écoles d'instruction militaire, le collége royal des cadets. Son siége est à Kingston, et ses attributions tiennent à la fois de Saint-Cyr et de notre École polytechnique.

« Je l'ai inspecté avec le plus grand soin », écrit le général Middleton, « et je suis convaincu qu'il existe « en Europe peu d'institutions de ce genre qui puis- « sent lui être comparées. L'éducation qu'on y reçoit « est très-élevée, et, grâce à la durée des cours que « suivent les cadets (ce cours est de quatre ans), l'in- « struction qu'ils acquièrent est complète et de nature

« à les rendre aptes à occuper toutes les positions,
« même celle d'ingénieur des mines. En un mot, ce
« collége combine tous les avantages d'un collége
« civil avec ceux que l'on peut obtenir des écoles mili-
« taires. »

Soixante-dix élèves en suivent actuellement les
cours. Tous les ans, quatre d'entre eux reçoivent une
commission dans l'armée impériale. Parmi ces derniers, plusieurs se contentent d'un stage en Angleterre
et reprennent du service dans la milice.

Le collége royal, si fécond en heureux résultats, n'a
pas été fondé sans soulever de nombreuses protestations. On semblait persuadé que cette institution avait
pour but unique de fournir des officiers à la milice,
que, par suite, elle allait au delà des besoins du pays.
La pratique a déjà prouvé que la présence de ces chefs
d'élite rehaussait, dans les corps, le niveau de l'instruction. Il est d'ailleurs certain que beaucoup d'entre
eux embrasseront définitivement la carrière des armes,
en servant dans les cadres d'une armée permanente
en voie de formation. La défiance qu'avait apportée
l'opinion dans cette question s'étendit à la création
des écoles régimentaires. La majorité anglaise du
Parlement fédéral voyait, par ce fait, le monopole des
grades lui échapper. Elle en appela à la Couronne, qui
refusa d'intervenir. Cédant à de justes préoccupations
et travaillant dans l'intérêt public, sir Adolphe Caron
organise et réforme. Depuis sept ans qu'il est à la
tête du ministère, son département a changé d'aspect.
De nombreux Canadiens-Français servent aujourd'hui
comme officiers dans la milice ; d'autres poursuivent
avec succès leurs études au collége royal de Kingston.
L'armée y gagne en autorité et en puissance, le pays

en autonomie. Avant peu, le développement de l'active mettra le *Dominion* en mesure de faire respecter ses droits. Grandissant sous la tutelle de l'Angleterre, l'enfant adoptif arrive à l'âge de l'émancipation, et sa métropole lui accorde l'initiative qu'il réclame. Grâce à cette latitude, la Grande-Bretagne évitera les conflits qui, au siècle dernier, aboutirent à la guerre de l'Indépendance. Elle ne s'est pas roidie en présence de nécessités résultant d'une situation nouvelle; elle a profité des leçons du passé. L'œuvre de l'affranchissement s'accomplit pour le plus grand bien du Canada, pour la plus grande gloire de la vieille Angleterre.

Maintenant que nous avons sur l'organisation militaire du Canada une idée d'ensemble, allons au rendez-vous que nous a donné le ministre.

Avant de renvoyer dans leurs foyers les miliciens de la région, venus pour accomplir une période d'exercice, Son Excellence le marquis de Lansdowne, gouverneur général, procède à la distribution des récompenses. Un cordon de troupes décrit, sur le terrain de manœuvre, un cercle où le public n'a pas accès. Par une faveur spéciale nous y sommes introduits. Au centre, se tient le marquis de Lansdowne, assisté de sir A. Caron et du major général Middleton[1]; derrière lui le corps des officiers; en face sur deux rangs, les soldats désignés à l'attention de leur chef. Les troupiers ne sont pas tous rompus au métier des armes, c'est visible.

L'appel nominal commence. Les uns reçoivent des médailles, d'autres des coupes, ornées, nous dit quelqu'un, d'une « notice explicative ». Suivant un

---

[1] Le major général est « prêté » par la Reine au Canada. Il appartient à l'armée anglaise; mais il est à la solde et au service du gouvernement fédéral.

usage anglais, des primes en argent sont jointes aux cadeaux. Les paroles élogieuses qui accompagnent la distribution des récompenses en rehaussent le prix. Je vois un milicien fondre en larmes quand le major général le félicite de sa belle conduite dans le Nord-Ouest. L'attitude énergique du chef n'exclut pas la bonhomie. Il sait toucher la corde sensible, et nous concevons sans peine qu'il ait pu conquérir l'affection du soldat. Comme tout homme en vue, Middleton a ses partisans et ses détracteurs. L'opposition lui reproche de vouloir se faire « sirer » par la Reine.

Une allocution du gouverneur général clôt la cérémonie. Sobre de gestes, l'orateur conserve, sans jamais s'en départir, une correction rigoureuse. Dans ses discours, comme dans sa conduite, il apporte l'autorité et le prestige qui conviennent à un représentant de la Couronne. En politique, il limite son action aux prérogatives d'un souverain constitutionnel. Au cabinet appartient la direction des affaires. Le « discours du Trône » prononcé par le gouverneur général est en réalité composé par le premier ministre[1]. Nous devons constater que, depuis l'administration de lord Elgin, l'Angleterre a été particulièrement heureuse dans le choix qu'elle fit de ses représentants. Digne continuateur de la politique adoptée par lord Dufferin et le marquis de Lorne, le marquis de Lansdowne, qui tient à la France par sa mère, sert avec zèle les intérêts du Canada. Bien qu'investi de ses hautes fonctions depuis peu de temps, il a déjà parcouru la plupart des im-

---

[1] Au lendemain des événements sanglants du Nord-Ouest, le marquis de Lansdowne, d'accord avec sir John Macdonald, son premier ministre, ouvrit la session du Parlement fédéral, le 25 février 1886, par un discours du Trône aussi sage que politique.

menses territoires placés sous son sceptre. Il nous a devancés au lac Saint-Jean; il s'est mis directement en rapport avec les métis du Manitoba; il suit avec un soin spécial les progrès du Pacifique-Canadien. Ajoutons que le gouverneur général parle purement notre langue. C'est en français qu'il nous adresse la parole, quand nous lui sommes présentés. L'homme nous plaît autant que le personnage. Courtois à la façon des grands seigneurs, il nous laisse sous le charme de son aimable entretien.

Si la journée a été consacrée aux choses sérieuses, les divertissements les plus fantaisistes absorbent la soirée.

Qui n'a pas vu Barnum n'a rien vu. Mais qui n'a pas vu Barnum, sur le nouveau continent? Le directeur du cirque monstre encombre les gazettes de ses réclames stupéfiantes. Cet homme populaire promène son hippodrome dans les deux Amériques. S'il ne redoutait pas le mal de mer pour ses félins, il passerait l'Atlantique; il éblouirait Paris; il humilierait les pensionnaires du dompteur Bidel et *Mossieu* Loyal lui-même, au cirque des Champs-Élysées. On s'imagine l'allégresse d'Ottawa au moment de notre passage. La capitale a tous les honneurs, même celui de posséder Barnum.

Les guichets vont s'ouvrir, et la troupe défile, à la manière des quadrilles espagnoles. Un bataillon de hallebardiers, de mousquetaires, de palefreniers, de clowns; un escadron d'amazones et d'écuyers; un convoi de chars étincelants; une ménagerie roulante, etc., parcourent, musique en tête, les quartiers fréquentés. Ils sont mille, sans compter les animaux, nous dit l'affiche, et sous la tente, toujours d'après l'affiche, quinze mille spectateurs peuvent admirer à l'aise la huitième merveille du monde!

A l'entrée, nous voyons le dernier des Aztèques, vilain petit monstre représentant assez tristement la race qui civilisa le Mexique. Autour de lui, des femmes géantes ou à barbe, des hommes caoutchouc, des singes apprivoisés. Dans l'arène, les chevaux passagent et les paillasses pirouettent. Six chameaux font une course d'obstacles, et vingt-huit éléphants, dressés en liberté, déploient leurs grâces devant le Grand Public! Nous remarquons l'éléphant blanc, dieu de l'Inde, et le célèbre Jumbo, autre pachyderme de la taille d'un mammouth.

Jumbo, très-applaudi, assiste à son dernier triomphe. A peine avons-nous franchi la frontière, que les feuilles de New-York nous apprennent sa fin tragique. « L'infortuné colosse s'était aventuré sur une voie dépourvue de barrières. Uu train qui passait l'écrasa. » Du déraillement et du sort des voyageurs, y eût-il mort d'hommes, il va sans dire que personne ne s'inquiète; mais la presse tout entière, s'associant au deuil de Barnum, jette des poignées d'immortelles sur la tombe entr'ouverte de Jumbo!

Le 6, nous partons d'Ottawa, pour nous diriger sur les États-Unis, *viâ* Montréal. Jusqu'à cette ville, nous voyageons en compagnie de sir A. Caron; quand je le remercie, une dernière fois, de toutes ses marques de bienveillance, il me répond: — « C'est le moins que je puisse faire pour un de mes petits-cousins de France. »

Grâce au *cousin*, que je quitte, je ne dis pas adieu aux Français d'Amérique. Dans un mois nous serons au Manitoba, et nous visiterons les paroisses canadiennes groupées autour de Winnipeg.

Trop limités par le temps, nous avons négligé les Provinces Maritimes. Je ne dissimule pas le regret que j'en éprouve. Dans ce groupe de possessions anglaises, rattachées au Dominion, on rencontre d'autres Français : les Acadiens. Ils n'ont pas, comme les Canadiens, conservé un clergé national capable de garder intactes les institutions et la langue du Vieux Pays. Trop pauvres, trop isolés, trop faibles, ils ont été terrassés. Un moment, on aurait pu les croire anéantis. Les gouverneurs anglais ont fait triste besogne sur cette terre lointaine. Ils sont devenus criminels, comme le devint Catherine de Médicis au jour de la Saint-Barthélemy, comme le devint Procida à l'heure des Vêpres Siciliennes.

Il convient, à cette place, de retracer le drame peu connu de 1755, et d'abord de dire ce qu'on entend par Acadie et ce que furent les Acadiens. L'histoire de cette ancienne colonie française touche de bien près à l'histoire de la Nouvelle-France. Les races belligérantes sont les mêmes, et les mêmes intérêts sont en jeu. Qu'on ne s'étonne donc pas si, dans le cours de ce récit, nous revenons sur des remarques que nous a déjà suggérées la conduite des deux pays d'origine, quand nous parlions du Canada.

Lorsqu'un bateau venant de Terre-Neuve pénètre dans le golfe Saint-Laurent, il a à sa gauche l'île du Cap Breton, les îles de la Madeleine et l'île du Prince Édouard. Plus bas se trouve la Nouvelle-Écosse. Cette presqu'île formait autrefois l'Acadie proprement dite.

Quant aux Acadiens, ils se répandirent progressivement dans les îles du golfe et sur le territoire occupé aujourd'hui par le Nouveau-Brunswick et l'État du Maine. Compris entre les mêmes parallèles que la Belgique, la Grande-Bretagne et la France, ce pays appartient à une zone tempérée.

C'est en 1603, sous le règne de Henri IV, qu'un huguenot, Pierre de Monts, nommé gouverneur des *Terres Neufves*, c'est-à-dire des possessions françaises de l'Amérique du Nord, fonda notre premier établissement d'Acadie. Sa flotte se composait de quatre navires. Laissant deux de ses bateaux s'enfoncer dans le Saint-Laurent pour y faire le commerce des fourrures, il longea la côte américaine et jeta sur la baie Française (baie de Fundy) les assises de la ville de Port-Royal (Annapolis). Le sieur de Poutrincourt, compagnon d'armes de Pierre de Monts et appartenant, comme lui, à la religion réformée, lui succéda au gouvernement de la côlonie naissante, à laquelle il consacra les douze dernières années de sa vie. Par ses soins, des immigrants, la plupart protestants, arrivaient du Béarn et de la Saintonge sur la baie Française. De leur côté, les Jésuites créaient, non loin de Port-Royal, le bourg de Saint-Sauveur.

Tant d'activité inquiétait les colons anglais. Nous les avions devancés au Nouveau Monde, et nous occupions déjà l'Acadie, quand, en 1606, ils fondèrent leur première colonie américaine sur les côtes de la Virginie. Telles étaient cependant leurs prétentions, qu'ils revendiquaient la propriété de toute la région située au dessous du 45° de latitude nord. Le roi d'Angleterre, trop intéressé à se ménager l'amitié de la France, ne contestait pas nos droits. La Nouvelle-Angleterre, seule,

s'insurgeait contre ce qu'elle appelait les « empiétements » de nos nationaux dans le nouveau continent.

Nous pouvons remarquer que déjà, à cette époque,
la race anglo-saxonne, cédant à un besoin impérieux
d'expansion, émigre vers les contrées lointaines, qu'elle
s'y répand, qu'elle s'y fixe et qu'elle s'efforce d'en
chasser le premier occupant. Elle ambitionne l'empire
des mers. Pour satisfaire cette ambition, tous les
moyens lui sont bons.

Toujours la France a devancé l'Angleterre dans la
conquête du monde. Toujours l'Angleterre a tiré parti
des conquêtes faites par la France. Nous sommes che-
valeresques, hardis, aventureux; nous allons au loin;
mais nous revenons au lancé. Nos voisins d'outre-Man-
che ne sont pas de ceux qui précèdent; ils suivent volontiers les sentiers battus; ils s'implantent dans les
pays parcourus; ils y demeurent. Nous avons l'honneur; ils ont le profit. L'honneur nous commande de
ne pas agir par des voies détournées, de ne pas surprendre notre adversaire inopinément, de ne pas
entrer en campagne sans déclarer la guerre. Pour qui
cherche le bénéfice, ces obligations morales sont autant
de scrupules toujours superflus, souvent dangereux.
Avertir son ennemi qu'il ait à se préparer à la lutte, à
rassembler ses forces, à défendre ses établissements,
c'est, à coup sûr, de la bonne gentilhommerie, mais
un détestable calcul. Fi donc! Les Anglo-Saxons de
1613 ne donneront pas dans ce travers. Ils équiperont
une flottille, ils s'avanceront, en pleine paix, dans la
baie Française, ils s'empareront à l'improviste du
petit fort de Saint-Sauveur et d'un navire qui est à l'ancre; ils brûleront le bourg et ils feront prisonniers de
malheureux colons, qu'ils considéreront comme pira-

tes, pour les besoins de la cause. La même année, à l'époque des moissons, ils dirigeront une nouvelle expédition contre Port-Royal, et, profitant d'un séjour forcé du sieur de Poutrincourt en Europe, ils pénétreront dans la ville, qu'ils livreront aux flammes !

Ces attentats ne sont que le prélude des actes de sauvagerie qui se commettront dans la suite.

Durant la période de cent années qui va de 1613 au traité d'Utrecht, l'Acadie devient le théâtre de luttes continuelles. Ces luttes prennent un caractère implacable à l'avénement de Cromwell. Un duel s'engage entre les deux nations rivales. Longtemps nous luttons avec avantage contre les Anglais. Trois fois, nous dictons nos conditions à l'Europe coalisée. Un jour cependant, quand les prétendants se disputent la succession au trône d'Espagne, l'étoile du grand roi pâlit et la querelle se termine par la perte de l'Acadie[1].

Tour à tour prise et reprise, notre colonie nous est successivement restituée, — en 1632, par le traité de Saint-Germain en Laye, — en 1667, par le traité de Bréda,— en 1697, par le traité de Ryswick. Nos armes sont partout victorieuses ; nos généraux, sur toutes nos frontières, se couvrent de gloire ; mais nos colons, peu soutenus par l'immigration, délaissés par la mère patrie, ne se maintiennent dans leurs possessions que par des prodiges de valeur. Plus encore que les Canadiens, ils ont besoin d'être secourus. La Nouvelle-Angleterre, une puissance de deux cent mille âmes, harcelle sans relâche ce pays frontière, qui compte, tout compris, un millier d'habitants. C'est là, peut-être, un nombre trop

---

[1] Rameau, *Une colonie féodale en Amérique.*

infime, une quantité négligeable ?... Mais, si faible qu'il soit, ce petit peuple détient un trésor ; il accomplit des prodiges, dans une colonie pleine d'avenir, où il a planté le drapeau de la France.

Au commencement du dix-huitième siècle, le sort de l'Acadie, loin de s'améliorer, s'aggrave. Deux cents soldats seulement ont mission de veiller sur la sécurité du territoire. Dans la lutte suprême qui s'engage, la couronne, paraît-il, ne peut s'imposer un sacrifice plus lourd. Malgré cet abandon manifeste, les Acadiens s'apprêtent à combattre. Tous les hommes valides prennent les armes, entraînant à leur suite les tribus indiennes des Micmacs et des Abenakis.

Le 6 juin 1707, une flotte de vingt-cinq navires, partie de Boston, attaque Port-Royal. M. de Subercase, qui commande la place, soutient le choc et manœuvre de telle sorte que, douze jours plus tard, les Anglais gagnent le large après avoir perdu, dans un dernier assaut, une centaine des leurs. En septembre, nouvelle expédition, nouveau désastre de la flotte anglaise. La Grande-Bretagne s'en émeut, et la reine Anne lance une escadre contre nous (1710). Trois mille quatre cents soldats assiégent Port-Royal. Cette fois, c'en est fait, et cependant il faut encore dix-neuf jours d'un combat acharné pour donner aux assiégés le coup de grâce. Le 13 octobre, Subercase capitule. Par le traité d'Utrecht, signé le 11 avril 1713, Louis XIV abandonna à l'Angleterre la baie d'Hudson, Terre-Neuve et la presqu'île d'Acadie.

Au lendemain de la conquête, les Acadiens, n'ayant plus à redouter les horreurs de l'invasion, vivent paisiblement sur leurs terres. Ils n'ont qu'une seule préoccupation : n'être jamais appelés à porter les armes contre la France. Sous cette réserve que leur neutralité sera respectée, ils consentent à prêter à l'Angleterre le serment d'allégeance; par ce serment, ils s'engagent à demeurer les fidèles sujets de Sa Majesté Britannique.

Grâce à cette attitude, la Nouvelle-Écosse (ainsi s'appellera désormais l'Acadie) entre dans une ère de prospérité qu'elle n'a pas encore connue. En 1710, les Acadiens étaient deux mille; en 1739, ils atteignent le chiffre de huit mille. Cet accroissement imprévu inquiète les maîtres du pays, qui voient avec dépit ces « Français neutres » développer leur influence. Sans plus tarder, la Grande-Bretagne dirige sur la colonie la masse de ses émigrants. Dans la seule année 1749, deux mille cinq cents Anglais débarquent à Chibouctou, et la ville d'Halifax, la future capitale de la province, sort de terre tout armée. Un fort se dresse à l'entrée de la rade, prêt à recevoir l'importante garnison que la métropole lui réserve. On voit que George II de Hanovre ne partage pas les idées de Colbert sur l' « émigration graduelle ».

Les Acadiens comprennent le danger que court leur nationalité. Un tiers de la population déserte et gagne la Nouvelle-France. Les deux autres tiers, confiant encore dans le respect du droit des gens, se résignent à vivre sur le territoire qu'ils tiennent de leurs ancêtres et qui prospère entre leurs mains. Mais voilà que des proclamations, lancées aux quatre coins de la presqu'île, convoquent nos anciens colons dans leurs temples pour le dimanche 5 septembre 1755. De tous côtés ils accourent, répondant à un appel qu'ils croient émaner du clergé. Les prêtres, fidèles au rendez-vous, sont au milieu de leurs ouailles. Soudain, des troupes environnent la foule et s'emparent des personnes. Ainsi l'ordonne le gouverneur. Les mères sont séparées de leurs enfants, les maris de leurs femmes. Pêle-mêle, ils sont traînés à bord des navires, qui les attendent, pour emporter ceux-ci en Nouvelle-Angleterre, ceux-là dans des colonies plus éloignées, d'autres enfin sur les côtes des îles Britanniques. Six mille infortunés sont poussés par les flots ; et quel accueil attend ces malheureux dans les régions ignorées où la haine du vainqueur les condamne à végéter et à mourir ! Ceux qui ont pu se soustraire aux recherches des soldats lancés à leur poursuite errent à l'aventure dans les bois. Les maisons, les récoltes, les cultures sont détruites. La désolation et la ruine planent sur les propriétés acadiennes, qu'un ordre du gouverneur déclare confisquées.

Longfellow, le poëte américain, a pris dans ce drame le sujet de son *Évangéline*. Évangéline, arrachée des bras de Gabriel, le demande à tous les échos et finit, après mille péripéties, par le trouver sur son lit de mort. De cette œuvre d'imagination, rapprochons une touchante anecdote recueillie par un prêtre canadien, M. Casgrain. L'intrigue est la même ; le dénoûment seul diffère.

Un jeune Acadien de dix-huit ans, Étienne Herbert, qui habitait le vallon de Petit-Ruisseau, fut, le 5 septembre, cerné dans l'église paroissiale de Grand-Pré et conduit à Philadelphie. De ses trois frères, l'aîné avait été jeté dans le Massachusetts, le second dans le Maryland, le dernier en Virginie. Un officier anglais avait pris notre homme à son service, mais celui-ci parvint à s'évader et à gagner le Saint-Laurent. N'y trouvant pas ses frères au lieu où il leur avait donné rendez-vous,

Étienne reprit, en plein hiver, le chemin de la Nouvelle-Angleterre. Il savait mieux que personne chausser la raquette et battre les bois. De longs mois se passèrent en recherches vaines, mais l'énergie du jeune homme devait triompher des obstacles. Il retrouva ses frères à Baltimore et à Worcester ; puis tous quatre longèrent la côte pour remonter au Canada. Une concession leur fut accordée aux environs de Québec. Ils s'y installaient, quand Étienne apprit que sa fiancée, Josephte Babin, s'était réfugiée dans la ville. « Malgré « une longue séparation, poursuit M. Casgrain, Jo- « sephte ne l'avait pas oublié. Hébert, de son côté, lui « était resté fidèle. Ils pleurèrent longtemps au souve- « nir de Grand-Pré, au souvenir de tant de parents et « d'amis morts ou disparus. Peu de jours après, ils « étaient unis, pour ne plus se séparer. »

Les quatre frères sont devenus la souche de nombreuses familles répandues sur le Saint-Laurent. Huit de ces familles, établies aujourd'hui dans la paroisse de Saint-Grégoire, portent encore le nom d'Hébert.

Ceux des Acadiens qui réussirent à gagner le Canada y reçurent un accueil chaleureux. Par malheur, ils étaient l'exception. Leurs compatriotes, privés de leurs plus chères affections, traînaient une existence misérable. Si les Carolines et la Géorgie ont parfois témoigné de leur compassion aux bannis, les États américains du Nord les ont abreuvés d'outrages. Dans la Pensylvanie, une partie de la population proposait de vendre ces déportés comme esclaves. Dans la Virginie, le colon refusait de les recueillir ; dans le Massachusetts, les autorités poursuivaient à outrance l'œuvre de la dispersion. La crise passée, quelques Acadiens tentèrent de rentrer dans leurs foyers ; ils tombèrent sous le coup de lois draconiennes. Lawrence, gouverneur de la Nouvelle-Écosse, envoya, le 9 avril 1756, l'ordre suivant au commandant des milices anglaises [1] : « Vous « êtes enjoint, par les présentes, de jeter l'ancre au « cap Sable, d'y débarquer avec vos troupes, d'y saisir « et d'emmener à Boston tous les habitants que vous « pourrez atteindre. En tout cas, vous devrez détruire « et brûler toutes les maisons, charger sur vos navires « les mobiliers et les troupeaux de toute espèce. Vous « ferez une distribution de ces richesses à vos troupes, « en récompense de ce service. Vous réduirez en cen- « dres tout ce que vous ne pourrez pas emporter. »

Voilà ce qui s'écrivait et s'exécutait, sept mois après la dispersion. Et quel était le grand reproche adressé par les gouverneurs aux proscrits? Belcher, successeur de Lawrence, le formule dans une requête au roi George II. « Ces ingrats, dit-il ingénument, ne goûtent pas la mansuétude et la douceur du régime anglais (*the lenity and the sweets of the english govern- ment*). »

A vrai dire, la Couronne ne recommandait pas de pareilles mesures, mais elle en acceptait les consé- quences. C'est seulement en 1768, sous la direction de Michael Franklin, que les autorités de la Nouvelle- Écosse revinrent à une politique plus humaine. Encore fallait-il compter avec la malveillance des fonction- naires dans toutes les branches de l'administration.

Peu à peu, les Acadiens qui avaient échappé aux poursuites se groupèrent, qui dans les îles du golfe Saint-Laurent, qui sur les bords de la baie de Fundy.

[1] Voy. Archives de la Nouvelle-Écosse.

De paroisses, il ne pouvait être question. M. Bailly, prêtre canadien, reçut l'autorisation d'« évangéliser » ce qui restait de catholiques, et par ses soins se forma une « mission de plus de cinq cents lieues de tour ». Dans une lettre qu'écrivait, le 24 avril 1771, le missionnaire à son évêque, nous relevons ce passage :

« Tout paraît opposé, dans le gouvernement, à la
« pluralité des missionnaires catholiques, et cette
« opposition vient toute des presbytériens et des gens
« de la Nouvelle-Angleterre... C'est tout ce que je puis
« faire que de me maintenir en Nouvelle-Écosse. Je ne
« suis que faiblement toléré. Les mariages m'ont été
« permis, mais non comme conformes aux lois...
« Pour les terres, les Acadiens peuvent en avoir, mais
« à un si haut prix, qu'il n'y a rien de pareil au Ca-
« nada... Il faut qu'une famille catholique soit placée
« entre deux familles protestantes. Ainsi, vous voyez
« que les Acadiens ne peuvent être que très-pauvres :
« la pêche, la chasse, couper du bois, voilà leur
« vie. »

Une population décimée, dépossédée de ses biens, reléguée sur des plages arides, privée de son clergé, de ses protecteurs naturels, de ses forces vives, maintenue systématiquement dans une ignorance absolue, — une telle population ne pouvait développer son initiative et prendre une part effective dans la conduite des affaires publiques. L'Angleterre a fait le vide sur le territoire de l'ancienne Acadie, comme elle a fait le vide en Irlande. C'est miracle que, après de telles épreuves, le cœur n'ait pas été compromis, que la vieille langue maternelle ait survécu vaille que vaille, que le sentiment religieux et le sentiment national fassent encore tressaillir l'âme de ces dépouillés, vilipendés et honnis.

En 1775, quatre cents familles acadiennes ont pu se reformer dans leur pays d'origine. Leurs descendants sont aujourd'hui cent dix mille. Cinquante-huit mille vivent dans le Nouveau-Brunswick, quarante mille dans la Nouvelle-Écosse, douze mille dans l'île du Prince Édouard [1].

Dans ces provinces du Dominion, des paroisses se développent, des écoles françaises se créent, un *Moniteur acadien* se publie et fait savoir aux pêcheurs de la côte qu'ils sont légion.

L'œuvre de la reconstitution n'est qu'à son début; mais déjà nous pouvons prévoir le moment où les « Français neutres », ressuscités à l'état de parti, se concerteront, se compteront et, d'accord avec les Canadiens, enverront des représentants de leur race au Parlement fédéral d'Ottawa.

[1] Dans cet ensemble, nous ne comprenons pas les Acadiens de l'État du Maine, ni ceux des îles d'Anticosti, de la Madeleine et de Terre-Neuve.

CHAPITRE X

En Europe, il peut arriver que les voyageurs manquent le train; aux États-Unis, c'est le train qui manque les voyageurs, sous prétexte que les locomotives, à l'exemple des télégraphes, doivent observer le repos dominical. Pour avoir méconnu cette vérité, nous restons en panne, D... et moi, à dix heures du soir, dans le petit village de Saint-John. Nous sommes sur la frontière américaine, à vingt-cinq milles de Rouse's-Point, où nos amis nous ont donné rendez-vous. Saint-John n'a rien de captivant, d'ailleurs nous sommes attendus; deux excellentes raisons pour réquisitionner, à grand renfort de dollars, l'unique voiture de la localité.

Quelle voiture! quel chemin!! quelle nuit!!! — Durant six heures nous roulons entre deux ornières. Deux fois les roues s'embourbent jusqu'aux essieux. Il faut descendre, dégager l'instrument de notre supplice, se livrer à lui pieds et poings liés, supporter mille cahots, endurer mille secousses, et tout cela pour échouer à la porte d'une auberge qui refuse de s'ouvrir. Vingt minutes se passent, et nous menaçons de donner l'assaut. Enfin, d'une lucarne entr'ouverte sort une tête de vieille sorcière. *Lady* s'informe, parlemente, rentre dans sa huche et nous députe, après mûre réflexion, un solide gaillard, fort peu flatté de nous recevoir.

Il est cinq heures. Nous partageons en frères une mauvaise couchette ; puis D..., sans troubler mon sommeil, me cède généreusement sa place et part à la recherche de nos amis. Ils sont à l'autre bout de la ville, sur les bords du lac Champlain, et mon excellent compagnon, enchanté de sa découverte, m'invite à déménager. La vieille, furieuse de ne pas nous garder, allége nos porte-monnaie de deux dollars. — « Prenez, la mère, « c'est pour rien, et maintenant, fouette, cocher ! » — Nous traversons le faubourg et nous touchons au quartier élégant. Voici des chalets, des villas, un hôtel confortable. Sur la pelouse, quatre jeunes *misses* jouent au *crocket*. Quatre jeunes gens les entourent et jugent des coups. — Qu'est ceci ? J'aperçois le chapeau de Gustave, la vareuse de Paul, la barbe d'un ingénieur bien connu, les deux jambes typiques d'un grand industriel de Verviers... Ho ! ho ! ils nous attendent en joyeuse compagnie, nos éclaireurs ! L'un d'eux se retourne. C'est cet intrigant de Gustave. L'éveil est bien vite donné, et, d'un seul bond, jouvenceaux et jouvencelles se précipitent à notre rencontre. « Charmés, mesdemoiselles ; tous nos compliments, messieurs... Entre nous, la farce est bonne ; mais expliquez-moi ce mystère ? — Nous herborisons, dit l'un. — Le flirt a son charme, soutient un autre. — Étude de morale, répond un troisième ; ne sommes-nous donc pas libres d'étudier l'Américaine sur place, quand vous prenez des notes sur les ministères canadiens ? »

Absolument libres, en effet. Nos amis n'ont-ils pas voyagé, pendant dix minutes, dans la même voiture que les charmantes misses? Ils ont questionné; on a répondu, et les deux groupes sympathiques, ravis de la rencontre, se sont promis de s'amuser en attendant notre venue. Ainsi se nouent, au nouveau monde, les relations les plus cordiales. Inutile d'ajouter qu'une telle façon d'agir ne scandalise personne. Les parents demeurent dans les chalets des environs; toutefois, n'étant pas invités, ils se tiennent discrètement à l'écart.

J'ai connu une grand'mère — une Française — vertueuse, mais nullement prude. Son petit-fils, joyeux étudiant très-apprécié, avait retrouvé pendant les vacances les jeunes amies de ses deux sœurs, et l'on jouait à la cachette. La prudente grand'mère avisa, par acquit de conscience, la bonne maman des fillettes, et, le lendemain, bonne maman lisait ce billet de grand'-mère : « Gardez vos poulettes, ma mie, mon petit coq est lâché. »

Je puis affirmer que grand'mère n'est pas venue à Rouse's-Point. D'ailleurs, je suis convaincu que la poulette américaine est parfaitement en état de se garder elle-même. C'est une vraie camarade, parfois un peu coquette. Eh! mon Dieu! qui de nous se plaindrait de retrouver la femme sous ces dehors de bon garçon?

L'après-midi, notre groupe d'Européens se disperse. Les uns retournent au jeu de *crocket,* d'autres vont tirer des canards sur le lac, et les plus fatigués se reposent, pendant quelques heures, sur des lits moins primitifs que notre couchette du matin. Mettant de côté toute vergogne, je m'endors profondément. Bien m'en prend ; car on m'informe que, ce soir, nous donnons un bal dans les salons de l'hôtel.

A neuf heures, la salle est prête, et les six voyageurs, en tenue de soirée, attendent que le beau sexe fasse son entrée triomphale. Comme nous sommes des arriérés du vieux monde, nous avons prié les jeunes filles d'inviter leurs parents. Elles ont trouvé l'idée *shocking;* mais, pour ne pas nous désobliger, elles supplient papa d'assister au cotillon, « une danse européenne que personne ne connaît ». Par contre, l'hôte et l'hôtesse s'invitent d'eux-mêmes, sans la moindre cérémonie, et font honneur aux rafraîchissements.

Attention ! j'aperçois nos *misses*. — Hattie, Maggie, Mimie, Lily, arrivent en toilette tapageuse, l'œil mutin, la démarche assurée. — *How do you do,* D...? — *How do you do,* Paul? — *How do you do,* Gustave? — *How do you do,* baironne (baironne, c'est moi)? Et, de tous côtés, les poignées de main s'échangent. Chacun a sa part dans cette distribution ; un artiste se met au piano, et les couples tournoient.

A minuit, le cotillon commence. Voilà papa ! — Papa est un Yankee de haute taille ; tempérament sec ; allure dégingandée ; veston trop étroit. Il porte à sa boutonnière tout un massif de roses, et dans sa poche sa casquette. Ses gants sont restés à Brooklyn. L'homme est un type de parvenu. Éperdument épris de la gigue, il nous place sur deux rangs, choisit l'hôtesse pour vis-à-vis, précipite les figures sans négliger les entrechats. J'oubliais les présentations : « Gentlemen : papa. — Papa : M. Gustave T..., M. Paul S..., M. D..., etc. » C'est très-correct et très-digne. Décidément, nos jeunes amies ont un aplomb imperturbable. Mais revenons au cotillon. Les doyens s'en donnent à cœur joie ; ils s'époumonnent, puis ils s'arrêtent. Pendant un repos, le père nous fournit les détails les plus minutieux sur la somme phénoménale de dollars qu'il laissera plus tard à sa gracieuse descendance. Peine inutile ! Il y a beau temps que la jeunesse nous a parlé de ce qu'on appelle les espérances.

Le lendemain, avant de partir, nous saluons la famille. Maggie, Lily, papa, l'hôtesse, Mimi, Hattie et les matrones ; en un mot, toute la garnison alignée sous la vérandah nous souhaite bonne chance. Nos malles sont chargées, et nous montons dans la voiture qui nous conduit à la gare. Un *good bye !* général retentit : au revoir ! Les mouchoirs, les ombrelles, la casquette, nos chapeaux..., tout s'agite, jusqu'au premier tournant du chemin.

Notre train longe le lac Champlain et nous descend à Port-Kent. Nous entrons dans la région montagneuse et boisée des Adirondacks. Ce pays, que nous sillonnerons tantôt en voiture, tantôt à pied, est l'une des grandes *attractions* de l'Amérique. Partout le Yankee a respecté la forêt vierge, qui conserve son cachet primitif et grandiose. Des torrents, des lacs, les sources de l'Hudson égayent le paysage, et, du sommet des pics, un panorama merveilleux se déroule. Çà et là, des stations d'été permettent aux citadins de Boston et de New-York de fuir les chaleurs tropicales. Chacun peut à loisir se reposer de l'effervescence des villes dans ces solitudes ombragées qui rappellent à la fois la Suisse et les Highlands d'Écosse. Par malheur, le temps s'est gâté, et ces délicieux points de vue que nous promettait notre *Appleton's guide* ont disparu dans le brouillard. Ni le cours de la rivière Ausable, ni le défilé de Wilmington, tout spécialement recommandés aux touristes, ne daignent sortir des nuages. Une pluie fine et persistante nous accompagne pendant deux jours, et c'est pitié de nous voir, refroidis et maussades, considérer avec mélancolie cette petite gouttière caractéristique qui part des bords de nos chapeaux pour descendre en cascade sur nos épaules et sur nos genoux.

Enfin nous atteignons le lac Placide. Un excellent hôtel, *Allen House,* nous réconforte et nous abrite.

Ceux qui ont lu *Tartarin dans les Alpes* se rappellent l'ébahissement des habitués du Rigi à l'arrivée du grand homme. La stupéfaction n'est pas moindre quand, franchissant une haie de ladies élégantes et de gentlemen comme il faut, nous envahissons l'escalier. Notre mine, la coupe européenne de nos vêtements, l'état lamentable où la pluie a réduit notre accoutrement, forment, à n'en pouvoir douter, un ensemble disparate. Se transformer de la tête aux pieds n'est malheureusement plus possible. Nous avons, de Rouse's-Point, dirigé sur Saratoga le gros de nos bagages, ne gardant que l'indispensable pour une excursion de six jours.

La société qui fréquente le lac Placide et y séjourne pendant l'été se compose surtout de familles du Massachusetts. Tout le monde se connaît, reçoit et donne des fêtes. Ce soir on dansera, et les danseurs de notre bande sont littéralement consternés.— « Consolez-vous, mon bon Gustave ; D... s'abouche avec un père de famille, qui réclamera l'indulgence des dames et nous présentera aux valseuses. — Bravo! réplique l'intrépide, consultons nos valises et faisons pour le mieux. »

Tandis que nos compagnons, excusés d'avance, initient les jeunes filles aux douceurs du cotillon, nous entamons, D... et moi, une longue conversation avec notre introducteur. M. X... est un penseur d'une physionomie absolument particulière. Profond admirateur de la France, il cherche toutes les occasions de se rapprocher des Français. C'est lui qui est allé au-devant de mon ami, l'abordant dans sa langue. Très au fait des questions sociales, M. X... en suit avec soin le développement. A Paris, ses relations sont étendues. Apprenant que nous sommes deux anciens élèves de l'École des sciences politiques, dont il connaît et apprécie l'enseignement, il nous développe ses théories.

« L'administration et la politique, nous dit-il, sont les études de toute ma vie. Non pas que j'occupe dans mon pays une situation rétribuée. Je garde ma liberté et j'en use pour critiquer les fautes de mon gouvernement et les exactions des fonctionnaires. J'avoue que, dans l'administration centrale, les prévaricateurs sont rares ; mais, dans l'administration particulière des États, les malversations les plus scandaleuses s'affirment au grand jour et donnent lieu, chaque année, à des procès retentissants. L'élection des juges a produit en Amérique les résultats les plus fâcheux, le sentiment populaire n'est plus favorable à ce système, et bientôt, je l'espère, des réformes intelligentes donneront à la magistrature plus de stabilité et d'indépendance. Je regrette qu'en France vous suiviez un courant contraire.

« Au gouvernement fédéral, je reproche de n'être pas parlementaire, le ministère est irresponsable ; il siége à huis clos, et le président, qui gouverne seul, prend ses ministres en dehors des Chambres. Ainsi, tout contrôle échappe à l'opinion. — Dans le Parlement, les comités dirigent, et, dans ces comités, l'intrigue et les calculs d'intérêt se donnent libre carrière.

Bref, le Parlement abdique en faveur d'une force occulte, qui s'adjuge au plus offrant et dernier enchérisseur. Ainsi toute influence, tout pouvoir et toute direction, restent concentrés dans les mains d'une féodalité financière cent fois plus dangereuse que la féodalité du moyen âge.

« Cleveland, élu président l'an dernier, a deux qualités : c'est un honnête homme, et l'honnêteté n'est généralement pas le fort de nos gouvernants; c'est, de plus, un réformateur. Dans la voie des réformes, ira-t-il jusqu'au bout? — Il ne le pourra pas. Nous serons donc obligés de recourir à la révolution sociale! »

Jusqu'ici, notre interlocuteur parlait d'or; mais le remède qu'il prétend opposer au mal est un toxique épouvantable. M. X..., voyant notre stupéfaction, éprouve le besoin de nous exposer sa thèse, que, pour la beauté du fait, je reproduis textuellement :

« Républicain par principe et par tempérament, j'estime que la France a trouvé sa voie. Le peuple français, engourdi par le régime monarchique, s'est, en 1789, réveillé de sa torpeur. En 1793, il s'est fait justice, comme le peuple anglais s'était fait justice en 1649.

« L'exécution de Louis XVI et l'exécution de Charles Ier sont deux actes d'énergie brutale qu'il ne faut pas regretter. Les révolutions graduelles et pacifiques n'existent pas, et c'est en versant du sang qu'une nation se régénère. Jusqu'à présent, l'Allemagne n'a pas opéré son évolution sociale; mais la crise se prépare, et Guillaume, s'il végète encore quelques années, portera sa tête sur l'échafaud.

« — Vous parlez d'une décapitation morale? s'écrie D... tout abasourdi.

« — Ne le souhaitez pas ainsi, reprend avec gravité M. X... C'est *physiquement* que l'Empereur sera décapité. A ce prix seul, l'Allemagne acquerra le bonheur et l'indépendance [1] ! »

Ce jacobin farouche est cependant un homme délicat, ami des arts, bienveillant pour la jeunesse, aux petits soins pour les dames. Ses deux enfants l'adorent. Il passe pour la douceur même, et les habitués d'*Allen House* célèbrent à l'envi les vertus privées d'un si bon père de famille.

M. X... écrit dans les feuilles de Boston les articles les plus sensés sur l'administration et les finances; mais qu'une question sociale se présente, aussitôt il voit rouge, il pousse son cri de guerre et il tranche, d'un trait de plume, toutes les têtes couronnées.

Notre conversation se prolonge tant que dure le bal. La nuit est fort avancée quand nous remontons dans nos chambres, et le lendemain, par un beau soleil, nous entreprenons l'ascension du White Face, point culminant du pays.

L'absence de chemins rend indispensable le concours des guides. Ces *gentlemen,* bien différents de nos braves montagnards des Alpes, rougiraient de porter nos pardessus. Ils nous conduisent, et c'est déjà beaucoup. Nous traversons en canot le lac Placide et nous arrivons au pied de la montagne. Il faut escalader, se cramponner aux broussailles, gravir pendant trois heures une succession de rochers, et l'on atteint le dôme, situé à quatre mille cinq cents pieds d'altitude. Alors un panorama magnifique se déroule. Partout de

---

[1] Fort heureusement pour Guillaume et pour l'Allemagne, la prédiction de M. X... ne s'est pas réalisée.

superbes mamelons, dont les sommets dénudés émergent de la masse sombre des forêts. Soixante-dix petits lacs égayent les vallées et reflètent les rayons du soleil. Nous sommes récompensés de nos peines, et, l'appétit aidant, nous mangeons de bon cœur quelques conserves de Chicago. Nos guides (tous les goûts sont dans la nature) grignotent à belles dents un bloc énorme de cassonade.

C'est aujourd'hui le 11 septembre. L'ascension de la veille nous a mis en haleine, et nous commençons une course en montagnes qui nous prendra quarante-huit heures.

Cette fois, nous nous trouvons en pleine forêt vierge. Pas un soupçon de sentier, pas un trait de hache. Jamais un cheval ne sortirait d'un tel fouillis. C'est le désordre de la nature, mais un désordre saisissant qui se grave dans la mémoire et remue l'imagination. Ici, des arbres étouffés, des squelettes encore debout que nous abattons d'un coup de canne, des colosses couchés sur le sol, des sapins, des cèdres déracinés, fracassés ou broyés par la chute d'un vieux hêtre. Là, des lianes qui s'enlacent, des arbrisseaux qui se tordent et contournent le cadavre décomposé d'un ancêtre, pour chercher la lumière et la vie. Parfois aussi un baliveau qui pousse droit. Voici l'Hudson, un ruisseau qui devient navigable en sortant des Adirondacks. Sa largeur nous a stupéfiés quand, partant de New-York en steamer, nous avons remonté le fleuve jusqu'à Albany. Aujourd'hui, nous le sautons à pieds joints.

Voici le col des Indiens, — l'*Indian-Pass*. — Figurez-vous un étroit couloir, creusé par les eaux, entre deux murailles de granit, hautes de cinq cents mètres. L'effet est merveilleux; mais, pour jouir du spectacle, nous avons, pendant dix heures, longé des ravins, tourné des éboulements, remonté des torrents, passé des ruisseaux à gué ou sur des arbres renversés, que le hasard des vents a transformés en ponts suspendus.

Le soir, nous débouchons sur l'emplacement d'une ancienne exploitation minière, réduite, par un coup du sort, aux simples dimensions d'un rendez-vous de chasse. *Adirondack village* — c'est le nom du lieu — se compose d'une cabane habitée par un garde et sa femme, d'un chenil désert et d'une écurie réservée à quatre poulets étiques. Dans ce pays perdu, l'un de mes compagnons se trouve subitement arrêté par une violente courbature. Impossible de continuer à pied notre chemin, et cependant que ferions-nous, loin de tout, s'il survenait une complication? Au lever du soleil, deux d'entre nous, accompagnés d'un guide, suivent un semblant de route et sont assez heureux pour découvrir une charrette. Arrivé à l'étape, notre malade se repose quelques heures. L'aubergiste, chez lequel nous retrouvons nos deux amis, apprend que nous venons de Montréal. Plus de doute pour lui : nous avons la terrible *picotte!* Vite, le pauvre homme — un ancien *détective* pourtant — attelle son char à bancs, pousse ses chevaux au galop et nous descend, à la nuit close, dans le gros bourg de Schrown-River.

Vingt kilomètres nous séparent du port Henry. Nous les faisons facilement le lendemain. Le cocher mérite une mention spéciale. C'est un nègre gandin. Il porte des gants paille, un bracelet en cuivre, et sa chaîne de montre s'étale majestueusement sur un gilet ba-riolé. Très au fait de son métier, il nous mène bon train, sans une faute, jusqu'à la porte de notre hôtel.

On nous fait bon accueil, car la picotte ne s'est, fort heureusement, déclarée que dans l'imagination du détective. Notre compagnon va bien.

Port-Henry, petite ville située sur les bords du lac Champlain, offre peu d'attrait au touriste. Les mines de fer des environs ont attiré dans le pays une population ouvrière. Des hauts fourneaux, construits sur le quai, sont mis en communication avec les centres d'exploitation par un chemin de fer à rebroussement. Le minerai, extrait d'excavations à ciel ouvert, est immédiatement transformé en fonte, puis transporté par les bateaux du lac et de l'Hudson sur les différents marchés d'Amérique.

L'hôtellerie où nous logeons ne se recommande pas, comme l'auberge du *Chien d'or* de Québec, par l'« urbanité » de son propriétaire. Notre hôtelier constitue l'un des plus jolis échantillons d'ours mal léché que renferment les États-Unis. Il passe le dimanche dans son *bar,* qu'il interdit soigneusement aux voyageurs, et, le soir, il titube dans les jambes de sa clientèle. En revanche, il nous met à la portion congrue. Du lard rance, des tomates crues, des pâtisseries au jasmin, un verre d'eau, vingt-huit bouteilles de poivres et moutardes assorties, tel est le menu, aussi sommaire que relevé, offert à l'étranger moyennant un dollar. Heureusement les lits sont plus décents que la table. On peut, à la rigueur, y dormir une nuit.

Le vapeur de Rouse's Point nous descend à Ticondéroga vers dix heures du matin. Sur notre droite se détache le fort en ruine de Carillon; encore un souvenir de la Nouvelle-France, que nous saluons au passage. Vingt minutes de chemin de fer, et nous atteignons le lac Georges.

Une merveille, ce lac Georges! Il n'a pas, comme le lac Champlain, deux cents kilomètres de long; mais quel bijou bien enchâssé! Avec ses collines verdoyantes, derrière lesquelles se dressent des montagnes fièrement découpées, avec ses forêts épaisses et profondes, avec ses eaux transparentes semées de parterres en fleurs, ce petit lac, tout émaillé de villas, de canots et de yachts, compose le plus délicieux paysage qu'il soit possible de rêver.

Nous quittons le steamer pour prendre l'express, et nous arrivons dans la soirée à Saratoga, la station thermale à la mode. La promenade des sources est très-fréquentée. On s'y donne rendez-vous, sous prétexte de puiser aux fontaines d'eau ferrugineuse.

Jeunes ou vieux oublient un instant les affaires pour ne songer qu'aux plaisirs. Pendant la saison, le *high-life* exhibe ses équipages dans la grande avenue circulaire. Sur cette avenue, les Nababs et les Crésus ont construit des palais où le dieu dollar lui-même serait fort à l'aise. *Grand Union* est l'hôtel américain par excellence. Ce carré, de deux cents mètres de côté, peut recevoir deux mille cinq cents voyageurs. Quatre ascenseurs-salons desservent les six étages. Au centre, une élégante galerie s'ouvre sur des bosquets sillonnés de ruisseaux. L'orchestre attitré de l'hôtel donne, chaque soir, un concert, tandis que les *flirters*, fuyant la lumière électrique, répètent le duo de *Mireille* dans les sentiers ombreux qu'un dessinateur prévoyant a tracés là tout exprès. Le service est fait par deux cent cinquante nègres, et le personnel au complet atteint le chiffre incroyable de mille individus. Septembre voit la fin de la saison. Déjà les baigneurs ont battu en retraite. Demain nous ferons comme eux.

De Saratoga on se rend à Boston en dix heures de chemin de fer. Grâce à l'organisation des sleeping-cars, nous passons une excellente nuit. Le matin, nous jouissons d'un coup d'œil étrange. Le jeune ménage qui nous fait vis-à-vis a fini sa toilette, les banquettes sont installées et le nègre du wagon a replié les lits. Une petite table articulée sépare nos tourtereaux. Monsieur, qui déplie le *New-York Herald,* campe effrontément ses deux pieds sur la table. Sur ce pupitre improvisé, madame pose un poëme de Longfellow; puis les amoureux se plongent dans leurs lectures favorites, et cela dure jusqu'à Boston.

Boston, capitale du Massachusetts, est un des grands ports de l'Atlantique; la ville compte quatre cent mille âmes. Plus calme, plus réfléchie que New-York, elle passe pour le centre intellectuel des États-Unis. Suivant un dicton populaire, à New-York, on aborde un étranger en lui demandant : « Êtes-vous riche? » — à Philadelphie : « Quels sont vos ancêtres? » — à Boston : « Que savez-vous? » — L'habitant de Boston connait du moins l'histoire de sa ville. Il sait que la cité est ancienne[1]; que, par son attitude, elle a déterminé la Nouvelle-Angleterre à secouer le joug de la Grande-Bretagne. Il sait aussi qu'à Bunker's Hill — l'une des collines qui dominent Boston — s'est engagée, le 17 juin 1775, la première bataille de la guerre de l'Indépendance. Un monument en forme d'obélisque perpétue le souvenir de cette victoire. La capitale possède une bibliothèque et un musée célèbres en Amérique; ses établissements littéraires et scientifiques sont égale-

---

[1] Elle a été fondée en 1630 par des puritains venant de Boston, en Angleterre.

ment réputés. Nous visitons l'Université de Cambridge, la plus vieille des États-Unis. — C'est une copie agrandie des universités anglaises. Ici comme à Québec, nous constatons que les sports occupent une place importante dans l'éducation de la jeunesse.

Les écoles publiques et gratuites de Boston se divisent en *primary schools* (sortes de salles d'asile), en *grammar schools* (correspondant à nos écoles primaires) et en *high schools* (ou écoles supérieures). Nous n'avons pas le temps de les examiner. Au reste, nous possédons, sur ce sujet, une excellente étude de M. le comte d'Haussonville. Dans les « notes et impressions » qu'il a réunies sous ce titre : *A travers les États-Unis*, le nouveau membre de l'Académie française constate les efforts tentés par les Américains pour « mettre gratuitement l'instruction, à tous les degrés, à la portée des enfants de toutes les classes ». « On « peut discuter sur le principe, observe l'auteur ; mais « on ne saurait, en aucun cas, refuser son admiration « au pays lui-même, aux États-Unis et aux villes, qui, « pour réaliser ce programme, consentent sans mar- « chander à des sacrifices pécuniaires considérables et « mettent leur honneur à aménager les écoles gratuites « avec beaucoup plus de luxe que ne sont aménagées « chez nous les écoles payantes. »

Notre dernière étape est New-Port. Sur la plage, un monde élégant et choisi, des bébés qui s'amusent dans le sable, des joueurs de *crocket,* toujours dès *flirters,* enfin le cercle des gens rassis. Saratoga fait penser à Luchon, et New-Port à Trouville. Ici, on vit peu à l'hôtel. La société, répandue dans les gracieux cottages qui bordent la côte, paraît plus exclusive. Je la soupçonne de dédaigner le tourbillon tapageur de la brillante station thermale. Au surplus, que m'importe? Les deux séjours sont ravissants. L'Américain qu'on y rencontre se dépouille du vieil homme. Ce n'est plus l'homme d'affaires, le *businessman* endurci. Il appartient à une sorte de gentry, et je suis charmé de l'entrevoir sous cet aspect nouveau.

Par cette excursion de dix jours dans les Adirondacks et sur la côte, se termine notre premier tour au Canada. Encore vingt-quatre heures de vie commune, et notre petite caravane, revenue à New-York, perdra la moitié de son effectif.

Les deux amis que nous avons retrouvés à Québec retournent à leurs affaires, et Gustave T... nous abandonne. Pauvre Maggie! Pauvre Lily! Pauvres misses de Rouse's Point et du lac Placide! Qu'allez-vous dire en apprenant la fuite de votre élégant cavalier? — Mais Gustave ne veut rien entendre : il a pris son parti.

C'est égal! à Chicago, à Winnipeg, dans les Rocheuses et sur la côte du Pacifique, le gai compagnon nous manquera.

CHAPITRE XI

Le 24 septembre, à dix heures du matin, D…, Paul
S… et moi, nous entrons en gare de Chicago. Un
limited express — train rapide composé de *pullman-
cars* — franchit en vingt-six heures l'espace qui sépare
la grande ville de l'Illinois de la cité impériale.

Nous avons indiqué le plan de notre voyage en com-
mençant notre récit; inutile de revenir sur ce point.

Les voyageurs qui m'ont devancé à Chicago ont
décrit en détail les fameuses tueries de cochons. M. de
Molinari nous a dépeint sous les couleurs les plus
saisissantes l'aspect de *Porcopolis*. M. Alexandre
Lambert de Sainte-Croix nous promène agréablement
dans la « Cité des Viandes », malgré l'odeur nauséa-
bonde du sang. Le baron de Mandat-Grancey s'est ému
à la vue des tortures qu'on impose, dans la « Cité des
Prairies », aux représentants de la race porcine. « Tout
« cela me choque d'autant plus, dit-il, que j'ai toujours
« pensé que le cochon ne rencontrait pas dans ce
« monde les sympathies auxquelles il aurait droit.»

Le baron de Mandat-Grancey se prévalant de l'exemple de saint Antoine, j'aurai garde de contester son dire. D'autre part, M. Trasenster nous donne, sur l'assassinat des pauvres omnivores, des renseignements fort précis.

Je serais mal venu, après ces fins observateurs, à consacrer un chapitre complet à la race « grognante et grouillante ». En deux mots, voici la scène :

Dans un faubourg de la ville se trouve un marché de bestiaux, mesurant cent quarante hectares. Ce sont les *stock yards*. Trois mille étables, peuplées de cent mille porcs, vingt-cinq mille bœufs et vingt mille moutons, composent ce marché. Dans les rues, des *cow-boys* galopent et poussent devant eux les troupeaux. Contre les *stock yards*, je vois une vingtaine d'abattoirs. Celui de la maison Armour et Cie, que nous parcourons, tue, dépèce et met en boîte, chaque année, plus d'un million de cochons et trois cent mille bêtes à cornes.

Personne ne chôme dans cette manufacture de jambons. Les condamnés, pressés les uns contre les autres, suivent une rampe et se précipitent par douzaines dans un puits. Un exécuteur des hautes œuvres les empoigne par la cuisse et les accroche à un câble. En vain les suppliciés protestent ! Le massacre des innocents commence ! Suspendus dans les airs, les victimes descendent le long d'un plan incliné et reçoivent au passage le coup fatal en pleine gorge. C'en est fait ! Les bêtes se déclanchent, plongent dans un bassin d'eau bouillante, passent les jambes tendues dans un laminoir qui les rase en huit secondes, et, tombant ainsi de Charybde en Scylla, elles débouchent dans les ateliers de charcuterie. Cervelas, andouillettes, boudins et pâtés nous environnent de toutes parts. Dans des milliers de boîtes reposent les restes mortels de ceux qui furent des cochons !

Les bœufs, traités plus militairement, sont passés par les armes. On les fusille à bout portant, et des bourreaux les découpent à coups de hache avant de les livrer aux machines à vapeur.

Tout ce spectacle est répugnant. Nous marchons dans une mare de sang. Le parfum funèbre qui se développe au milieu du carnage serait capable d'écœurer même un cannibale.

Chicago ne se recommande pas seulement par son commerce de bétail. Les grains y affluent de tous côtés et s'accumulent dans d'immenses élévateurs. Un élévateur est un vaste entrepôt. Sa hauteur atteint environ cinquante mètres. Il communique d'une part avec les navires du lac Michigan, de l'autre avec les réseaux de chemins de fer qui viennent de l'Ouest et se dirigent sur New-York.

Les grains, déposés dans des fossés profonds, sont portés aux étages supérieurs par une chaîne à godets. Des silos en bois, classés par catégories, les reçoivent. Ainsi l'on évite des frais considérables de chargement et de déchargement, et les grains, constamment remués, sont à l'abri de l'humidité. Les cultivateurs, chaque année, envoient leurs récoltes dans ces magasins généraux, où des experts les estiment et délivrent aux déposants de véritables warrants. Ces valeurs négociables passeront de main en main, jusqu'au jour où elles tomberont dans celles d'un acquéreur définitif.

Grâce à de telles inventions, grâce à l'excellence de sa situation géographique, Chicago est devenu le grand marché de l'Ouest. Son accroissement prodigieux se produit malgré les catastrophes les plus épouvantables. En 1840, la « Cité des Prairies » ne comptait que 5,000 habitants; en 1870, elle en accusait 299,000. Survint le désastre d'octobre 1871 : 18,000 maisons furent la proie des flammes et 100,000 personnes restèrent sans abri. Chacun se mit à rebâtir avec ardeur, et, malgré le second incendie de 1874, qui dévora tout un quartier, Chicago possède actuellement une population de 700,000 âmes. Tous les ans, on enregistre une augmentation de 50,000 habitants.

La ville couvre un rectangle de cent kilomètres carrés, soit un espace plus grand que la superficie de Paris. Des parcs magnifiques, reliés par une succession de boulevards, en dessinent les contours. Le plan intérieur de la cité est celui de toutes les autres cités américaines. Les rues sont en damier. Dans les artères principales, des *cable cars* analogues à ceux que nous avons vus sur le pont de Brooklyn circulent en tous sens. Ces tramways, qui vont et qui viennent à leur fantaisie, sans attelage ni locomotive, ressemblent à des êtres vivants de l'ordre des chéloniens. Les hôtels sont monumentaux. *Palmer house,* où nous sommes descendus, est bondé de monde, et nous devons attendre que le Monsieur du numéro 511 ait bouclé sa malle pour nous y installer à nous trois. Les chambres, parfaitement aménagées, nous rappellent les *bath-rooms* (chambres avec salle de bains) d'*Hoffman house,* à New-York.

De retour à l'hôtel, nous recevons la visite d'un passager de l'*Aurania,* que le lecteur n'a pas oublié : jeune industriel français, voyageant pour une maison de Mulhouse. Son frère habite l'Amérique. Tour à tour *cow-boy,* colon et courtier, l'enfant prodigue a fini par prendre femme à Chicago, où il exerce le métier de graveur et fait, dit-on, de bonnes affaires. Si nous l'écoutions, nous resterions une quinzaine à *Porcopolis*. Malheureusement de tels séjours ne se concilient pas facilement avec un plan de voyage aussi étendu que le nôtre.

D'ailleurs, on le sait, le Canada m'attire toujours. J'ai hâte d'arriver au Manitoba, ce grenier d'abondance que me vantait sir Adolphe Caron. Comme mes amis partagent mes vues, nous quittons Chicago le lendemain de notre arrivée. Toujours en quête de renseignements nouveaux, D... *interviewe* avec art les Anglais, les Allemands et les Américains qui se trouvent à sa portée. Paul S... — un autre polyglotte — lui prête main-forte ; enfin, quand la conversation est engagée, j'arrive bon troisième avec un vocabulaire plus restreint, mais suffisant à la rigueur. Ce métier de reporter *in partibus* n'est certes pas sans attrait. Il a sa part d'imprévu, et souvent il nous oblige à user de diplomatie. Témoin, la très-agréable rencontre que nous faisons aujourd'hui sur la ligne de Saint-Paul.

Depuis hier soir, nous avons pour voisin de sleeping-car un gentleman d'une cinquantaine d'années. C'est un Anglais de bonne souche, très-distingué, très-poli, très-réservé. Nul doute que notre présence l'intrigue ; mais si intrigué qu'il soit, il reste sur la défensive. Réglant notre conduite sur la sienne, nous demeurons impénétrables. Dans le wagon-restaurant, au salon, dans le fumoir, partout, il observe un silence rigoureux. Le Mississipi, qu'il regarde d'un œil distrait, l'intéresse médiocrement. Le fleuve n'a pas encore reçu le Missouri, mais déjà la masse de ses eaux s'étend sur une largeur considérable. Que sera-ce, quand, franchissant les deux mille milles qui le séparent de son embouchure, ce colosse atteindra la Nouvelle-Orléans? Pendant six heures nous en remontons le cours, et nous arrivons à Saint-Paul, capitale du Minnesota. Le fils d'Albion se lève, nous salue et nous présente sa carte « pour se conformer aux usages des Yankees ». Nous ripostons par les nôtres.

Ces préliminaires terminés, notre compagnon de route nous conduit à l'hôtel et, chemin faisant, nous parle de ses projets. Nous apprenons alors qu'il est en relations très-suivies avec sir Adolphe Caron et le marquis de Lansdowne et qu'il occupe une situation dans l'armée anglaise. Son fils a pris part à l'expédition contre les Zoulous; sa fille habite le Canada, et lui-même, longtemps attaché à la personne du prince de Galles, réside actuellement à Londres. Parti de Liverpool depuis douze jours, il n'a fait que stopper à New-York. Son objectif est Winnipeg; il s'y rend directement. « C'est un trajet un peu long, nous dit-il très-simplement. Puisque le train s'arrête à Saint-Paul, je vais en profiter pour prendre un bain. Dans trois quarts d'heure je serai de retour à l'hôtel, et, si cela vous convient, je vous montrerai la ville. »

A l'heure dite, avec cette précision qui fit le triomphe de Phileas Fogg dans le *Tour du monde en quatre-vingts jours*, notre nouveau pilote arrive au rendez-vous. Jamais nous n'avons eu de guide plus obligeant. A Winnipeg, il se dépensera pour nous de la façon la plus gracieuse, se tenant toujours à l'écart et semblant ignorer tous les services qu'il nous rend. J'ai connu bien des gens serviables; je n'en ai jamais rencontré de plus délicats. M. R... lira-t-il ces lignes? Je le souhaite. Elles lui prouveraient qu'en dépit de

ses efforts, nous nous croyons liés par une dette de
reconnaissance, dont nous voulons nous acquitter.

Saint-Paul est bientôt vu. Incorporée en 1854, la
cité comptait à cette époque trois mille âmes; sa population actuelle s'élève à plus de cent mille habitants.
Le Mississipi, qui traverse la ville, a sensiblement
contrarié le plan géométrique des rues. Des monuments, nous ne dirons rien. Les avenues, très-larges,
se peuplent peu à peu de jolis cottages construits avec
une pierre calcaire du pays. Dans les environs se
trouvent les chutes de Minnehaha, célébrées par
Longfellow. Plus loin, à dix milles en amont de Saint-
Paul, s'étend la ville de Minneapolis, qu'animent la
cataracte et les rapides de la rivière Saint-Antoine.
Des moulins utilisent la force du courant et donnent à
cette cité de soixante mille habitants l'aspect d'un
centre manufacturier. Du train qui nous emporte dans
la direction du Manitoba, nous apercevons, à la nuit
tombante, ce paysage mouvementé.

Quand, dans la matinée du 27, j'entr'ouvre les
rideaux de mon sleeping-car, je suis en plein Far-
West. Les vagues de la prairie ondulent la surface du
sol jusqu'à l'horizon. De loin en loin, se détache une
ferme qu'entourent des champs interminables. Le train
s'avance dans la région des grandes cultures, le paradis du maïs et du blé. Tout n'est pas défriché; tant
s'en faut! Voici maintenant d'immenses taches noires,
une plaine de cendres. Des flammes hautes de cinquante centimètres rongent lentement la savane, et la
fumée, qui s'élève sur une longueur de plusieurs kilomètres, semble rejoindre les nuages. C'est le « feu des
Prairies », déjà signalé sur le parcours du Pacifique-
Canadien. Ce feu, qu'une étincelle allume et que le

vent active, gagne en ce moment l'État américain du Dakota et la province du Manitoba.

Au sein de la nature vierge, cette scène de dévastation impressionne. Les moissons seraient-elles compromises? Nos compagnons de route affirment que dans les fermes des districts agricoles toutes les précautions sont prises, mais dans le Nord-Ouest, l'inquiétude est grande. Si les pluies n'éteignent pas l'incendie, les troupeaux de bétail seront obligés d'errer à l'aventure pour chercher leur subsistance. La culture court moins de risques que l'élevage. Déjà les récoltes sont faites, et les prairies artificielles résistent facilement à l'envahissement du feu. Les sillons, qui entourent les champs et les cabanes, les mettent à l'abri des flammes. De même, sur notre ligne, tout un côté de la voie est embrasé, tandis qu'à l'opposé la savane demeure intacte. Avec un peu de soin, on pourrait isoler la plaine par des labours de quelques mètres de largeur. Jusqu'à ce jour les Compagnies de chemins de fer font bon marché de telles précautions. Le domaine est si vaste, le sol si fertile et les colons si clair-semés, que ces richesses peuvent disparaître sans porter préjudice à l'agriculture. Quand il s'attaque aux forêts, le feu laisse des traces ineffaçables; ainsi, dans les provinces de l'Est, l'habitant, sous prétexte de défrichements rapides, compromet peut-être l'avenir économique de la région qu'il exploite. Des conséquences aussi fatales ne sont point à redouter dans l'Ouest. La savane se reconstitue; elle renaît de ses cendres et les cendres elles-mêmes s'ajoutent à l'humus, qu'elles fortifient.

Toutes ces raisons ont leur valeur, mais il importe de compter avec l'imprévoyance du colon. Il est vrai qu'en se développant la culture empiétera sur la prairie. Ainsi disparaîtra peu à peu la cause principale des incendies. Les catastrophes, d'ailleurs, ne laissent pas dans le pays les traces profondes qu'elles imprimeraient à nos contrées. L'activité humaine, quand elle s'exerce sur un sol fertile, reprend vite le dessus. Ici comme à Chicago, l'esprit d'initiative enfante des miracles. Les moindres villages ont l'attirail moderne de nos grandes villes : télégraphes, téléphones, machines à vapeur, etc... On donne à ces *babies,* le jour de leur baptême, des boulevards et des tramways. Un Américain, auquel nous faisons remarquer une cité naissante, nous répond qu'elle est ancienne, qu'elle « a déjà six ans » ! Tout cela n'étonne pas le nouveau monde.

Après avoir passé la limite des États-Unis — ce fameux 49e degré de latitude nord, qui marque la frontière des deux confédérations — nous arrivons à Emerson. Nous y trouvons deux Canadiens : un préposé de la douane et un aubergiste. Quand ce dernier s'est expatrié [1], les siens ne lui ont pas ménagé les reproches. Aujourd'hui qu'il a tiré son épingle du jeu, il exhorte ses compatriotes à suivre son exemple. Les Canadiens ont mieux à faire que de déserter le *Dominion* pour vendre leurs services aux industriels de Chicago et de Détroit. Au lieu de se diriger sur les États du Maine, du Vermont et du New-Hampshire, pourquoi ne prendraient-ils pas le chemin de la prairie? Trop souvent, en Amérique, leurs rêves ont été déçus. Perdus dans le tourbillon des affaires, ces

[1] Beaucoup de Canadiens estiment que leur patrie est limitée à la province de Québec.

pseudo-Yankees ne sont pas suffisamment initiés aux mystères de la spéculation pour battre l'oncle Sam sur son propre terrain. Aujourd'hui que les désenchantements surviennent, les désillusionnés retournent au pays. On dit même que ce mouvement de reflux commence à prendre la direction du Nord-Ouest et que des sociétés de rapatriement s'organisent à Winnipeg. Les Canadiens de race française auraient tout intérêt à s'implanter dans les pays nouveaux, que les émigrants anglo-saxons envahissent de toutes parts. Ce sont les Français qui les premiers s'établirent dans la Manitoba. Aujourd'hui ils ne forment qu'un cinquième de la population de la province. Qu'ils écoutent les conseils de Mgr Taché, le Lavigerie du Canada! Qu'à la suite d'un curé Labelle, ils fondent des villages sur le tracé du Pacifique-Canadien et sur les rives de la Saskatchewan! La population métisse, issue de leur sang, les verrait arriver avec joie. Partout où ils s'installent, les « gens de Québec » reçoivent bon accueil et leurs exploitations agricoles sont florissantes. Saint-Jean-Baptiste, Saint-Norbert, Saint-Pierre, situés sur le cours de la rivière Rouge, sont de gros bourgs. Saint-Boniface est une ville, siége d'un archevêché. Cette cité se développe rapidement, tout en conservant son caractère distinctif de paroisse canadienne; stimulée par le voisinage de Winnipeg, elle deviendra, sans doute, un des grands marchés de l'Ouest. Un pont, sous lequel je vois, à mon grand étonnement, des bateaux à vapeur, relie ce futur Brooklyn à la capitale du Manitoba.

Le touriste qui se serait engagé, il y a vingt ans, dans la région que nous traversons en chemin de fer, aurait trouvé sur l'emplacement actuel de Winnipeg un campement, nommé Fort-Garry. Quelques cabanes isolées, une église, une trentaine de tentes, disséminées dans la prairie, formaient le quartier général des métis. Du Manitoba il n'était pas question. Le *Dominion* se constituait à peine. Tout le pays qui s'étend du 49ᵉ degré de latitude nord aux glaces polaires, et des grands lacs au Pacifique, demeurait soumis à la direction de la Compagnie de la baie d'Hudson.

La réunion des territoires Nord-Ouest à la confédération et la création de la nouvelle province datent de 1870. A cette époque, personne ne soupçonnait les qualités merveilleuses du sol; personne, si ce n'est la Compagnie; or la Compagnie, satisfaite du commerce des fourrures, cherchait par tout moyen à éloigner les colons. Malheureusement pour les associés, mais fort heureusement pour la colonie, la charte octroyée par la Grande-Bretagne ne conférait à la Compagnie de la baie d'Hudson qu'un droit temporaire, valable jusqu'en 1858. Celle-ci, de concessionnaire qu'elle était, devint une simple détentrice à titre provisoire. Profitant de cette circonstance, le gouvernement canadien entra dans la voie des arrangements et put acheter, pour le prix de 7,500,000 francs, le privilége de rattacher définitivement à la confédération une contrée de 7,200,000 kilomètres carrés.

Des experts et des arpenteurs, envoyés par le cabinet d'Ottawa dans les territoires nouvellement acquis, explorèrent le pays traversé par l'Assiniboïne et la Saskatchewan. Bientôt on apprit qu'une zone fertile avait été découverte. Un engouement subit s'empara du nouveau monde. De tous côtés les émigrants arrivaient dans les « terres à blé » ou « terres noires ». Winnipeg surgissait soudain. Un changement à vue s'opérait dans le campement de Fort-Garry. Des hôtels luxueux, des magasins colossaux, des banques monumentales s'édifiaient avec une rapidité sans exemple. Par malheur, au milieu de cette nouvelle population fiévreuse, les spéculateurs pouvaient manœuvrer à leur fantaisie [1]. Ils achetèrent à des prix fabuleux tous les lots que leur proposaient les agences ; ils poussèrent les terrains au centuple de leur valeur et vendirent tout à coup. La panique, qui survint, se compliqua du débordement de la rivière Rouge et provoqua la grande débâcle ou, pour parler américain, le terrible *boom* de 1882. Tous les propriétaires furent atteints. Du jour au lendemain, l'essor fut arrêté et les déconfitures se succédèrent, entraînant à leur suite la ruine des créanciers.

Personne ne pouvait supposer que la ville survivrait à un pareil désastre, et cependant la cité, qui nous reçoit aujourd'hui, ne se ressent plus de la secousse et se reprend à prospérer. Ainsi que l'écrivait naguère M. de Molinari au *Journal des Débats :* « C'est un jeune géant dont la croissance naturelle a été arrêtée

---

[1] « Des compagnies canadiennes, américaines et européennes « achetèrent du gouvernement canadien et de la Compagnie du « chemin de fer du Pacifique d'immenses étendues de terrain dans « l'espoir de les revendre bien vite et de réaliser ainsi de gros « bénéfices. Le gouvernement fédéral et la Compagnie du chemin « de fer ne vendaient, en effet, leurs terres qu'à raison de 1 dol- « lar à 1 dollar 50 l'acre, et les divers spéculateurs les revendaient « quelquefois 4 et 5,000 dollars l'acre. De 1881 à 1882, la valeur « de la propriété foncière s'éleva de 9,000,000 de dollars à « 30,000,000 de dollars. Des fortunes furent faites en un jour. « Tel émigrant arrivé dans le pays, quelques mois auparavant, avec « quelques centaines de dollars, se trouvait propriétaire d'une for- « tune de plusieurs centaines de mille francs.

(V. Gerbié : *Le Canada et l'émigration française,* page 300.)

pour un moment, mais dont la complexion vigoureuse ne tardera pas à reprendre le dessus. »

Si Toronto fait penser à l'Angleterre et Québec à la France, Winnipeg se présente à l'observateur comme l'une des créations les plus hardies et les plus saisissantes du génie américain. Figurez-vous une ville de vingt-cinq mille âmes, assise au confluent de deux grandes rivières : l'Assiniboine et la rivière Rouge. Sa superficie est égale à celles de nos capitales de l'Europe; ses maisons, dispersées sur le tracé à peine ébauché des rues, se composent, ici, de cabanes en planches bariolées de couleurs vives et couvertes de réclames gigantesques; là, de cottages gracieux à l'œil; ailleurs, de *blocks* énormes, casernes monumentales bâties en pierre de taille et capables de loger une centaine de locataires. Parfois, on aperçoit les fondations d'un édifice que l'architecte a délaissé au moment du *boom;* souvent on arpente une avenue dessinée en pleine savane. *Main street*, l'artère principale, a la prétention d'éclipser *Broadway* de New-York. Ce boulevard, mieux pavé que celui de l'*Empire city*, coupe la ville dans toute sa longueur et se développe sur une largeur de quarante-cinq mètres. Des globes électriques l'éclairent; deux lignes de tramways le desservent et des poteaux télégraphiques et téléphoniques en garnissent les côtés. Sur l'un de ces poteaux, je compte cent dix fils! *The Queen's hotel*, où nous descendons, est comble.

Une cité bâtie sur ce modèle, capable de résister aux secousses les plus violentes, placée au milieu des terres noires et au centre d'un réseau de chemins de fer, peut envisager l'avenir avec tranquillité. Pour elle, le temps de l'épreuve est passé. Chicago nous stupéfie par son accroissement fabuleux. Qui oserait affirmer que, dans quelque dix ans, l'extention de Winnipeg ne suscitera pas de pareils étonnements?

— Le Manitoba, comme sa capitale, s'est transformé à vue d'œil. Sa superficie est de trois cent vingt mille kilomètres carrés, et sa population s'élevait en 1881, époque du dernier recensement, à soixante-six mille habitants. Cette province se trouve située à égale distance du pôle et de l'équateur, de l'océan Pacifique et de l'océan Atlantique.

Quant aux territoires Nord-Ouest, ils forment les quatre cinquièmes du *Dominion* et se développent sur une surface de 6,900,000 kilomètres carrés. Compris, d'une part, entre les régions polaires et le 49e parallèle, de l'autre, entre la baie d'Hudson et les montagnes Rocheuses, ils ont pour limites: au sud les États-Unis, au nord l'océan Glacial, à l'est le Manitoba et la baie d'Hudson, à l'ouest la Colombie anglaise. Leur population comprenait, en 1880, cinquante-sept mille habitants, parmi lesquels on comptait environ cinquante mille sauvages.

Les différentes tribus indiennes qui vivaient, libres de toute entrave, dans la prairie sans limite, Montagnais, Cris, Saulteux, Sioux, Pieds-Noirs, Assiniboines, etc.., sont aujourd'hui, pour la plupart, enfermés dans des réserves. Les unes sont converties au christianisme; les autres, fidèles à leur religion primitive, adorent un bon et un mauvais Esprit. Naturellement, le mauvais Esprit, que chacun redoute, est le plus entouré de prévenances. On est aux petits soins pour lui, on le comble de présents, destinés à faire tomber sa méchante humeur.

Au point de vue administratif, le Nord-Ouest est

divisé en cinq territoires, sous le contrôle d'un lieutenant-gouverneur, qu'assiste un conseil. Ce sont :
l'Assiniboine et le Saskatchewan, dans les régions
traversées par les rivières du même nom, le Keewatin
au nord du lac de Winnipeg, l'Alberta et l'Athabasca
du côté des montagnes Rocheuses. Tandis que les
provinces envoient des députés à Ottawa, les territoires
ne sont pas représentés dans le Parlement fédéral.

De l'organisation politique du Manitoba nous n'avons
rien à dire. Elle entre dans le mécanisme constitutionnel et parlementaire qui compose le Dominion;
mécanisme que nous nous sommes efforcé de décrire
et sur lequel nous ne reviendrons pas. Québec peut
être fière de ses compatriotes de la rivière Rouge.
Cédant à l'impulsion que leur donne un journal du
parti, *le Manitoba*, les paroisses combinent leurs
efforts pour faire triompher la cause canadienne. Ces
avant-postes de la Nouvelle-France détachent des vedettes
sur tous les points où l'influence du Vieux Pays se fait
sentir. L'œil au guet, elles observent en silence les
positions de leurs adversaires, et quand s'entame la
lutte électorale, inébranlables dans leurs retranchements, elles disputent la victoire aux Anglo-Saxons.
Dans plusieurs engagements les Canadiens ont conservé l'avantage. Dernièrement encore, la législature
provinciale reconnaissait l'usage officiel de la langue
française. Telle a été, d'ailleurs, l'attitude prise par
nos nationaux à la Chambre de Winnipeg que le lieutenant-gouverneur dut leur réserver deux portefeuilles
dans le cabinet ministériel.

Ce qui concerne l'enseignement ayant fait l'objet
d'un chapitre spécial, nous nous bornons à constater
que l' « Université du Manitoba » comprend des mem-

bres catholiques et des membres protestants. Le directeur est Anglais, le sous-directeur est Français. Un jury mixte fait passer les examens. Dans ce jury, l'impartialité est assurée, non par une neutralité illusoire, mais par ce fait que les catholiques étant interrogés par des catholiques, les protestants par des protestants, chacun est certain de trouver chez son juge un représentant de ses convictions. Le collége des PP. Jésuites, à Saint-Boniface, prépare aux grades universitaires, et les écoles paroissiales de garçons et de filles donnent aux enfants tous les éléments d'une bonne instruction primaire.

Reste à signaler deux questions capitales, qui prirent naissance dans la province que nous visitons : la question des métis et la question agricole. La première a failli susciter un conflit entre le Haut et le Bas-Canada. La seconde intéresse également l'ancien et le nouveau continent. Sans prétendre apporter dans le débat un avis autorisé, nous examinerons ces deux points, en poursuivant notre récit.

CHAPITRE XII

Le 28, de bonne heure, un domestique nous avertit
que le secrétaire du *Manitoba club* désire nous parler.
Il y a donc un *Manitoba club?* — Sans doute; un cercle
militaire fort bien organisé; un vrai cercle où chacun
peut causer, prendre ses repas, se livrer aux sports
les plus variés, caresser la dame de pique, lire enfin
les gazettes canadienes et les journaux étrangers. Ces
détails, nous les ignorions à huit heures du matin;
mais à huit heures cinq minutes, nous apprenons que,
depuis la veille, nous faisons partie de ce *Jockey* de la
Prairie! Un officier, très homme du monde, nous
apporte nos lettres d'admission et nous invite à déjeu
ner de la part du président. Nous acceptons avec
reconnaissance, sans toutefois deviner le mot de
l'énigme.

Dès notre arrivée tout s'explique. M. R..., notre
pilote de Saint-Paul, nous attend dans les salons du
cercle et nous présente à ses amis. Cette fois du moins

notre silencieux protecteur est obligé de confesser sa démarche ; mais le lendemain et les jours suivants, nous recevons de différents côtés des invitations pressantes de personnages qui nous sont absolument inconnus. Tantôt c'est un chef de la police montée qui nous envoie, pour le directeur du pénitencier du *Stony Mountain*, une lettre d'introduction. Tantôt c'est le président d'une Compagnie de chemin de fer qui nous offre un libre parcours, nous permettant de visiter une ferme située à deux cents kilomètres de Winnipeg. Tantôt encore c'est un agronome qui vient nous chercher et nous conduit à une exposition régionale,... et toujours —on le devine — l'âme de ce complot, le *Deus ex machinâ* caché dans la coulisse, c'est le trop gracieux M. R...

Stony Mountain (montagne de pierres) est une colline qui s'élève à vingt kilomètres de la jeune capitale. On y voit, à côté d'un parc de buffalos, la prison provinciale et le chalet du directeur. La prison se compose de galeries communiquant avec une série de cellules en fer à claire-voie. Dans ces cages sont enfermés une poignée de condamnés de droit commun et une cinquantaine de condamnés politiques de la dernière insurrection. Assimilés aux pâles gredins qui les entourent, les Peaux-Rouges souffrent visiblement de l'état où ils sont réduits. L'obligation du silence, que l'administration leur impose, les affaisse et les abêtit. Ils ont l'air morne et résigné de ces ours que les montreurs promènent dans les villages de la Savoie. Sur notre passage cependant quelques prisonniers relèvent la tête. Ce sont des métis qui reconnaissent notre parler français. Malheureusement le gardien chargé de nous faire visiter les galeries a surpris le mouvement imperceptible d'un captif et nous met poliment à la porte. Très-étonnés de la manœuvre de notre guide, nous demandons à parler au directeur. Il paraît que le directeur est parti et que ses sous-ordres sont tous occupés. Quant à Big-Bear, un allié de Riel, écroué à deux pas de nous, il regrettera vivement d'avoir manqué notre visite. Grand merci! les regrets sont pour nous.

Cette déception est quelque peu compensée par une rencontre fortuite. En quittant le pénitencier, nous croisons une quinzaine de sauvages que des *policemen*, armés de winchesters, conduisent au travail. Les détenus sont en costume de forçats. Un seul d'entre eux, Poundmaker, le chef des Cris, a l'autorisation de garder sa chevelure. Grand, svelte, imposant, cet Indien pur sang a conservé le type originaire de sa race. Ses traits ne paraissent ni lourds, ni grossiers; son œil brille d'un vif éclat, et les cheveux tressés qui encadrent sa face donnent à sa physionomie une expression surprenante. Dans plusieurs rencontres, Poundmaker sauva du massacre les missionnaires et les colons. Aujourd'hui, la justice l'en récompense en le condamnant à végéter pendant trois ans dans les cellules de *Stony Mountain*.

Notre course est terminée, et nous attendons, à trois cents mètres de la prison, le train qui retourne à Winnipeg. Quatre métis français font route avec nous. A les voir, proprement vêtus et les mains gantées, on les prendrait pour des colons des environs de Québec, si leur teint ne trahissait leur origine indienne. Leur sang-froid est plus éloquent que les sanglots et les larmes. La mère, une vieille femme, doit souffrir cruellement; mais sa face amaigrie demeure impassible. Elle est venue des bords de la Saskatchewan, où ses enfants cultivent, pour embrasser le « petit dernier » à travers le grillage de *Stony Mountain*. Deux hommes et une jeune *squaw* font avec elle le lugubre pèlerinage. On voudrait pouvoir les consoler, mais soit défiance, soit fierté, ils évitent de répondre. Une seule fois la vieille daigne sortir de son mutisme. Nous avons parlé de Riel. « Riel aime les métis, nous dit-elle. « L'Esprit le guide et nous soutient. »

Sans aucun doute, ces demi-blancs sont supérieurs aux Montagnais du lac Saint-Jean. Ils tiennent le milieu entre les races européennes et les races sauvages. Connaît-on leurs origines et leurs mœurs? Quel mobile les a déterminés à s'insurger contre le Dominion? Riel, ce néo-prophète qui personnifie à lui seul la dernière rébellion, quel est-il et quel sort l'attend? Enfin que penser de la politique suivie par le gouvernement d'Ottawa dans les territoires Nord-Ouest?

Voilà ce que nous n'avons pu débrouiller jusqu'ici et ce que nous désirons savoir. Ni la presse canadienne qui nous paraît trop exaltée, ni la presse anglaise, visiblement hostile et souvent injuste, n'ont réussi à nous former une opinion sur la question des métis. Sir A. Caron nous a parlé des récents événements avec une réserve qui s'explique. Quant aux officiers du *Manitoba club*, ils sont, par leur position, appelés à combattre et non pas à juger.

Mais il existe un homme qui s'est fait jusqu'ici une loi du silence : Mgr Taché. Depuis quarante ans, il vit au milieu des populations de sang mêlé, et depuis vingt ans, il exerce son apostolat dans le Manitoba. Grâce à lui, Riel, enfant, put terminer ses études au collège de Montréal. Mieux que tout autre, l'apôtre du Nord-Ouest connaît le héros et les personnages du grand drame qui s'est déroulé naguère à huit cents lieues de l'Atlantique.

Nous allons à Saint-Boniface. Le siége de l'archevêché est une modeste demeure qu'entoure un jardin de presbytère. Dans la pièce où nous introduit la servante, se tient un vieillard petit et replet. Il est simple et très-fin. Son front large et découvert dénote une vaste intelligence et sa physionomie exprime la bonté.

Mgr Taché ne nous dissimule pas la profonde affection que lui inspirent les métis. Ces fils d'aventuriers français sont un peu nos parents. Chacun sait dans le pays que le chemin frayé par la Vérandrye (1735), au nord-ouest du lac Supérieur, fut suivi par des bandes de traitants, trappeurs et coureurs de bois, qui s'unirent aux Indiennes. Les demi-blancs issus de ces alliances furent désignés autrefois sous le nom de Bois-Brûlés. Ils vécurent jusqu'en 1821 sous l'administration de la Compagnie du Nord-Ouest, et de 1821 à 1870, sous l'administration de la Compagnie de la baie d'Hudson. Ce changement de maîtres n'amena pas de changement de condition, et toujours les métis se plaignirent des exigences du monopole. Le chasseur n'avait pas le droit de garder les fourrures des animaux qu'il tuait. Il recevait, en échange de ses captures, de mauvais vêtements, trop légers pour le garantir des rigueurs de l'hiver. Un jour le castor vint à manquer et le buffalo disparut. Le métis, plus sédentaire que le sauvage, se mit à coloniser. Il établit des cultures sur le cours des grandes rivières et chargea ses produits sur des radeaux, pour les transporter et les vendre dans les campements indiens. Cette concurrence déplut à la Compagnie. Longtemps elle interdit tout trafic; mais en 1850, les demi-blancs de Fort-Garry, dirigés par le père de Riel, résistèrent aux injonctions des agents, et les maîtres comprirent qu'ils devaient plier. Pendant vingt années, les peuplades jouirent d'une liberté absolue. Personne ne les inquiétait, et les émigrants, qui s'installaient à côté d'elles dans la prairie, avaient garde d'empiéter sur leurs exploitations agricoles. Ainsi se formait, autour du lac Manitowa ou Manitoba (lac de Manitou), une colonie de douze mille habitants dont la moitié appartenait à la race métisse française.

Survint l'annexion des territoires de la Compagnie de la baie d'Hudson à la confédération canadienne (1870). Nous ne reviendrons pas sur ce fait; mais nous rappelons que des arpenteurs furent chargés de diviser la province du Manitoba en cantons de six milles carrés, nommés *townships*. De telles rectifications devaient amener forcément un remaniement complet dans la délimitation des propriétés, et l'absence de cadastre augmentait encore les difficultés. Rien n'est compliqué, même entre gens civilisés, comme les questions d'expropriation ou de mur mitoyen. Quand l'une des parties intéressées est un demi-sauvage, la confusion devient extrême, la panique s'en mêle et les troubles surgissent.

Les métis se crurent menacés de perdre les biens qu'ils possédaient de temps immémorial. Ils supplièrent le gouvernement de leur donner des titres de propriété établissant officiellement leurs droits. Ces réclamations demeurèrent sans effet, et progressivement les cerveaux s'échauffèrent.

Le vieux Riel était mort, mais il laissait un fils de vingt-cinq ans, connu déjà pour sa rare éloquence. Par les alliances de sa famille, Louis Riel tenait beaucoup plus de la race blanche que de la race indigène. Placé par les métis à la tête d'un « comité national » de résistance, il installa à Fort-Garry un gouvernement provisoire. « Comme à tout gouver-« nement, même provisoire, il faut un drapeau..., on « choisit le drapeau blanc fleurdelysé, au milieu « duquel on plaça la harpe d'Irlande, et voilà com-« ment, en l'an de grâce 1870, le drapeau blanc et la « fleur de lys devinrent, dans un coin reculé de l'Amé-« rique du Nord, l'emblème d'un mouvement révolu-« tionnaire [1]. »

On en vint aux mains. Thomas Scott, un des chefs de la milice anglaise, fut battu, pris et fusillé. Pendant ce temps le colonel Wolseley, à la tête d'une petite armée, remontait la rivière Rouge et atteignait Fort-Garry. Riel parvint à s'échapper. Un lieutenant-gou-verneur s'établit dans la nouvelle province, et le cabinet d'Ottawa se décida, mais un peu tard, à faire droit aux demandes des métis. Quant au chef de l'insurrection, il fut condamné à cinq ans d'exil.

Le délai de sa peine expiré, Louis Riel revint à Saint-Boniface, et s'opposa aux tentatives de soulève-ment que firent dans l'Ouest des Irlandais coalisés, connus sous le nom de *Fenians*. Malgré ce service rendu au Dominion, l'ancien révolté, élu député du Manitoba, ne put entrer au Parlement fédéral et repassa la frontière.

Des années s'écoulèrent et le calme renaissait, quand la création du Chemin de fer transcontinental nécessita l'expropriation des territoires occupés par les demi-blancs sur le passage de la ligne. Cette fois

[1] H. de Lamothe : *Cinq mois chez les Français d'Amérique.*

encore, les mécontents protestèrent contre la violation de leurs propriétés. Sur leur demande, Riel rentra dans les territoires et fit publier, en 1884, un *bill des droits,* qu'il adressa au ministère fédéral. Dans ce bill, il réclamait pour les métis du Nord-Ouest la reconnaissance d'avantages analogues à ceux qui avaient été précédemment accordés aux métis du Manitoba. Par malheur, l'expérience de 1870 n'avait servi à personne. Les revendications demeurèrent sans écho; l'horizon politique s'assombrit, les nuages s'amoncelèrent et l'orage éclata.

Nous n'entreprendrons pas, à cette place, de retracer les détails de la dernière rébellion; M. de Varigny en a fait un exposé aussi consciencieux que précis, dans la *Revue des Deux Mondes*[1]. Il nous montre les dangers de l'expédition et la tactique des sauvages. Avec lui, nous assistons aux massacres de Frog-Lake et de Fort-Pitt, ordonnés par Big-Bear, ainsi qu'à l'échauffourée de Battleford, où Poundmaker d'un côté, le colonel Otter de l'autre, donnent l'exemple d'une indomptable énergie. Riel et Dumont commandent les métis et marchent contre le général Middleton. Vainqueurs à Fisch-Creck, quatre cents demi-blancs obligent les bataillons canadiens à se replier devant eux. A cet instant critique, le vieux général se recueille; il rassemble ses forces, se précipite sur Batoché, lutte avec acharnement pendant cinq jours et finit par triompher. Dumont est en fuite, Riel se rend à discrétion, Poundmaker capitule et Big-Bear subit une dernière défaite.

Force reste à l'autorité; mais le terrible choc s'est

[1] Numéro du 15 mars 1886.

prolongé trois mois (de mars à juin 1885). Le sang a coulé à flots; des missionnaires, des colons, des officiers, des miliciens sont morts, frappés d'une balle ou égorgés; des peuplades, jusque-là pacifiques, ont voué aux Visages Pâles une haine féroce; la misère et le deuil planent encore sur le Nord-Ouest; un pays qui semblait oublier les querelles de races s'est nettement divisé en deux fractions rivales. Telles furent les conséquences lamentables de la rébellion des métis.

La répression terminée, il fallut juger les principaux fauteurs de l'insurrection. A mesure que la justice instrumentait, des difficultés nouvelles surgissaient de toutes parts. Les Anglais s'acharnaient contre Riel et réclamaient sa tête [1]; les Français invoquaient en faveur de l'accusé l'exaltation naturelle de son esprit et concluaient à l'acquittement; l'accusé lui-même attaquait le gouvernement et déclarait que l'insurrection avait une cause légitime. L'avis des premiers prévalut, et la cour de Régina condamna Riel à la peine de mort.

Entre la sentence du juge et l'exécution de l'arrêt fatal, y avait-il place pour la clémence? On peut le soutenir. Le droit de grâce existe à Ottawa comme à Paris, et les Canadiens, procédant sans doute par analogie avec ce qui se passe ordinairement en France, étaient convaincus que le gouvernement en ferait usage. J'ignore si Mgr Taché, qui partageait le désir de ses compatriotes, partageait aussi leurs espérances. L'archevêque de Saint-Boniface avait suivi, avec une profonde tristesse, tous les détails du procès; mais, par

---

[1] Si l'on en croit certains rapports qui, me semble-t-il, n'ont pas été démentis, Riel aurait proposé au gouvernement de faire cesser l'insurrection, moyennant une somme considérable de dollars. Ce fait ne serait pas de nature à rendre ce personnage intéressant.

un sentiment de réserve qui s'explique, il attendait dans la retraite que le cabinet eût décidé du sort de son ancien protégé.

Depuis notre départ du Manitoba, l'ordre d'exécution fut expédié d'Ottawa dans la capitale du Nord-Ouest. Le 6 novembre 1885, Riel montait sur l'échafaud la tête haute et la démarche assurée.

Dans les deux Canadas, l'effet produit par cette nouvelle fut déplorable. Anglais et Français perdirent toute retenue, et tous, exploitant à leur profit le silence imposant de l'archevêque, lui prêtèrent les idées les plus contradictoires et les sentiments les plus opposés. Le moment était venu de parler. Mgr Taché le fit avec mesure, mais avec énergie, en publiant le 7 décembre 1885 une brochure intitulée : *la Situation au Nord-Ouest*[1]. Ce précieux document, qui fait la part de responsabilité de chacun dans la question des métis, restera l'œuvre d'un patriote et d'un maître. On me saura gré sans doute d'en détacher quelques fragments.

« A mes yeux, écrit l'archevêque, les responsabilités
« de nos désastres et de nos hontes sont multiples.
« Elles pèsent non-seulement sur les agents actifs du
« soulèvement et les administrations qui se sont
« succédé au pouvoir, mais aussi sur bien d'autres
« causes. Le peuple canadien et ceux qui le gouvernent,
« en acquérant les territoires Nord-Ouest, n'ont pensé
« qu'à l'étendue et à la richesse des vastes domaines
« dont ils entraient en possession.... On n'a rien
« accepté en dehors des données fournies par les

---

[1] Je dois cette intéressante communication à l'obligeance d'un jeune ingénieur lorrain, **M. Georges Keller**, revenu du Canada quelque temps après mon retour en France.

« documents préparés dans les offices du gouver-
« nement et, je regrette de le dire, parfois ces infor-
« mations auraient dû être les seules repoussées. »

Trop souvent les charges, même importantes, ont
été confiées à des employés incapables, grossiers et
hautains. « Dans mon humble opinion, il en sera tou-
« jours ainsi, tant que les nominations se feront exclu-
« sivement au point de vue des partis politiques. » On
s'est figuré bien à tort que tout était bon dans un pays
de sauvages [1].

Ce sujet de mécontentement se compliquait de
l'irritation causée par la débâcle financière de 1882.
Les spéculateurs, qui, dans la circonstance, étaient les
seuls coupables, firent peser sur le gouvernement le
poids de leurs propres fautes. Ils n'ont pas craint de
surexciter l'opinion, oubliant qu' « en semant le vent,
on récolte la tempête ». « Oh! misères des bassesses
« humaines, s'écrie douloureusement l'archevêque; il
« est des gens qui ont poussé à la rébellion et qui se
« réjouissent des avantages matériels qu'elle leur a
« procurés. Ceux-là sont les plus ardents à demander
« vengeance et à parler de loyauté. Le gouvernement
« doit connaître ce que je viens de dire, et il est bon
« que le pays entier le sache, afin que chacun porte sa
« part de responsabilité. »

Au lieu de traiter les métis comme des gentils-

___

[1] A cette appréciation, on pourrait opposer les paroles que prononçait sir John Mac Donald dans le rapport officiel qu'il soumit
au parlement fédéral : « Je dois déclarer que tous les fonction-
« naires publics chargés du service des Indiens dans le Nord-Ouest,
« au Manitoba et à Kewatin, méritent de grands éloges pour leurs
« efforts courageux..., etc. » (Session de 1886.) Il est vrai que le
devoir d'un ministre est de soutenir ses agents.

hommes traitent tout le monde, les agents ont refusé d'entendre les demandes les plus légitimes. Un rude et dédaigneux : *I don't talk french,* a souvent été l'unique réponse à de justes revendications. Était-ce là ce que recommandait à ses fonctionnaires lord Dufferin? Dans un discours d'adieu que l'ancien gouverneur prononçait au Manitoba, le 29 septembre 1877, il disait :

« Les métis ont fait pour la colonie ce qui ne se « serait pas accompli sans eux; ils ont établi, entre la « population blanche et la population indienne, des « sentiments traditionnels de bon vouloir et d'amitié « qu'il n'aurait pas été possible d'établir en dehors de « leur concours. »

Les représentants du pouvoir n'ont pas compris le sens politique de ces paroles.

Des métis, Mgr Taché passe aux sauvages et, s'autorisant du témoignage de sympathie donné par le marquis de Lansdowne aux peuplades du Nord-Ouest, il reconnaît que « les habitants originaires de cette « contrée se considèrent eux-mêmes, et non sans « raison, comme les légitimes propriétaires du sol[1] ».

Suit un tableau saisissant de la vie sauvage avant l'annexion des territoires de la baie d'Hudson à la confédération canadienne :

« Les sauvages du Nord-Ouest! Voilà une classe « d'hommes peu comprise du peuple canadien....

« Il faut avoir vu l'indomptable sauvage se dresser « au milieu des immenses prairies; se draper avec « complaisance dans sa demi-nudité; promener son « regard de feu sur ces horizons sans bornes; humer

---

[1] Discours prononcé à Winnipeg le 22 octobre 1885, par le marquis de Lansdowne, gouverneur général du Canada.

« une atmosphère de liberté qui ne se trouve nulle
« part ailleurs ; se complaire dans une sorte de royauté
« qui n'avait ni les embarras de la richesse, ni la
« responsabilité de la dignité.

« Il faut avoir vu cet infatigable chasseur, s'exaltant
« devant les péripéties, les chances et les succès d'une
« chasse qui n'a jamais eu de parallèle.

« Il faut avoir connu ce flâneur, à qui l'abondance
« permettait de passer presque toute sa vie dans une
« oisiveté à laquelle le caprice seul offrait des variétés.
« Oui, il faut avoir vu tout cela et voir le sauvage
« d'aujourd'hui, traînant sa misère, privé de son indé-
« pendance, dans un état continuel de gêne et de
« demi-jeûne, ayant ajouté à ses vices les dégoûtantes
« conséquences de l'immoralité des blancs. Il faut
« avoir vu tout cela et l'avoir vu sous l'influence de la
« sympathie, pour comprendre tout ce que souffrent
« les sauvages aujourd'hui. »

En poussant à bout les métis, qu'a-t-on fait? On a
soulevé la digue qui retenait l'Indien dans ses réserves.
Il y a plus. L'emprisonnement de certains chefs a calmé
les ressentiments que, depuis des siècles, certaines
tribus nourrissaient les unes contre les autres. Pied-
de-Vache pleure la captivité de Gros-Ours. « Les blancs
sont devenus l'ennemi commun, le seul ennemi. »

Au sujet de Riel, Mgr Taché constate que l'opinion
tout entière s'est passionnée. Il croit à la *théomanie*
de son ancien élève ; « mais il n'en peut conclure que
« ceux qui ne partagent pas son opinion manquent de
« sincérité ».

L'agitation dangereuse qui a suivi l'exécution du
condamné de Régina serait fatale, si elle devait se
prolonger. « Dans les temps de crises, une prudence

« extrême s'impose comme un devoir au vrai patriote. »
Non pas qu'il faille approuver la conduite de certains
gallophobes. « Notre origine française est assez noble
« pour que ceux qui ne la partagent pas doivent la
« respecter. » « A la violence, il faut opposer le calme
« et se contenter d'avoir recours aux moyens légaux. »

La brochure se termine par un appel à la clémence.

La *Situation au Nord-Ouest* eut, des bords de la
rivière Rouge aux rives du Saint-Laurent, le reten-
tissement qu'on suppose. Chacun en fit son profit. A
l'heure où je relis mes impressions de voyage, les
manifestations hostiles au gouvernement ont cessé. Le
marquis de Lansdowne et son premier ministre ont
donné l'exemple de la modération. De leur côté, les
membres canadiens-français du cabinet fédéral ont
courageusement revendiqué leur part de responsabilité
dans les mesures de rigueur prises par le pouvoir.
Insensiblement l'opposition s'aperçut qu'en identifiant
la cause française à la déplorable aventure dont Riel
s'était fait le champion, elle desservait à la fois ses
propres intérêts et les intérêts de la population métisse.
Disons enfin, à l'honneur du ministère, qu'une amnistie
générale fut accordée, le 18 juillet 1886, aux auteurs
de l'insurrection. Gabriel Dumont peut maintenant
circuler librement dans les provinces et dans les
territoires. Seuls Big-Bear (Gros-Ours) et trois de ses
compagnons sont encore exclus de cette mesure
d'apaisement. Big-Bear est un chef turbulent et dangereux qui jetterait le trouble dans sa tribu.

Il y a lieu d'espérer qu'à l'avenir le département des
affaires indiennes se rendra un compte plus exact des
besoins d'un pays nouveau, et que la race canadienne-
française ne sera plus systématiquement exclue de cette

branche de l'administration. L'*habitant* est l'allié naturel du métis, comme le métis est l'intermédiaire nécessaire entre le blanc et le sauvage.

De retour à *the Queen's hotel,* nous élaborions péniblement, Paul et moi, un projet d'excursion, quand D... fit irruption dans notre chambre. « Inutile de tant chercher, nous dit-il d'un air ravi. Tout est préparé, conclu et parachevé. En prenant, le 1er octobre à huit heures du matin, la grande ligne du Pacifique, nous arriverons à Brandon vers trois heures. Là nous trouverons une voiture, deux bons chevaux et un guide, qui nous conduiront le lendemain à Minnedosa, terminus actuel du *Manitoba and Northern-Western Railway.* » Plume et poil abondent dans cette contrée, où le colon s'installe. Ainsi nous pourrons, au gré de notre fantaisie, satisfaire notre goût pour la chasse et jeter un coup d'œil sur les exploitations agricoles qu'on nous a signalées. »

Bien entendu, M. R... n'est pour rien dans la combinaison. Ce sont les directeurs des deux compagnies rivales qui, d'instinct et d'un commun accord, ont tout organisé pour le plus grand plaisir de trois touristes qu'ils n'ont jamais vus. Au reste, les directeurs sont d'une amabilité qui nous confond. Nous ferons, sans bourse délier, une course fort intéressante dans un pays plein de cachet.

Non pas que, sur la ligne du Pacifique-Canadien, le site prenne subitement un caractère pittoresque. Ici la nature est plus calme, plus recueillie que nulle part ailleurs. Il semblerait qu'elle sommeille, si la présence d'un *settlement* ou d'un bourg n'attestait, par moments, que l'homme civilisé a troublé le repos de ce désert fertile. Des fermes déjà considérables étendent au loin leurs cultures. Des troupeaux paissent dans la savane. C'est la vie qui pénètre dans ces solitudes mystérieuses.

L'aspect de la Prairie ne varie guère. Toujours les ondulations se succèdent; toujours la plaine immense, marquée de taches de cendres, décrit sur le bleu du ciel un arc de cercle qui ferme l'horizon. Pas un arbre, pas une broussaille, et cependant la terre est d'une richesse inouïe. Il paraît que la couche supérieure du sol est imprégnée de principes alcalins contraires à la végétation arborescente. Un simple labour suffit d'ailleurs pour éliminer ces principes. Sur les terrains cultivés, les arbres et les plantes se développent à merveille.

Le train remonte le cours de l'Assiniboine et passe à Marquette. Cette paroisse fait revivre dans l'Ouest le nom d'un explorateur intrépide, qui fut l'émule de Cavelier de la Salle et le compagnon de Joliet [1]. D'autres stations sans importance sont semées sur la ligne; mais voici, à la bifurcation du *Manitoba and Northern-Western Railway*, un Winnipeg aux petits pieds. Portage-la-Prairie compte déjà cinq mille âmes. Des baraques en bois peint bordent sa grande avenue. Inutile d'ajouter que le télégraphe et le téléphone s'y rencontrent comme partout; c'est banal! Vingt minutes se passent et nous roulons au milieu de gras pâturages. La machine, pleine de sollicitude pour les génisses inexpérimentées qui gambadent devant elle, stoppe à plusieurs reprises et les inonde de vapeur. En dépit des coups de sifflet et des douches, la plus rebelle se retranche dans ses positions, et le mécanicien, utilisant

1 A Joliet et au Père Marquette revient l'honneur d'avoir découvert le haut Mississipi, en 1673.

en dernier ressort le *cow-catcher* (pousse-vache en forme de charrue qui protège la locomotive) déplace la bête vigoureusement. La pauvrette jette sur Paul un regard suppliant. Involontairement notre ami fredonne ce couplet bien connu :

Elle ne savait pas, dans sa candeur naïve,... etc.

Vers midi, nous lunchons à Carberry et, trois heures plus tard, nous descendons à la station de Brandon. *Grand View hôtel* daigne nous héberger. Ce chalet, à deux étages, attend encore son mobilier, mais les lits sont bons, et, dans le restaurant, nous trouvons les éléments d'un dîner. Au bar se réunit le tout-Brandon des premières, et le tout-Brandon se grise comme le ferait un portefaix. Témoin le propriétaire même du bar, que D... reçoit sur le dos. Un garçon bien stylé emporte à bras-le-corps la masse inerte et la dépose respectueusement dans un coin. Comme la chose paraît toute naturelle, nous avons garde de nous en formaliser. La ville n'a pas encore quatre années d'existence, et sa population dépasse le chiffre respectable de trois mille habitants.

En vain on chercherait dans ce coin de terre promise un représentant de la race latine. Les métis qui cultivent dans les environs appartiennent, par leurs ancêtres paternels, soit à la verte Érin, soit à l'antique Albion. Il y a bien une poignée d'Indiens : les Saulteux des Marais ; mais ces sauvages ne rendent aucun service à la civilisation. Le terrain où ils étaient campés vient d'être transformé en un vaste hippodrome, spécialement destiné aux courses de trotteurs.

Des courses de trotteurs à Brandon, voilà qui peut surprendre nos sportsmen de Paris et de Londres.

Quant à nous, nous sommes décidés à ne plus nous étonner de rien; il y aurait trop à faire. Le sol est propre à l'élevage, et si la terre que nous foulons n'avait pas acquis une certaine valeur, nous verrions des *ranchs* [1] considérables parcourir le pays. Mais à quoi bon payer un loyer relativement onéreux, quand, au pied des Rocheuses, on trouve les mêmes avantages, dans de vastes contrées où le colon n'a pas paru? Au Nord-Ouest seulement se multiplieront à l'infini ces troupeaux gigantesques dont les produits envahiront un jour les grandes villes de l'Est et les marchés européens [2].

Si le Manitoba n'élève que le bétail et les chevaux nécessaires à ses besoins, il exporte au loin des récoltes. L'avenir agricole de cette province, après avoir stupéfié nos vieux pays, les inquiète. La France ellemême, malgré ses ressources, s'effraye, et ses sociétés d'agriculture délèguent à Winnipeg des hommes

---

[1] On sait qu'un *ranch* est une entreprise d'élevage et d'exploitation de bétail ou de chevaux.

[2] Nous aurons prochainement l'occasion de parler de l'élevage aux États-Unis. Disons cependant, en ce qui concerne le Canada, que l'exportation du bétail a pris une très-grande importance. En 1874, elle n'était que de 40.000 bœufs, 5 400 chevaux, 250.000 moutons; en 1885, elle s'élève à 144.000 bœufs, 12.000 chevaux, 304.000 moutons. Dans les *ranchs*, on évalue le nombre des bœufs à 2.000.000 et celui des vaches laitières à 1.500.000. Les chevaux figurent sur les tableaux statistiques pour un chiffre de 900.000 et les poulains pour celui de 200.000. Ajoutons à cette liste 1.500.000 porcs et 3.000.000 de moutons, ces derniers produisant 12.000.000 de livres de laine.

A mesure que les troupeaux vont augmenter leur population animale, l'exportation du bétail prendra des proportions prodigieuses, et les conséquences économiques qui résulteront de cet accroissement seront, plus encore qu'aujourd'hui, de nature à faire réfléchir nos éleveurs français.

spéciaux, qui vont s'assurer par eux-mêmes de l'étendue de ces richesses. A Minnedosa, nous visiterons quelques fermes. Qu'on nous pardonne si, pour parvenir dans cette bourgade, nous faisons l'école buissonnière, en prenant à partie de malheureux oiseaux.

C'est aujourd'hui le 2 octobre. Le soleil se lève, et Brandon disparaît derrière une vague de la prairie. Tout est calme. A peine si l'on entend le pas des chevaux et le frottement des roues sur la savane. Nos carabines à dix coups sont chargées; nos carnassières ouvertes. Tous trois, debout dans le break, nous observons la position du cavalier au quatrième temps de la charge. L'ardeur qui dévorait Nemrod brille dans les yeux de mes compagnons. Je supplie la chaste Diane de ne pas nous réserver le sort pénible et légèrement ridicule qu'elle infligea jadis au chasseur Actéon...

Une heure s'écoule, et, comme sœur Anne, je ne vois rien venir. Toujours « l'herbe qui verdoie », et, dans l'herbe, les poteaux posés par les arpenteurs à la limite des concessions. Sans ce signal, personne ne se douterait que l'homme civilisé a profané l'antique sanctuaire des buffalos et des élans. De ces représentants d'un autre âge, il ne peut être question ; des animaux plus modestes peuplent aujourd'hui la prairie.

« Stop! » commande le cocher. Les chevaux s'arrêtent. A l'entrée d'un terrier, j'aperçois le museau effilé d'un petit rongeur, qui nous examine avec une attention soutenue. Il est gros comme un cochon d'Inde. Pour le faire passer de vie à trépas, nous n'avons que des balles, mais si le curieux s'y prête, à coup sûr j'aurai sa peau. Pas du tout : je le manque et les chevaux font un écart. Au même instant une odeur fétide nous envahit. C'est atroce ! L'animal, nommé *bête puante*, s'est vengé de ses agresseurs en leur lançant un venin qui empoisonne. Peste soit de mon solitaire ! Dans ce duel, mes témoins et moi, nous sommes tous touchés, et le vainqueur, satisfait, reprend son poste d'observation pour assister à notre fuite.

A cent mètres plus loin, nouvel arrêt. Cette fois Paul triomphe ; une bête puante se débat dans les étreintes de la mort ! Plus loin c'est une poule de prairie (la *prairie-chicken* des Anglais) qui nous sert de cible. Nous tirons tous dessus. Elle, toujours immobile, se laisse exécuter à la cinquième sommation. Bonne prise ! la victime est une perdrix de la taille d'un chapon du Mans. A la longue, on se fait à cet exercice, et les poules se montrent si résignées, si patientes, que je parviens à leur indiquer le chemin de ma gibecière. Plus habiles tireurs que moi, mes amis ne comptent plus leurs prouesses.

Vers dix heures, le pays change subitement d'aspect. Nous longeons un chapelet d'étangs. Des saules et des peupliers en gardent l'approche. De tous côtés s'échappent des centaines de canards, de vanneaux et de sarcelles. Les premiers qui se groupent au milieu des étangs subissent des pertes considérables. Les blessés reviennent à la rive et de la rive passent dans le break ; mais les tués sont perdus. La fusillade ne cesse qu'au coucher du soleil. Chacun de nous a brûlé cent cartouches. Nous pourrons offrir au *Manitoba club* une bourriche bien garnie.

Grâce à l'énergie de nos carrossiers, nous arrivons à Minnedosa assez à temps pour y passer la nuit. Un Canadien-Français, le seul que possède le village, s'est attardé à l'auberge. Ardent patriote et grand buveur de *brandy,* il nous donne les preuves les plus convaincantes de sa prodigieuse capacité et de son inaltérable attachement à la mère patrie. Quand il nous parle des métis, il s'échauffe. « Pauvres métis! » répète-t-il avec une émotion visible; « on s'empare de leurs biens ; on « les déloge brusquement en leur criant : *Get up!* Et « les métis s'en iraient sans se plaindre?... Qu'auriez-« vous fait à leur place? » Qu'aurions-nous fait? Je me le demande. De l'indignation passant à la tendresse, notre Canadien met tout ce qu'il a à notre disposition ; tout sans exception, de la cave au grenier. Comme ce qu'il nous faut, pour le moment, c'est une bonne nuit, nous le remercions chaleureusement et nous montons dans nos chambres.

Le jour suivant, nous visitons deux fermes. La première, d'une contenance de huit cents hectares, appartient à un cadet d'Angleterre. Ce jeune homme partit de Londres avec dix mille livres sterling et s'intéressa d'abord à la construction du Pacifique-Canadien. Devenu propriétaire, il s'adjoignit un excellent fermier d'Écosse, qui exploite son territoire et lui sert, chaque année, un revenu de quinze pour cent. L'installation est fort simple : un chalet modeste, un parc à bestiaux, des granges pour abriter le matériel et les récoltes. Le blé qu'on nous présente est lourd, très-dur et d'une blancheur immaculée.

Notre seconde visite s'adresse à deux Irlandais, émigrés au moment du *boom*. Leur pécule étant insuffisant, ils durent emprunter à un taux élevé. Après bien des privations et bien des sacrifices, ils parvinrent à triompher de la mauvaise fortune. Aujourd'hui ils vivent sur leur propriété et commencent à payer leurs dettes.

Pour se rendre compte des difficultés que rencontre le colon et des chances de succès qui l'attendent, il est indispensable de donner quelques détails sur la division des terres et sur les conditions d'un octroi gratuit. Ces renseignements concernent exclusivement la province du Manitoba et les territoires Nord-Ouest.

Tirez une ligne de six milles[1] de long et marquez six divisions sur cette ligne. Élevez le tout au carré et vous obtiendrez un *township* ou canton. Les townships se comptent de l'est à l'ouest et du nord au sud. Dans le premier cas, le méridien qui passe auprès d'Emerson (*the first principal méridian*), dans le second, le 49e degré parallèle ont servi de bases à la création des cantons. Parmi ces cantons, ceux qui se comptent du nord au sud sont numérotés sur les cartes en chiffres romains, les autres en caractères arabes. Les trente-six petits carrés formés dans le township se nomment sections; ils mesurent une surface de six cent quarante acres et sont séparés par des chemins. Sur la ligne du Pacifique-Canadien, on remarque que les sections portant un numéro impair appartiennent à la Compagnie et que les sections portant un numéro pair font partie du domaine public [2].

Grâce à cette combinaison, les bureaux des terres peuvent déterminer l'emplacement exact de tel lot situé au cœur même des territoires Nord-Ouest. Un colon qui désire se constituer une ferme sur un point quelconque des régions arpentées, n'a donc qu'à se

---

[1] On se rappelle que le mille égale 1.610 mètres 40 centimètres et l'acre 40 ares 40 centiares. Voir note (chapitre VII), page 125.

[2] Notons cependant que les sections nos 11 et 29 sont réservées aux écoles, les sections nos 8 et 26 à la Compagnie de la baie d'Hudson.

présenter au guichet d'un bureau, sans autre formalité que s'il s'agissait pour lui de retenir une place à l'agence d'un théâtre.

Afin d'attirer les émigrants dans les districts agricoles, le gouvernement fédéral a créé un mode de concession appelé loi du *homestead*. La loi du *homestead* consiste dans l'octroi gratuit d'un quart de section accordé à toute personne âgée de dix-huit ans, qui s'est fait inscrire au bureau des terres et qui a versé comptant une somme de dix piastres, pour frais d'arpentage. Le concessionnaire contracte l'obligation de construire une habitation (*homestead*), d'y résider six mois par an et de mettre en culture vingt-cinq acres dans le délai de trois ans. Ces conditions remplies, il reçoit un titre définitif de propriété. Il peut alors disposer de son lot, le vendre ou encore le doubler, en faisant valoir, sur le lot voisin, un droit de préemption que la loi lui reconnaît.

Avant de nous engager plus avant dans l'étude de la question agricole, fixons-nous sur l'étendue de la zone fertile qu'il s'agit de coloniser. C'est une plaine longue de trois mille kilomètres et large de quatre cents ou cinq cents. Elle remonte la rivière Rouge, en s'étendant sur le district d'Assiniboia, longe le lac de Winnipeg, envahit le pays de la Saskatchewan et s'avance dans la direction nord-ouest jusqu'au 60° degré de latitude.

Suivons maintenant un émigrant qui s'installe dans une région arpentée de la zone. Il construit une maison en planches et commence les défrichements. Pour défricher, il se contente de labourer la savane dans un seul sens, à deux pouces de profondeur. La terre est friable et permet à notre homme de cultiver près d'un acre par jour. Encore doit-il se procurer une charrue, des outils et deux chevaux. Pour un petit budget, ces dépenses sont onéreuses. L'émigrant qui n'emporterait pas avec lui un capital de cinq mille francs au minimum s'exposerait à de graves mécomptes. Tous frais payés, il faut en outre de quoi vivre jusqu'à l'époque des moissons.

Au printemps, second labour. Les semailles se font en avril et les récoltes en août. Deux fois par an, des escouades de dix ou douze ouvriers, escortés d'une *machinery* [1] comprenant le matériel agricole, parcourent les pays de culture et vont de ferme en ferme offrir leurs services. Dans ce cas le travail se paye à la tâche. Sur le chemin frayé par les ouvriers circulent des acheteurs ambulants. Ils arrivent en septembre, passent leur marché sur place et se chargent du transport. Ces simplifications permettent au colon de poursuivre le défrichement de son lot.

L'hiver commence en octobre et dure cinq mois. Il est plus rude que dans les provinces de l'Est, mais l'absence d'humidité et la pureté de l'atmosphère rendent le froid supportable. Tant que la neige couvre le sol, notre émigrant se repose. A la fin de mars, le dégel arrive et le travail reprend. L'abondance des pluies pendant les mois de la végétation, l'ardeur du soleil en été, la longue durée des jours sous les latitudes septentrionales assurent au colon une récolte

---

[1] Une *machinery* complète se compose de charrues, de semoirs, de faucheuses, de machines à battre, etc. La charrue à vapeur n'est généralement pas employée; elle s'enfonce trop profondément dans le sol et ne dispenserait pas le cultivateur de s'acheter des chevaux. D'ailleurs, dans un pays où le bois fait défaut et où les gisements houillers ne sont pas encore exploités, il est très-difficile d'alimenter les machines à vapeur. Dans un grand nombre de fermes, la paille sert de combustible.

abondante. D'ailleurs le terrain lui-même se prête mieux qu'aucun autre à la culture des céréales.

En parcourant les fermes du Manitoba et du Nord-Ouest, le voyageur est frappé par la teinte noirâtre des labours. Cette couleur est celle de l'humus accumulé pendant des siècles sur la surface du sol. Ainsi l'herbe, en se décomposant, a formé, dans la zone fertile, une couche d'engrais végétal épaisse de deux à quatre pieds : « La couche arable, observe un agronome, « constitue une terre d'alluvion argilo-siliceuse, repo- « sant sur un sous-sol d'argile. Elle rentre dans la « catégorie des terres fortes, sans présenter de grandes « difficultés au travail des instruments aratoires. » La richesse en matières organiques des cultures est telle, que l'usage du fumier sera longtemps encore superflu, voire nuisible.

Sur les rives de l'Assiniboine, de la Saskatchewan et de la rivière Rouge, les légumes et les céréales poussent à merveille. On cultive avec un égal succès le trèfle, le mil, le lin, le seigle, l'orge, l'avoine, etc. Mais la véritable fortune du pays, c'est le blé.

Nous empruntons au rapport qu'adressait dernièrement M. Agostini au syndicat maritime et fluvial de France le tableau comparatif de la production moyenne de froment dans les différents États d'Europe.

Par hectare, la Grande-Bretagne produit 24 hectol. 42 de froment.
    —   les Pays-Bas produisent   22 — 80   —
    —   la Belgique   produit   18 — 18   —
    —   le Danemark   —   17 — 36   —
    —   la France   —   16 — 20   —
    —   l'Allemagne   —   14 — 80   —

Or le rendement moyen du blé au Manitoba était en

1882, de vingt-huit hectolitres à l'hectare. Dans certaines fermes, il s'est élevé à quarante et quarante-six hectolitres.

Ces terres, plus fertiles que les meilleures fermes de l'Inde, de l'Australie et des États-Unis, se vendent-elles un prix élevé? ont-elles une certaine valeur?

S'il s'agit d'un *homestead*, nous savons que la valeur est nulle. Ce cas mis à part, le gouvernement vend, à raison de deux piastres l'acre, les lots situés sur le parcours des voies ferrées; ailleurs, il fait à l'acquéreur des conditions encore plus séduisantes. Les Compagnies de chemins de fer et celle de la baie d'Hudson offrent, sur plusieurs points, des avantages analogues. Enfin les règlements officiels stipulent, qu'en vue d'encourager la colonisation par des capitalistes désirant cultiver de grandes fermes, l'État pourra accorder à de tels acheteurs, moyennant certains engagements de leur part, une remise de cinquante pour cent sur le prix de vente [1]. Nos informations personnelles, recueillies de la bouche même du colon, confirment en général ces données. Cependant aux environs de Brandon, contrée très-fertile arrosée par de nombreux cours d'eau, relativement peuplée, située à quelques heures de Winnipeg sur le chemin du Pacifique-Canadien, le prix des terres vierges varie de deux à cinq piastres, et celui des terrains cultivés, de cinq à dix piastres. Il est certain qu'ici le colon se trouve en présence d'un ensemble de conditions tout à fait exceptionnel.

Si l'on veut bien se rappeler que le propriétaire ne supporte aucun impôt, aucune contribution foncière,

---

[1] Gerbié : *le Canada et l'Émigration française*, page 327.

on se fait une idée assez complète de la situation privilégiée qui attend le colon.

A côté des avantages, il y a des inconvénients.

Les gelées tardives causent parfois des dégâts considérables, et, cette année même, plusieurs fermes du district de la Saskatchewan ont été cruellement éprouvées. De même la sécheresse est à craindre. Il est vrai que ces fléaux ne se propagent jamais sur le Nord-Ouest tout entier, et qu'ils attaquent avec moins de violence les terres noires du Dominion que les plaines fertiles du Far-West américain. Les blizzards, véritables cyclones de neige qui tourbillonnent dans la savane, sont heureusement peu fréquents et n'affectent pas les cultures. Quant aux sauterelles et au feu des Prairies, ils ne constituent pas un danger pour l'agriculture canadienne. Les premières n'ont paru qu'une seule fois dans la Manitoba depuis 1870, et le second s'évite facilement par un labour de quelques mètres. Par contre, le prix de la main-d'œuvre oblige trop souvent le colon à restreindre son exploitation. La journée se paye une piastre ou une piastre et demie, et les ouvriers pris au mois reçoivent un salaire de trente ou quarante piastres. On tourne la difficulté en substituant au travail manuel le travail mécanique, mais l'achat d'un matériel complet nécessite une mise de fonds considérable.

Tout compte fait, il n'en demeure pas moins indiscutable que les céréales semées dans la zone fertile produisent chaque année des récoltes remarquables par leur abondance et leur qualité. Le blé canadien se vend en France à meilleur marché que le blé français, malgré les frais de transport et la surélévation de nos droits de douane.

Comment en serait-il autrement? Ainsi qu'on l'a fait observer, la vapeur, en rapprochant les centres de consommation au moment de la création des chemins de fer, a déterminé en France un exhaussement progressif du prix des terres. C'était l'âge d'or des propriétaires fonciers. Mais après avoir rapproché les centres de consommation et provoqué la hausse, la vapeur rapproche les centres de production et provoque la baisse.

Telle terre qui, en 1830, était estimée 50, a valu, vingt-cinq ans plus tard, 80 ou 100. Aujourd'hui que la concurrence tend à replacer les choses dans leur état primitif, cette terre retombe à 50 et ne peut fournir que la rente de ce capital.

Qu'y faire? N'est-ce pas la loi de l'offre et de la demande qui règle, en définitive, la valeur des produits?

Dans notre hypothèse, le chiffre de 50, qui rend à la terre sa valeur première, constitue-t-il un minimum, une sorte de limite en dessous de laquelle la valeur commerciale de notre fonds ne peut plus descendre? Le supposer serait ignorer qu'une transformation radicale s'est opérée dans la situation économique. Sur le vaste marché du monde, chaque État apporte ses produits, et voilà que des pays nouveaux surgissent. C'était hier le Far-West américain; c'est aujourd'hui le Nord-Ouest canadien. Dans ces pays,—au Canada surtout,— la terre n'a pas de valeur appréciable ; elle est libre de toute charge ; les engrais sont dédaignés ; les récoltes sont merveilleuses. Chez nous, la terre a une valeur surfaite ; des impôts écrasants la grèvent ; le sol épuisé réclame des engrais, des irrigations, des drainages ; et le rendement obtenu au prix de tant d'efforts n'at-

teint pas, à beaucoup près, celui des cultures extensi-
ves d'Amérique.

Qu'arrive-t-il? Ce qui fatalement devait arriver. Le
producteur nouveau envahit la place, en faisant au
consommateur un véritable pont d'or. Le producteur
ancien ne peut plus écouler sa marchandise et se voit
obligé, pour lutter, de travailler à perte. Et ce fait se
répétera indéfiniment, tant que les denrées ne seront
pas offertes, sur notre marché intérieur, aux mêmes
conditions que les denrées arrivant de l'Ouest. Ce
jour-là, les prix seront nivelés ; l'équilibre s'établira
entre la valeur des terres du nouveau continent et la
valeur des terres de l'ancien.

Malheureusement pour nos propriétaires fonciers,
ce jour ne paraît pas prochain. Il se lèvera, ce jour,
quand toutes les terres arables des pays neufs seront
occupées ; quand la population du Dominion, devenue
dense, supportera à son tour la lourde charge de l'impôt ; quand le sol épuisé réclamera des engrais. Pour
nous édifier sur ce point, ouvrons le journal *Paris-
Canada* du 24 juin 1886. Nous y lisons sous la rubri-
que : *Notes statistiques :*

« Sur l'immense étendue de la confédération, il
« y a 50,000,000 d'acres de terre non occupés ;
« 22,000,000 d'acres défrichés en totalité ou en par-
« tie ; 5,000,000 d'acres ensemencés et 6,000,000
« d'acres en pâturages, sans compter les immenses
« prairies du Nord-Ouest, qui s'étendent sur une
« longueur de 300 lieues, de Winnipeg aux montagnes
« Rocheuses. »

Ajoutons que les métis cultivent depuis cinquante ans
le blé sur le même sol, sans engrais, et que le rendement
des récoltes n'a pas diminué d'une façon appréciable.

Pour parer aux dangers incontestables de cette situation, quels remèdes a-t-on proposés?

Tout d'abord on réclame l'application rigoureuse du système protecteur. Est-ce prudent? est-ce efficace?— Certes, il importe de ne pas livrer nos agriculteurs, pieds et poings liés, à la merci de la concurrence étrangère. J'estime que la France n'est pas libre d'abandonner une des sources les plus fécondes de la fortune publique. J'estime qu'en laissant péricliter l'agriculture, on mettrait en péril toute la population rurale, c'est-à-dire la population la plus morale et la plus solide du pays. J'estime aussi que, le blé étant un produit de première nécessité, il y a un intérêt majeur et un intérêt national à le protéger contre l'invasion des blés américains. Mais dans l'application du système protecteur, il faut apporter une prudence et une modération extrêmes. Les droits sur le froment sont déjà fort élevés, et cependant le producteur français se trouve insuffisamment soutenu. Faut-il frapper encore le producteur étranger? A mesure qu'on s'engage plus avant dans cette voie, le prix du blé renchérit. Toute la classe des consommateurs, par conséquent la société tout entière, en souffre. L'ouvrier des campagnes trouve, il est vrai, du travail chez l'agriculteur protégé; mais s'il gagne d'un côté, il perd de l'autre, puisqu'il paye son pain plus cher. L'ouvrier des villes, que la surélévation des droits appauvrit, exige du patron un salaire supérieur, et les manufactures, augmentant ainsi leurs frais, ne peuvent plus lutter contre les produits manufacturés étrangers. Ainsi se déclare, à côté de la crise agricole, et plus terrible qu'elle quant aux conséquences sociales, la crise industrielle et manufacturière. Difficultés inextricables, au milieu desquelles il importe de ne pas s'engager sans connaître le moyen d'en sortir !

Tout en maintenant les droits établis, nous demandons qu'ils ne soient pas augmentés. C'est ailleurs que nous chercherons le remède, si remède il y a, aux maux de la situation économique actuelle.

Abandonnons avant tout la routine, qui, jusqu'à ce jour, nous a suscité mille entraves. Améliorons nos modes de culture ; transformons notre matériel agricole ; stimulons la production. Vous êtes petit cultivateur et vous ne pouvez pas, à vous seul, tenter une telle réforme : formez des syndicats. L'agriculture est aujourd'hui une véritable entreprise qui nécessite, comme l'industrie, l'apport de nombreux capitaux. Il ne s'agit plus seulement de labourer, de semer et de récolter. Il faut se multiplier, s'ingénier à découvrir des perfectionnements nouveaux, étudier avec un soin minutieux les exigences de notre marché et des marchés étrangers.

Si les fermiers se liguent contre le propriétaire pour déprécier outre mesure la qualité de son fonds, que le propriétaire se mette courageusement à la tête de son exploitation et qu'il fasse valoir. Sa terre a pu diminuer de valeur, mais peut-être parviendra-t-il à sauver une bonne part de ses revenus. Parfois le producteur est à même d'écouler directement ses denrées. Pourquoi n'essayerait-il pas de supprimer les intermédiaires ? Les intermédiaires profitent plus que l'agriculteur de l'exhaussement des tarifs, et trop souvent ils réalisent des profits scandaleux au détriment du consommateur.

Sont-ce là tous les moyens d'atténuer la crise ? — Non pas. Des impôts onéreux grèvent la propriété foncière ; on peut les abaisser. Il est vrai que pour atteindre ce but, l'État doit d'abord consentir à entrer dans la voie des économies, en abandonnant les dépenses inutiles.

Enfin, n'oublions pas que des causes d'un autre ordre, causes politiques et sociales, influent sur la valeur des terres et accusent le mouvement de baisse qu'a provoqué le bouleversement économique. Ces causes peuvent disparaître. La sécurité, le calme, la confiance peuvent renaître et déterminer une heureuse réaction. Un observateur impartial doit tenir compte de toutes ces considérations ; il voit en elles sinon toujours un remède, du moins souvent un adoucissement à nos maux.

Cependant, une autre question se pose ; une autre difficulté surgit. Le Canada, de son côté, peut accomplir des réformes, et, mieux avisé que nous, il s'en occupe dès à présent. D'une enquête, faite par le gouvernement fédéral en 1884, il résulte que le colon, trop confiant dans la richesse du sol, ne s'inquiète ni de choisir l'emplacement qui convient le mieux à telle graine, ni de varier ses cultures en y établissant un bon système d'assolement. Les déchets sont nombreux, la paille n'est pas utilisée. Bref, on est en droit d'évaluer à plus de 200 millions de piastres [1], c'est-à-dire à plus d'un milliard de francs, le profit annuel dont se privent les cultivateurs canadiens. Ce bénéfice additionnel sera obtenu le jour où le colon se rendra compte des besoins du marché étranger.

En présence de cette situation complexe, que les

---

[1] Rapport de M. Agostini au syndicat maritime et fluvial de France.

pronostics sont loin d'éclaircir, certains économistes
français ont parlé, non sans raison, de coloniser au
Canada. Au petit propriétaire qui se ruine, on propose de tenter la fortune dans un pays où le nom de la
France est encore respecté et où la terre, moins ingrate,
lui permettra d'augmenter ses revenus et d'accroître
son capital. Au grand propriétaire, qui considère d'un
œil morne l'écroulement de son héritage, la chute de
ses espérances et la perte de son influence, on donne le
conseil d'imiter les *landlords* d'Angleterre. Il irait,
celui-là, à l'exemple de ses pairs, se tailler dans les
solitudes du Nord-Ouest un vaste domaine, qu'il n'appartiendrait à personne de déprécier ni de réduire. Il
bénéficierait du mouvement de hausse qui ne manquera pas de se produire sur la valeur des terres nouvelles. Dès lors peu lui importerait que la baisse
s'accentuât quelque temps encore sur les propriétés
qu'il laisserait derrière lui. Cet équilibre, que nous
envisagions tout à l'heure comme un remède lointain
aux maux de la situation actuelle, le grand propriétaire le verrait immédiatement s'établir dans sa propre
fortune. Et pour que la classe ouvrière, elle aussi, eût
sa part d'avantages dans une telle combinaison, qui
donc empêcherait notre agriculteur de s'adjoindre des
fermiers et des émigrants français? qui donc empêcherait des sociétés privées de se constituer, de fonder,
comme au temps de Colbert, des établissements considérables, où les désillusionnés du Vieux Pays, à quelque catégorie sociale qu'ils appartinssent, viendraient
remplir un emploi conforme à leur éducation et à
leurs goûts ? « Mais comme chez nous », remarque
M. Agostini, « il est toujours indispensable qu'une
« action officielle vienne éclairer la route du progrès,

« comme nous ne pouvons jamais inaugurer un sys-
« tème sans recourir au patronage du gouvernement,
« malgré notre soi-disant esprit d'initiative, pourquoi,
« à côté des chambres de commerce françaises con-
« stituées à l'étranger par le ministère du commerce,
« le ministère de l'agriculture ou, d'accord avec lui,
« la Société nationale d'agriculture de France, la
« Société des agriculteurs et les Sociétés agricoles dé-
« partementales, ne créeraient-ils pas, dans le Nord-
« Ouest canadien, une ferme modèle d'expérimenta-
« tion, dont la direction serait confiée à des hommes
« compétents ? »

Le malheur, c'est que le Français n'a jamais été
grand colonisateur. Il préfère vivre à l'étroit chez lui
et restreindre ses ressources. De cet esprit de clocher,
il faut distinguer l'amour du pays natal ; car on peut
aimer son pays et le servir, tout en franchissant la
frontière. Je parle de l'instinct casanier qui nous
pousse les uns et les autres à nous blottir dans notre
coin. Un tel instinct, bon en soi, peut, quand on en
subit servilement la loi, provoquer une situation dangereuse. S'il exerce son action sur un état social
comme le nôtre, il est absolument nuisible. Nous
vivons entassés ; nous souffrons d'une pléthore. La
gêne paralyse l'essor des individus. Après la gêne vient
la misère, et la misère enfante la haine de celui qui n'a
rien contre celui qui possède. La révolution sociale et
son funèbre cortége apparaissent menaçants comme un
point noir à l'horizon.

Le petit cultivateur, je le répète, est une force sur
laquelle nous avons besoin de compter. S'il peut lutter
contre la concurrence étrangère, si sa terre est bonne,
ou encore si l'emplacement de son bien lui permet

d'écouler ses produits, de vendre son lait et son beurre à la ville voisine, en un mot, s'il parvient à se maintenir dans sa position modeste, qu'il se garde de quitter le pays ; mais si, déçu dans ses espérances, las d'empiéter sur son capital et de manger ses économies, il abandonne son fonds, qu'il ne prenne pas le chemin des faubourgs. De sa petite fortune, il ne lui reste que des lambeaux ; en tout dix mille francs, cinq mille francs peut-être. S'il est jeune, s'il se porte bien, c'est assez pour partir. Avec de la conduite et de l'énergie, il échappera sans peine au sort qui l'attend infailliblement chez lui.

Encore une fois, ces rêves sont-ils des chimères ? Aurons-nous la tristesse de voir ce brave paysan déserter la campagne pour quêter une place à la porte du gouvernement, ou à celle d'une usine qui refuse de s'ouvrir ? Le verrons-nous, dégoûté de la vie et dégoûté de la société, mourir dans un réduit ou s'enfoncer dans une sentine ?

J'exagère. Tout n'est jamais perdu pour qui possède la vigueur morale et le sentiment de sa propre dignité. Cependant la situation n'en demeure pas moins périlleuse. On dit : « Aux grands maux les grands remèdes. » N'essayera-t-on pas du grand remède que nous proposons ? Qui sait si le découragement ne fera pas place à une détermination virile ?

Le Canada, longtemps ignoré de son ancienne parie, s'est fait connaitre. Des voyageurs français se rendent chaque année des rives de la Seine à celles du Saint-Laurent. Des agriculteurs français vont au Manitoba et visitent le Nord-Ouest. Tous reviennent enthousiasmés, grisés presque, et font part de leurs impressions. La presse parisienne et déjà la presse de province s'occupent de l'autre France avec un intérêt croissant. Des émigrants plus nombreux s'embarquent au Havre et naviguent vers le Canada. Dernièrement on pouvait lire dans le *Pionnier*, de Sherbrooke, que « dix-huit Savoyards ont quitté leurs montagnes, pour « coloniser dans le canton de Chaunay, où les atten- « dent des parents ». D'autre part, j'entends dire que de jeunes Français, éloignés de la politique, ont formé une société et vont, en compagnie d'hommes spéciaux, faire de l'élevage dans le Nord-Ouest.

Si ce mouvement s'accentue, si le courant d'émigra- tion parvient enfin à s'établir, la France, moins em- prisonnée dans ses limites, verra son marché s'étendre et son influence grandir au delà de ses frontières.

CHAPITRE XIII

Revenus de Winnipeg dans un train d'émigrants, dénué de sleeping-cars, mais rempli d'ivrognes, nous consacrons notre dernière journée aux adieux. Nos malles sont bouclées, et nous cherchons le propriétaire de l'hôtel pour lui remettre ses honoraires. Il est, paraît-il, en train d'expulser un consommateur récalcitrant. En effet, des éclats de voix se font entendre dans la direction du bar. Nous descendons à temps pour être témoins d'une violente altercation en anglais.

« Allons, sors d'ici, Irlandais de malheur ! crie le maître du logis.

— Je pense que je suis bien sur ce banc, répond en grommelant l'adorateur de la dive bouteille.

— Tu étais ivre comme un gentilhomme (*full as a gentleman*), quand tu es arrivé. Ose dire que ton whisky, tu l'as bu et acheté chez moi.

— Les bars sont aux clients..., etc. »

Bientôt la scène dégénère en une partie de boxe savamment exécutée. Les habitués soulignent par des marques d'approbation impartiales les coups bien portés. Fort heureusement pour nous, le propriétaire a le dessus, et cela nous permet de régler avec lui notre note.

Tout le monde est satisfait, l'Irlandais excepté. Tandis que ce dernier se relève avec dignité et disparaît en titubant, l'honnête commerçant démontre à sa clientèle qu'une autre fois « ce manant ne favorisera plus la concurrence ». Un *You bet* général retentit. Cette expression signifie : « Vous en êtes tellement sûr que vous pouvez le parier. »

Le cocher, qui opine du bonnet, se décide à partir et nous mène ventre à terre à la gare.

Nous avons l'intention de retourner à Saint-Paul, puis de nous diriger par le *Northern Pacific railroad* sur le fameux Parc National. Chemin faisant, nous rendrons visite à un jeune Français qui fonde dans le Far-West un petit Chicago, nommé Médora.

La première partie de notre trajet n'a plus d'intérêt pour nous. Nous revenons sur nos pas et nous n'avons à signaler que les caprices de la machine. A trois reprises elle se décroche, nous laisse en panne, continue à toute vapeur et se décide à revenir. On la rattache à la diable et nous repartons. Nouvel arrêt en pleine savane. Cette fois, le mal est sans remède : un tuyau s'est crevé. Pendant trois heures, nous attendons l'arrivée d'une seconde locomotive. Enfin la voici. Coûte que coûte, nous serons à Saint-Paul pour le départ de la malle ; le mécanicien l'a juré et il tient parole.

La Compagnie du *Northern Pacific* ne se permet pas de pareilles excentricités. Son matériel est entièrement neuf, les wagons restaurants sont bien tenus et le service des *pullman-cars,* fait exclusivement par des nègres, ne laisse rien à désirer. Tous ces détails prennent une grande importance quand on a la perspective de rester vingt-huit heures en route. C'est le temps que nous mettrons de Saint-Paul à Médora.

Le pays a toujours le même aspect. Il est bien cultivé, et les labours d'automne sont plus avancés qu'au Manitoba. Vingt charrues, souvent davantage, manœuvrent sous la haute direction des fermiers. Devant cette force armée, la nature vierge recule sans cesse ; mais à l'ouest, près de Mandan, les traces de la colonisation s'effacent. L'élevage succède aux exploitations agricoles. Des *ranchs* de cochons, de moutons, de chevaux ou de bœufs, gardés par les fameux *cow-boys,* fourmillent au loin dans la savane. A de rares intervalles, nous apercevons des campements indiens. Les chefs sont à cheval, mais le *vulgum pecus* est étendu sur le sol. Toute la bande, sauf les chevaux, nous regarde avec des airs de ruminants.

Les stations sont nombreuses. Tandis que les unes ne se composent que de deux ou trois cabanes, les autres, comme Fargo, comptent déjà huit mille à dix mille âmes. Deux noms nous frappent : *Bismarck* et *Gladstone.* Bismarck est une colonie allemande de cinq mille âmes, bien située sur le Missouri. On trouve dix hôtels, cinq églises, quatre banques dans cette cité, dont le nom seul ravive les souvenirs de 1870.

De ce fait, qu'une poignée de Teutons s'est placée sous le patronage du Chancelier, il ne faudrait pas conclure que les dix ou douze millions d'Allemands vivant aux États-Unis ont conservé le culte de leur ancienne patrie. Les idées d'indépendance qui s'épanouissent

16.

dans le nouveau continent sont peu compatibles avec les principes autoritaires fort en honneur à Berlin; d'autre part, l'unité allemande est encore trop récente pour être universellement acceptée par les États qui composent le jeune Empire. Des mœurs, du caractère de race, il reste quelque chose, mais le sentiment national proprement dit s'atténue fréquemment et parfois disparaît. Le *Deutsch* devient un *Yankee*.

J'ai pu m'en rendre compte par moi-même dans la suite de mon voyage, notamment un certain jour, sur la ligne de l'*Union Pacific*, entre Denver et Kansas City. J'étais au fumoir de mon *pullman-car*, à côté d'un gros homme qui offrait généreusement de la bière à tous ses compagnons de route. La conversation s'engagea en anglais, et mon voisin, après m'avoir certifié qu'il n'était pas Allemand, me demanda mon opinion sur le pays de la choucroute. J'évite toujours, à l'étranger, de parler de l'Allemagne. Quand on a été battu, le mieux est de se taire, jusqu'au jour où les événements permettent au vaincu d'espérer une meilleure situation. Dans cette circonstance, une question était directement posée, il fallait y répondre. Je me gardai bien de chanter les louanges du gouvernement qui opprime l'Alsace-Lorraine avec autant de lâcheté que de maladresse. Mon interlocuteur, suffisamment renseigné, eut alors la délicatesse de m'avertir qu'il m'avait joué un tour d'Allemand. Allemand, il l'était bien par la naissance, me disait-il en tutoyant de l'œil le bock qu'il tenait à la main; mais il se sentait si peu de sympathie pour le prince de Bismarck, qu'il approuvait pleinement ma façon de penser. Il fallait conclure, et mon interlocuteur déclara qu'il ne comprenait que deux pays au monde : l'Amérique pour gagner de l'argent, la France pour le manger. Il ajoutait que, l'hiver prochain, il irait sans doute à Paris et qu'il s'y ferait passer pour un parent de l'oncle Sam.

Revenons à nos moutons, ou plutôt à la Prairie : quatre heures sonnent et nous descendons à la station de Médora. Cette petite ville, fondée en 1883, occupe le centre des *bad-lands* dans l'État du Dakota. Ici, le nom de *bad-lands* (mauvaises terres) est dû, non pas à la qualité du sol, où le bétail trouve une herbe excellente, mais à l'aspect tourmenté de la contrée. De véritables collines aux formes bizarres encadrent la vallée du petit Missouri. On dirait que ces soubresauts du terrain ont été produits par des troubles volcaniques. Au soleil couchant, les fonds prennent des tons d'une intensité et d'une variété surprenantes. Toutes les gammes des bleus, des rouges et des jaunes viennent colorer les coteaux qui s'échelonnent sur notre gauche.

La ville naissante se compose d'une soixantaine de baraques : baraque de la gare, baraque des colons, baraque-hôtel, baraque-office, etc. A droite sont les tueries, construites sur le modèle des *stock yards* de Chicago. Plus loin, dominant un mamelon, se détache un élégant chalet, celui du marquis de M... et de sa famille.

Deux cents hommes sont occupés dans les *ranchs* et les abattoirs. Des *cow-boys* vont et viennent du côté du bar, et souvent ils annoncent leur arrivée en brûlant une cartouche ; c'est leur manière d'appeler le garçon.

Avec son feutre gris à larges bords, sa chemise de cuir brodée sur le plastron, avec son pantalon de peau de buffle dont les franges pendent sur le côté, avec ses éperons colossaux destinés à éventrer les chevaux, avec sa carabine en sautoir et les deux revolvers imposants qu'il s'attache à la taille, le *cow-boy* fait l'effet d'un arsenal vivant. Il aime à se donner les allures d'un brigand, quand il ne remplit pas toutes les conditions requises pour mériter ce titre. Cavalier incomparable, il passe son existence à chevaucher dans la savane et à chercher noise aux Indiens.

Douze ou quinze hommes de cette trempe suffisent pour garder trois mille bœufs. Il faut les voir, emboîtés dans leurs selles mexicaines fortement relevées, les pieds plongés dans le sabot de cuir ou de bois qui leur sert d'étrier. Le cheval comprend son maître à la parole, et la plupart du temps l'écuyer dédaigne l'emploi des aides. Le mors, souvent en argent massif, est un instrument de supplice qui abime la bouche du patient. Le *cow-boy* ne le prend que pour parader dans les villes. Dans la prairie, il conduit son cheval à l'aide d'un nœud coulant qu'il lui passe sur le nez.

Du lever au coucher du soleil, le petit peloton surveille les milliers de bœufs placés sous sa garde. Il poursuit les fugitifs, leur jette le lazo et les réduit à l'impuissance. Quand une panique affole le troupeau, les cavaliers se dispersent et chargent séparément sur les meneurs, au risque de se faire encorner. Si le mouvement a été bien exécuté, les animaux décrivent un cercle et finissent par tourner sur eux-mêmes. Le soir, on allume un grand feu, et le marmiton de la bande confectionne un brouet qui jadis aurait écœuré le plus audacieux des Lacédémoniens. Après le repas, on s'étend sur la dure. Le lendemain, cette vie active, fatigante, dangereuse, recommence, et tous les jours, hiver comme été, elle se répète, entrecoupée seulement par des courses à la ville voisine, quand la paye est touchée.

Alors les *cow-boys* se retrouvent. Ils ont gagné cinquante dollars par mois à leur rude métier. Maintenant ils s'attablent, jouent tout ce qu'ils possèdent et boivent du whisky. Les désaccords surviennent, et parfois le revolver coupe court à la discussion.

Vivant de la vie sauvage, le gardien de bestiaux prend les habitudes du sauvage. Comme le Peau-Rouge, il est insoumis et fait peu de cas de l'existence; comme lui, il observe scrupuleusement les lois de l'hospitalité. Un touriste présenté par un *cow-boy* à ses compagnons devient un hôte qu'il s'agit de recevoir dignement. Il y a de la chevalerie dans ces procédés à la fois délicats et barbares; on sent l'homme primitif et l'homme civilisé.

Ce brigand-gentleman est ami du luxe. Personne ne dépense plus que lui pour s'équiper et se vêtir. Ses armes sortent des meilleures fabriques. Le harnachement de son cheval n'a pas de prix. Il paye son chapeau quatre-vingts ou cent francs, sa chemise le double et ses vêtements quatre fois ce que nous coûtent les nôtres.

Un dernier trait qui distingue le *cow-boy*, c'est son origine. Il arrive de tous les pays; il appartient à toutes les classes de la société. Pâtres, cultivateurs, commerçants, bourgeois, fils de famille trouvent place dans la grande confrérie du Far-West. Le clergé seul ne paraît pas y avoir pénétré. Par contre, les joueurs malheureux et les prodigues mis au vert fournissent une bonne part du contingent annuel.

Nous passons la soirée avec un Hollandais qui entre de plein droit dans cette dernière catégorie. Très-épris de Paris et des Parisiennes, il a mené joyeuse vie dans nos cercles et sur nos boulevards. Un jour, son porte-monnaie consulté lui refusa tout service. Le citadin traversa l'Atlantique et vint dans l'Ouest en qualité de *cow-boy*. Trois ans se sont écoulés; le gardien de bestiaux, aidé sans doute par des amis, est devenu propriétaire d'un *ranch*. Il a cent chevaux, valant en moyenne cent dollars chacun. Peu à peu les blessures faites à sa bourse se cicatrisent et le troupeau s'arrondit. Qui sait si nous ne retrouverons pas, plus tard, notre compagnon de ce soir dans la ville de tous ses souvenirs? « Je donnerais dix ans de ma vie, nous dit-il, « pour assister une fois encore au retour du Grand « Prix. » Comme il ne faut jamais perdre ses bonnes habitudes, l'ex-viveur, ci-devant *cow-boy* et présentement *ranchero*, reste abonné au *Journal Amusant* et à la *Vie Parisienne*. Tous les huit jours, il fait quarante kilomètres pour aller chercher ses journaux. C'est même ce qui nous a procuré le plaisir de le voir.

Le 7 octobre, vers dix heures, nous apprenons que le marquis de M... revient d'une course aux environs et qu'il descend à son office. Après l'expédition de ses affaires, qui le retiennent quelques instants à son bureau, M. de M... nous fait très-aimablement les honneurs de son domaine, et téléphone à madame de M..., qui voudra bien nous recevoir.

Le jeune ménage habite depuis 1883 ce pays perdu. Le canton de six milles carrés sur lequel est bâti Médora lui appartient en pleine propriété, et ses *ranchs* peuvent se promener sur un espace illimité. Avant M. de M..., personne n'avait eu l'idée d'abattre le bétail sur place et d'expédier directement la viande sur les marchés américains. Il tue et dépèce en moyenne quatre-vingts bœufs par jour. Ses troupeaux sont énormes, et celui que nous visiterons demain ne compte pas moins de trois mille têtes.

Une telle entreprise nécessite de grands capitaux et un matériel extrêmement complet. A Médora se trouvent les parcs et les abattoirs; sur la ligne, des wagons-glacières reçoivent les chargements; ces wagons sont alimentés par des réservoirs échelonnés à quatre-vingts milles les uns des autres, sur le parcours du *Northern Pacific R. R.;* enfin dans plusieurs villes, comme Saint-Paul, Duluth, Fargo, etc., on a dû établir des magasins de débit.

Grâce à ces précautions, M. de M... évite l'intermédiaire coûteux et certains frais de transport; de plus, il vend sa viande fraîche, saine, sans qu'elle ait subi la moindre déperdition de poids.

Pour mener à bien cette grosse affaire, il faut non-seulement de l'entente et de l'initiative, mais une certaine audace et une grande énergie. Le marquis de M... n'hésite pas à payer de sa personne. Les années qu'il a passées à Saint-Cyr et à Saumur, avant de tenir garnison dans le Far-West, l'avaient rompu aux fatigues physiques. Il couche au besoin dans la savane et passe ses journées à cheval pour rejoindre ses *ranchs* et surveiller ses employés.

Cette existence mouvementée n'est pas sans danger. Dans une de ses tournées, il faillit perdre la vie. Trois *cow-boys* avaient juré de se débarrasser de lui, et lui, averti de leur dessein, eut le temps d'informer la police. La police, représentée par le shérif, s'empressa de ne rien faire, si bien que les malfaiteurs cernèrent M. de M... près de Little-Missouri et le reçurent à coups de fusil. L'attaqué, que suivait un fidèle, riposta et blessa le premier agresseur à la cuisse, tandis que son compagnon brisa d'une balle le crâne du deuxième. La partie était gagnée, mais l'affaire fut instruite; il s'agissait d'un cas évident de légitime défense. Néanmoins le procès, commencé depuis deux ans, n'est pas encore terminé[1]. D'un tribunal on va à un autre, et cela indéfiniment. Partout M. de M... est acquitté, mais toujours on découvre une nouvelle voie de recours, pour le plus grand profit de l'avocat, du jury, du shérif et des juges. Cet exemple nous donne une assez piètre idée de la manière de rendre la justice au pays des *cow-boys*.

Personne plus que madame de M... n'a souffert de ces péripéties et de ces lenteurs; mais si grande que fût sa douleur, elle parvint à la dominer. Cette jeune Américaine, élevée en France, s'est fait une réputation d'intrépidité. Elle aime passionnément la chasse, couche quinze nuits sous la tente, attaque les fauves dans leurs derniers retranchements et revient, chargée de dépouilles, dans son chalet de Médora. Cette année même, elle a tué quatre ours de sa blanche main. Quand elle se met en campagne, armée de sa carabine et coiffée de son feutre gris, elle est au comble de ses vœux. Dans son intérieur, qu'elle a meublé avec goût, c'est une charmante Parisienne et une parfaite maîtresse de maison. Nous prolongeons notre visite fort tard et reprenons, à la nuit tombante, le chemin du village.

Il n'y a pas de bonne journée sans lendemain. A peine sommes-nous réveillés que nous sautons en selle

---

[1] M. le baron de Mandat-Grancey : *Dans les montagnes Ro-cheuses,* p. 187.

pour commencer dans les *bad-lands* une excursion pleine d'imprévu et de couleur locale. Deux *cow-boys* nous précèdent. Nous allons par monts et par vaux à la seule allure que connaissent les chevaux de la Prairie : un galop allongé. Dans les vallons l'herbe fouette le poitrail de nos montures. Il semble que la cavalcade s'apprête à plonger dans les flots de la savane. Les cours d'eau sont peu profonds; on les passe à gué. Emprisonnés dans notre selle, entre le pommeau et le troussequin, nous abordons carrément les obstacles, que nos bêtes franchissent d'un bond. Les guides ont juré de nous perdre en route : les voilà qui chargent. A leur exemple, nous déroulons le lazo qui pend à côté de nous et nous exécutons de vigoureux moulinets. La vitesse redouble. Nos chevaux ont des jarrets d'acier et des poumons de rechange.

J'entends maintenant des détonations. Nos éclaireurs s'amusent à fusiller des poules de prairie, que personne ne songe à ramasser. Il faut marcher : *pull up!* Le soleil chauffe; mais nos bêtes vont toujours. Au détour d'un mamelon, nous apercevons un *cow-boy* suivi d'un gentleman. Halte! Quel est cet intrus? Un colon des environs? Mieux que cela : un journaliste de Mandan, venu dans les *bad-lands* pour y trouver un article à sensation. Son article, il le tient; nous en ferons, bon gré, mal gré, tous les frais. C'est égal! dans le Far-West, subir l'*interview* classique, la chose est roide. Le journaliste s'attache à nos pas et couchera ce soir dans le *ranch* de M. de M... Encore trois kilomètres et nous toucherons au but. Mais voici un troupeau de cerfs qui bondit dans un ravin. Par malheur nos carabines sont à la botte et les balles de nos revolvers ne peuvent les atteindre. Les biches en sont quittes pour la peur, et nous pour un crochet de vingt minutes.

Dans un vaste amphithéâtre, je distingue une masse mouvante, un rassemblement prodigieux, un meeting de bêtes à cornes : c'est le *ranch*, et voici un émissaire qui vient à notre rencontre. *How do you do, Jack?* lui crie un de nos guides. *How do you do, Jo?* répond le nouvel arrivant. Et tous de répéter : *How do you do?*

Jack est un élégant cavalier que nous a dépêché le général des *cow-boys*. Ce dernier serait un sultan accompli, s'il ne lui manquait un harem. Les Mormons seuls ont importé dans la libre Amérique les mœurs patriarcales que Mahomet recommandait aux croyants. N'étant ni mahométan, ni mormon, le général se contente d'étendre sa souveraineté sur l'espèce bovine. Il commande une armée de trois mille bêtes à cornes. Les cadres sont formés par des *cow-boys* portant le titre de capitaine. Tel est l'ascendant des officiers sur la troupe que, sur un simple signal, chaque escadron manœuvre avec précision. Même quand la terreur sème la déroute dans les rangs, les chefs parviennent à rassembler leurs forces. Mais quel sang-froid il faut à l'homme qui voit, au milieu d'une panique, cette avalanche d'animaux s'avancer sur lui !

C'est en 1866, au moment où se terminait la guerre de Sécession, que les Américains commencèrent à faire de l'élevage. L'industrie des *ranches* s'organisa rapidement et prit dès le début un développement inouï. Bientôt des milliers de têtes de bétail peuplèrent la savane. Ces milliers sont devenus millions. Dans l'État du Dakota, le nombre des bœufs s'élevait à cent mille, en 1877. Quatre ans plus tard, il avait quintuplé : en 1883, il était de huit cent mille, et chaque année cette progression s'accentue. Dans le Montana, le Nebraska, le Wyoming, le Colorado, l'Arizona, le Texas, etc., les chiffres ne sont pas moins stupéfiants.

A mesure que nous irons, ces richesses s'accumuleront. Un bœuf s'achète cent vingt dollars, un cheval cent, un mouton huit à dix. Vendant à ces taux, le *ranchero* réalise un bénéfice énorme. Il est certain que la multiplication des troupeaux déterminera une baisse progressive sur la valeur des animaux. Les prix se nivelleront d'abord sur le marché intérieur, ensuite sur le marché étranger. Toutefois rien ne fait supposer que la concurrence américaine provoquera, en ce qui touche l'élevage, une véritable crise dans nos pays.

Cette question est complexe. Elle comporte beaucoup d'imprévu. A vouloir l'aborder on risque de se lancer dans des prophéties qui peuvent ne pas se réaliser. Je l'abandonne pour retourner dans les *bad-lands*.

Les *cow-boys* sont réunis. Au fond d'une vaste marmite mijote le plat du jour, mélange informe de légumes secs, accommodés à la barbare. Nous arrosons ce festin avec une eau généreuse que nous débite un ruisseau voisin. C'est l'ambroisie et le nectar. Dans ce Parnasse d'un genre nouveau, Apollon et les Muses nous apparaissent sous les traits d'une dizaine de bandits. Le chœur des *cow-boys* entonne des refrains guerriers, des mélodies et des romances. Il célèbre l'amour, l'indépendance et parfois le brigandage. Le général préside en se donnant les airs d'un Jupiter tonnant.

A dix heures, le feu s'éteint et la lune resplendit. Il s'agit de passer une bonne nuit. Pour se préparer une couchette, il suffit de transformer une selle en oreiller, un sac de toile en couverture et la savane en matelas. Les étoiles se chargent de nous tracer un ciel de lit.

« Bonsoir, gentlemen! nous crient nos anges gardiens.
« Si vous avez froid, vous nous ferez signe. On vous
« donnera des manteaux. » Heureusement la terre est
sèche, et nous nous passons des extras.

Des jurons formidables saluent l'apparition du soleil.
Chacun se lève, fait un bout de toilette près du ruisseau et retourne à son poste. En sa qualité de président,
le général veut assister à notre départ. « Le diable
« vous conserve, étrangers! » nous dit-il, en nous donnant une vigoureuse poignée de main. « Chacun
« pour soi et le diable pour tous! » ajoutent avec conviction nos *cow-boys*. Ainsi se termine par des souhaits fantaisistes notre séjour dans le campement.
Nous restons les obligés de ces chevaliers de la Prairie
qui ont daigné nous recevoir dans leur quartier général.

De retour à Médora, nous prenons congé de M. et
madame de M... et nous poursuivons notre route du
côté des Rocheuses. Si le soleil était du voyage, nous
verrions à notre réveil les plaines sauvages du Montana et le cours de la Yellowstone. Malheureusement,
le ciel s'est obscurci et la neige a fait son apparition.
Après dix-huit heures de trajet, nous quittons le
Northern Pacific à Livingston. Quatre heures de chemin de fer et deux heures de malle-poste nous
séparent encore de *Mammoth Hot Springs* à l'entrée
du Parc National.

Mammoth Hot Springs est un massif de roches
stratifiées, entre lesquelles bouillonnent des sources
thermales. Près de ce curieux édifice volcanique,
formé de terrasses et de bassins superposés, s'élève
un vaste caravansérail encore inachevé : le *National*

Hotel. La saison des villégiatures est passé, mais le temps, un moment compromis, se remet au beau et nous permet de risquer une pointe dans la contrée merveilleuse où nous venons de pénétrer.

Le Parc se compose d'une série de vallées situées à deux mille ou deux mille cinq cents mètres au-dessus du niveau de la mer, sur les deux versants des montagnes Rocheuses. Il forme un rectangle de cent cinq kilomètres de long sur quatre-vingt-dix kilomètres de large, inscrit en grande partie dans le Wyoming, mais empiétant à l'ouest et au nord sur l'Idaho et le Montana. Le Congrès des États-Unis a déclaré cette portion du territoire inaliénable et l'a placée sous la surveillance de l'État (1ᵉʳ mars 1872) [1].

Les voyageurs commencent à se porter vers la région que baignent les lacs Shoshone et Yellowstone et qu'arrosent les rivières Yellowstone, Gardiner et Madison [2]. Dans ces bassins, les montagnes, hautes de trois mille à trois mille cinq cents mètres, ressemblent à d'immenses monuments en ruine, et les feux souterrains provoquent les manifestations les plus étranges que l'homme puisse jamais observer : fontaines intermittentes à quarante ou cinquante mètres de hauteur, constructions bizarres formées lentement par des dépôts de geyserite, montagnes de soufre, entailles énormes au fond desquelles s'abîment des torrents et se précipitent des rivières,... véritable Islande égayée par les sites des Alpes et des Pyrénées, resplendissant sous un ciel d'Italie.

---

[1] M. J. Leclercq vient de publier sur le Parc National un livre intéressant : *La Terre des Merveilles.*

[2] Voir un croquis du Parc National, à la fin du chapitre, page 300.

A la fin du siècle dernier, quelques trappeurs, Canadiens ou Anglais, s'aventurèrent dans ce royaume de Pluton. Plusieurs y perdirent la vie, scalpés par les Indiens Nez-Percés, ou dévorés par les panthères d'Amérique connues sous le nom de « lions de montagne ». Les survivants donnèrent sur le pays des renseignements tellement invraisemblables que personne ne voulut y ajouter foi. C'est seulement en 1871 qu'un géologue américain, M. Hayden, revenu d'un voyage d'exploration dans les montagnes Rocheuses, décida le ministère de l'intérieur à organiser des expéditions géographiques vers la « Terre des Merveilles ». Depuis 1878, le gouvernement de Washington s'efforce de rendre le Parc National accessible au commun des mortels.

Le 11 octobre, après une nuit passée dans un lit monumental capable de contenir une famille mormonne, je consulte le ciel, et mes craintes se dissipent avec les nuages. Clarke, le guide modèle, nous attend avec trois chevaux de main. Le propriétaire de l'hôtel nous recommande d'agir avec prudence et nous conseille de charger nos revolvers. Il nous dit en confidence que, tout récemment, un touriste a été scalpé dans les environs; mais il ajoute avec âme : « Ne craignez rien; Clarke est un héros qui se fera tuer pour vous. » Je ne doute pas que le prétendu scalpé ne soit en possession de sa chevelure; mais je me souviens d'un article où il était question d'un imprudent qui dut confier son portefeuille à un bandit du Parc National. Ce que j'admire, c'est le soin que mettent les hôteliers américains à avertir leur clientèle d'une pareille aventure. Soyez certain que, l'année prochaine, le récit, revu, corrigé et considérablement augmenté, sera reproduit dans les prospectus de l'endroit. Il paraît que les réclames de ce genre séduisent toujours les voyageurs.

Notre guide s'est amassé une fortune rondelette en se « dévouant » aux étrangers. Venu du Colorado à franc étrier, il s'est installé, en 1882, près de *Mammoth Hot Springs*. Tous frais payés, — achat de trois chevaux et construction d'une baraque, — il lui restait quinze dollars. Aujourd'hui il a seize chevaux, une forge et vingt tentes. Dans quelques mois, il fera bâtir un hôtel et doublera ses écuries.

A huit heures, nous partons et traversons la Porte d'or, un étroit défilé qui donne accès sur une route nouvellement tracée. Notre caravane se dirige du nord au sud, au milieu d'un pays boisé qu'arrose la rivière Gardiner. Elle côtoie une série d'étangs peuplés de castors ; puis elle débouche sur un plateau dénudé.

Des sources sulfureuses serpentent à côté de ruisseaux congelés ; des nuages de vapeur s'échappent du sol ; des cheminées coniques ou cylindriques émergent des entrailles de la terre ; un grondement sourd se fait entendre, et le pas de nos bêtes résonne sur la croûte sonore qui nous porte. Il semble que nous chevauchons sur le couvercle d'une immense chaudière percée de mille trous.

Nous arrivons à six heures au campement de la *Fire Hole river* (ou rivière Madison). Clarke, dans sa munificence, comble ses chevaux d'avoine, tandis que le gardien du campement ouvre une boîte de lard rance et nous confectionne une composition noirâtre moitié vernis, moitié café. Des tentes, ornées d'un petit poêle en fonte, nous servent de chambres à coucher. Pendant la nuit, le feu s'éteint, et le lendemain, au petit jour, nous nous réveillons transis.

La journée du 11 n'était qu'un prélude. Après un galop sous bois, qui nécessite des changements de pied continuels, nous entrons dans le bassin des grands geysers. Cette fois, les cheminées, hautes de huit ou dix mètres, vomissent de véritables trombes. L'atmosphère est saturée de vapeurs sulfureuses. Un vacarme indéfinissable, composé de sourds grondements et de sifflements aigus, retentit autour de nous. Dans quelle usine sommes-nous tombés? Plus nous allons, plus nous sommes stupéfaits par la forme des cratères. On dirait des dômes, des ventilateurs, des cloches à gaz, des marmites cyclopéennes plus ou moins ébréchées.

A fleur de terre s'ouvrent des gueules béantes, larges comme des étangs. L'eau qui les remplit prend les nuances les plus fantastiques. Ce sont des nappes d'émeraude, de rubis, de topaze; ce sont encore des flots d'encre de Chine et de bleu d'outremer. Les teintes que nous avons admirées dans la grotte d'Azur, près de Naples, celles que nous obtenons dans nos cristalleries, sur nos palettes et dans nos cabinets de physique, ne donnent qu'une faible idée d'un tel coup d'œil. On dit que ces effets proviennent de la décomposition des silicates, sous l'action du soufre et au contact des roches ignées.

Les grands geysers ont reçu des noms appropriés à leur activité, à leur importance ou à leur forme. Ainsi : le Vieux Fidèle, la Grotte, la Pyramide, le Géant, l'Éventail, la Ruche. Toutes les heures, le Vieux Fidèle (*Old Faithful*) se réveille. Sa constance a décidé un agent du Parc à construire dans les environs une baraque. Nos chevaux sont à l'abri et nous surveillons le sommeil du monstre.

L'accès de ce volcan est facile. On gravit une succession de terrasses, jaunies par les dépôts et ravinées par des rigoles, puis on atteint un cône de roches crevassées et granuleuses. Au milieu de cette maçonnerie brûlante s'ouvre un puits de deux mètres de diamètre. Un grondement souterrain nous avertit qu'il faut battre en retraite; un orage s'amoncelle sous nos pas et le cratère décoche une fusée de vapeur. Nouveau silence. Soudain l'éruption commence : le Vieux Fidèle projette à cinquante mètres de hauteur une colonne d'eau que surmonte un panache de fumée. Pendant cinq minutes, la gerbe immense s'élance vers le ciel et retombe en cascades. C'est saisissant et splendide; mais comment exprimer le sentiment qui nous domine?

Au dire de M. Leclercq, les phénomènes geysériens sont les derniers vestiges d'une activité volcanique en voie d'extinction. D'accord avec M. Hayden, l'auteur de la *Terre des Merveilles* considère la région des « Trous à feu » comme un immense cratère formé de mille cinq cents soupiraux. « Les eaux chaudes sont « fournies, non par des sources souterraines, mais par « des nappes d'eau superficielles, qui s'infiltrent par « des fissures dans les profondeurs de la terre et s'y « échauffent au contact des roches volcaniques. L'ac- « tion combinée de la force élastique de la vapeur et « de la pression hydrostatique fait remonter ces nappes « vers la surface du sol, où elles reparaissent sous la « forme de geysers ou de simples sources thermales. » Dans le Parc National, nous remarquons en effet que la vallée des Trous à feu (*Fire Hole valley*) s'étend entre le lac Shoshone et le lac Yellowstone.

Scientifiquement on a voulu expliquer l'action des geysers. On suppose un tube en S, muni de deux ampoules, pleines d'eau; l'une de ces ampoules, très-développée, se trouve à la partie inférieure du tube, l'autre à la partie supérieure. La base communique avec un foyer de chaleur; le sommet se termine par un orifice. Que se passe-t-il? Le liquide, dans l'ampoule inférieure se chauffe lentement; puis la vapeur se dégage et chasse l'eau de la seconde ampoule. L'eau sous pression cherche une issue et s'échappe violemment par l'orifice de dégagement. Cette théorie, dont la valeur n'est pas universellement reconnue, est cependant adoptée par des hommes compétents.

En revenant à notre campement de la veille, nous examinons le cratère de la Géante (*Giantess*). Le puits mesure trente mètres de circonférence, et le cône s'étend, à la base, sur une longueur de deux cents mètres.

Sans avoir la majesté des grands geysers, le Pot à Couleur (*Paint Pot*) excite plus qu'aucun autre phénomène volcanique de la région la curiosité du touriste. Supposez une enceinte circulaire au milieu de laquelle bout une composition multicolore. Ce liquide pâteux, appétissant au possible, fait songer à un étalage de crèmes assorties. Il se soulève en formant, ici de gros bouillons qui se gonflent lentement, là des clapotements répétés, ailleurs des tourbillons percés de trous imperceptibles d'où s'échappent, avec un sifflement aigu, des fusées de vapeur. C'est une musique infernale dans la cuisine de Vulcain.

Il nous semblait qu'après une excursion dans la vallée de la *Fire Hole*, nous avions épuisé tous les trésors du Parc National. C'était compter sans les cataractes de la Yellowstone, sans le *Grand Cañon* et sans les forêts fossiles.

Le 13, vers quatre heures du soir, nous laissons nos

chevaux au gardien d'un petit bivouac et nous partons pour les cataractes. Rien n'est imposant comme le spectacle d'un lac qui s'effondre dans un autre ; mais la majesté du sujet n'implique pas toujours le pittoresque et le charme. A Niagara, la scène manque peut-être de décors. Ce qui nous plaît surtout en présence de la grande chute de la Yellowstone, c'est la parfaite harmonie de l'ensemble, la composition et le coloris du tableau, la beauté du cadre.

Serrée entre deux pics rocheux, la rivière s'élance de cent vingt mètres de haut dans l'entaille insondable où se tordent les rapides. La blancheur de la nappe d'eau, qui se déploie sur une largeur de quatre-vingts mètres, les tons noirs des sapins qui enveloppent la cataracte, les sommets neigeux qui s'échelonnent dans le lointain donnent à ce paysage délicieux la profondeur, la lumière et le cachet.

En Amérique, on qualifie du nom de *cañon*, comme nous l'avons déjà dit, les gorges immenses où les torrents se frayent un passage. Le *Grand Cañon* est une effrayante déchirure de la croûte terrestre, au fond de laquelle coule la Yellowstone sur une longueur de dix lieues. Un chemin que nous suivons dans la journée du 14 nous permet de côtoyer le précipice. Tandis qu'à mille mètres au-dessus de nos têtes se détache le dôme du mont Whasburn, une crevasse profonde de trois cent cinquante mètres s'entr'ouvre sous nos pas. D'une saillie qui surplombe le précipice, nous contemplons un spectacle terrifiant et grandiose. A nos pieds serpente une Yellowstone vue du gros bout de la lorgnette. La rivière creuse son lit dans une muraille de basalte traversée par de larges fissures, et les parois verticales du *cañon*, nuancées de mille teintes, nous font penser aux roches volcaniques que nous avons remarquées dans la vallée de la *Fire Hole*. Toute la gamme des couleurs y passe, depuis les tons brique ou ardoise jusqu'au blanc mat de la silice et jusqu'au jaune criard du soufre. Des corniches fantastiques, des pignons, des clochers, des donjons et des citadelles habités par les aigles, hérissent les flancs vertigineux de la gorge. Toutes ces constructions, provenant des dépôts stratifiés accumulés par les geysers, auraient fait rêver les grands seigneurs du moyen âge.

S'il faut en croire les savants, le lac Yellowstone ne serait qu'un vestige d'une ancienne mer intérieure. A une époque géologique récente, le lit de ce vaste réservoir aurait été le théâtre d'une éruption volcanique. Les eaux, cherchant une issue, se seraient précipitées dans le *Grand Cañon,* qui venait de s'ouvrir. Il est probable qu'un soulèvement général de la contrée se produisit en même temps qu'un travail d'érosion s'accomplissait dans les crevasses. De ce bouleversement, le voyageur ne constate plus que les effets ; mais ces effets étranges, accablants, dramatiques, donnent encore le frisson.

A l'étape, nous trouvons, au fond de la Vallée Charmante (*Pleasant Valley*), la cabane d'un brigand retraité. Le digne homme n'a pas, comme on le prétend, le regrettable travers de détrousser sa clientèle. Hôte très-accueillant et cuisinier passable, le solitaire nous octroie des peaux de buffle sur lesquelles nous dormons à peu près tranquillement, et il nous sert un repas capable de combler le vide de nos estomacs. Au surplus, ses exigences sont modestes. Bref, nous n'avons jamais été moins surfaits que par ce bandit retiré des affaires.

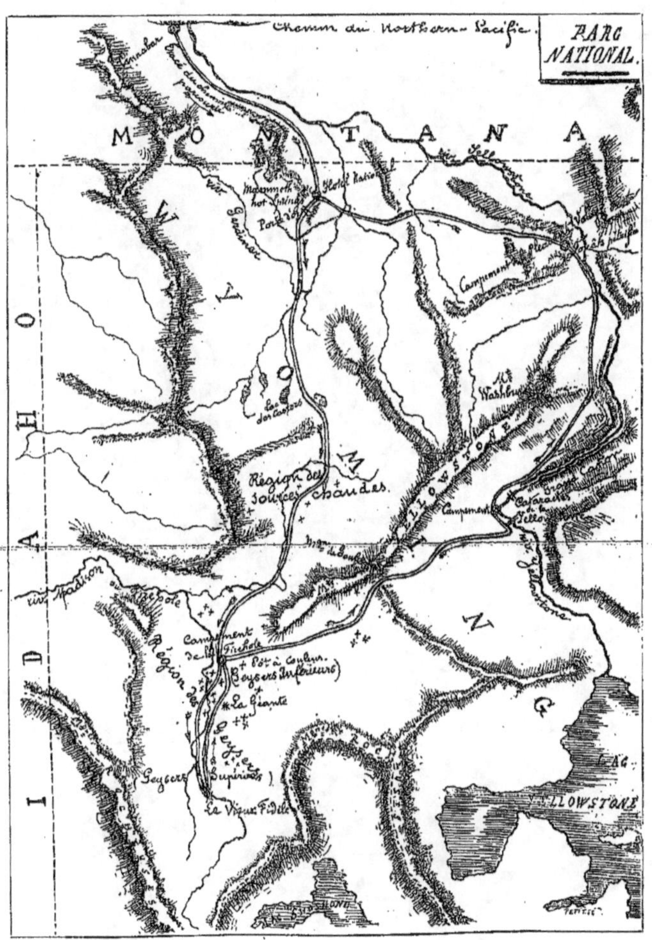

CROQUIS DE L'AUTEUR

Une dernière surprise que nous réservait le Parc National, c'est la vue d'une forêt fossile. La forêt n'est plus qu'une carrière au milieu de laquelle se dressent quelques arbres pétrifiés. Cette transformation radicale, due, paraît-il, à une influence volcanique, s'est effectuée sans que le bois se décompose au contact de l'air. A l'exemple de la femme de Loth, mais moins promptement qu'elle, les arbres ont changé de règne. Ce sont aujourd'hui des colonnes de silex et de quartz.

Le 15, dans la soirée, nous retrouvons nos grands lits du *National Hotel*. Pendant cinq jours, nous avons mené une rude existence : à cheval dès l'aurore, peu réconfortés par une nourriture sommaire composée d'audacieuses conserves de lait concentré et de viandes fumées, mal garantis contre le froid et souvent indignement couchés. Mais que nous importaient ces petites misères ? A chaque pas nous découvrions des merveilles : les geysers, les cataractes, le *Grand Cañon*, les forêts pétrifiées. A notre âge, les fatigues s'oublient et les souvenirs restent. Ces souvenirs sont gravés dans notre imagination et dans notre mémoire. Un monde de géants s'est déroulé devant nos yeux. Plus que nulle part ailleurs, l'œuvre de la création nous est apparue mystérieuse, terrifiante et sublime.

CHAPITRE XIV

La diligence du Parc National nous conduit, dans la matinée du 16, à la station de Cinnabar. De ce point, nous partons pour Livingston et Héléna. Le *Northern Pacific R. R.* gravit le haut plateau du Missouri, qu'animent de nombreux *ranches* de bétail. Parfois, on aperçoit sur la savane un campement indien. Les guerriers, tatoués et vêtus d'oripeaux aux couleurs vives, paraissent plus farouches que les sauvages de l'Est; les enfants sont nus comme vers, et les *squaws,* ornées de colliers et d'anneaux, s'enveloppent tant bien que mal dans de larges couvertures.

Il faut aller jusqu'à Héléna pour retrouver la civilisation. Cette ville, où nous passons la nuit, compte environ huit mille âmes.

Sa situation, au pied des Rocheuses, est très-pittoresque, mais ses avenues, coupées à angle droit, rappellent le plan géométrique de toutes les cités américaines. Plus à l'ouest, se forment deux centres,

Garrison et Butte, qui doivent leur développement rapide à la richesse minière du pays.

Le fer, le cuivre, l'argent attirent les immigrants vers les montagnes du Montana. Grâce à la disposition des couches, l'extraction du minerai exige peu d'efforts. D'ailleurs le gouvernement stimule l'initiative privée, en décidant que la mine appartient à celui qui la trouve.

Pour obtenir un titre légal de propriété, l'inventeur doit faire enregistrer sa découverte au chef-lieu du comté, payer une redevance fixe et commencer les travaux dans l'année qui suit l'accomplissement de ces formalités. Ce système se rapproche de la loi de *homestead* que nous avons signalée en parlant de l'agriculture. Il encourage le « prospecteur » (ou chercheur de mines) à sonder le terrain, et, par la clause de mise en exploitation immédiate, il déjoue les calculs des spéculateurs.

Seul, le prix de la main-d'œuvre entrave le développement des industries extractives. On paye quinze et vingt francs par jour l'ouvrier mineur blanc, et celui-ci n'entend pas que l'ouvrier jaune lui fasse concurrence. A la rigueur, l'Américain admet que les *Celestials* (Fils du Ciel), s'établissent dans le pays en qualité de blanchisseurs ou de terrassiers, mais il pend sur l'heure ceux qui, dans les chantiers, les manufactures ou les usines, font baisser les salaires.

Assassiner un Chinois n'est qu'une peccadille pour le Yankee. « Quand ces êtres-là se ralentissent », nous dit sérieusement un compagnon de voyage, « on en tue « deux ou trois et ça stimule les autres. »

A Garrison, j'aperçois sur une brouette une longue caisse que deux employés chargent dans le fourgon des bagages. La forme de ce colis m'intrigue, et je demande au chef de gare ce que peut renfermer une boîte de cette dimension. — « Pas grand chose », me répond-il; « un Chinois qui retourne en Chine. »

Sans nous arrêter, ici, à l'examen de la question chinoise, que nous allons retrouver en Colombie anglaise, nous poursuivons notre trajet.

Partout on nous prend pour des acquéreurs de mines. Les uns nous apportent des échantillons assortis; les autres nous vantent un filon d'or « qui paye »; tous nous promettent la fortune. Si nous avouons que nous faisons un voyage d'agrément, notre interlocuteur se contente de sourire. Voyager pour le plaisir de voyager, — allons donc! Dans cette contrée où les fonctionnaires se chargent de la commission, le simple amateur est un phénomène. Cependant, si invraisemblable que paraisse notre projet, nous sommes décidés à traverser les Rocheuses sans acheter la moindre pépite.

Encore trente-six heures de route et nous serons à Portland, dans l'État d'Orégon.

Debout sur la plate-forme du dernier wagon, nous regardons fuir le pays.

L'atmosphère est d'une pureté parfaite; le ciel d'un bleu foncé. Sous les rayons du soleil couchant, les pics dénudés et les sommets neigeux se nuancent de teintes roses. Le train, tiré par deux locomotives, s'engage dans un défilé sombre, presque noir. Nous montons toujours et nous sommes à deux mille deux cents mètres d'altitude.

Il fait froid. La voie franchit des ravins sur des poutrelles mal agencées. Elle longe des abîmes; elle s'engage dans des tunnels en planches, nommés *snow-sheds*. Ces charpentes massives protègent la ligne contre les avalanches de neige. La nuit vient. Les montagnes prennent des formes bizarres, effrayantes. On dirait des spectres qui passent. Toute la nature est plongée dans le sommeil.

Quand nous retournons à nos couchettes, nos voisins de sleeping-car dorment les poings fermés. Avant de suivre leur exemple, je retarde ma montre d'une heure. Il est minuit dans la zone du Pacifique, une heure au Parc National et trois heures à New-York.

Le lendemain, à mon réveil, je suis frappé par la richesse de la végétation. Des forêts de pins nous environnent ; des successions de mamelons et de dômes nous barrent l'horizon. Ce sont les Pyrénées après les Alpes. Vers midi, le train s'arrête à Héron. Ce hameau, dont le nom fait image, se console de sa situation modeste, en couvrant de réclames pompeuses les baraques qui le composent. Sur la porte d'une misérable cabane, je lis cette enseigne : *Quartier général*. Quartier général de qui ? de quoi ? — Il y a des mots qui font rêver.

La *Clark's-Fork river*, que nous descendons, alimente le lac Pend-d'Oreille. — Une émeraude du plus beau vert, ce lac Pend-d'Oreille ! — On le quitte à regret et bientôt on pénètre dans l'État de Washington. Des escouades de terrassiers chinois réparent la voie. Habillés de complets en laine grossière et coiffés de chapeaux de paille qui leur cachent entièrement la figure, ces ouvriers ne se distinguent des blancs que par leur petite taille et leur saleté repoussante.

Un jour se passe et nous voilà au milieu des monts

Cascades, sur les rives de la Columbia. L'hiver est bien loin derrière nous. Un soleil déjà chaud dore les falaises hérissées qui bordent le fleuve. De la plate-forme d'arrière, on distingue une série de rapides.

L'Hudson, qui nous émerveillait au début de notre voyage, est plus majestueux que la Columbia; mais il n'a pas cette allure turbulente, ce cadre à la fois pittoresque et coquet.

Tandis que j'examine le pays par un carreau troué, un employé prend nos carabines, nous donne un reçu et nous demande quinze francs pour frais de garde. Jamais en Amérique les bagages ne payent un prix de transport et jamais un voyageur n'est tenu de se dessaisir de ses armes. Pourquoi cette exception en notre faveur? Le *baggage-man* nous explique que, la semaine précédente, un fusil chargé a éclaté entre les jambes de son propriétaire, que le malheureux a eu la cuisse cassée et que la balle en s'échappant a percé mon carreau. Je n'en disconviens pas, mais quel rapport y a-t-il entre cet accident et la taxe de quinze francs qu'on prélève sur nous? — Mystère... et tripotage! — Bien entendu, nous réclamons, et, bien entendu, nous avons le dessous.

A dix heures du matin, nous entrons dans la gare de Portland. Tout le monde descend.

Du point où nous sommes, les express mettent sept jours pour se rendre à New-York.

Nous avons traversé le nouveau continent dans toute sa largeur, et cependant six heures de wagon et quinze heures de bateau nous séparent encore du but de notre voyage. Nos malles sont « chéquées » pour l'île de Vancouver, et nous ne resterons qu'une journée à Portland.

Bâtie sur la rivière de la Villamette, près de l'estuaire de la Columbia, la cité s'est accrue rapidement. Elle comptait, en 1870, onze mille âmes; aujourd'hui le chiffre de la population atteint cinquante mille habitants. Nul doute que cette progression ne s'accentue dans la suite. Port de mer de premier ordre, point de jonction de nombreux chemins de fer, entrepôt où s'accumulent les produits du Montana, de l'Idaho et de l'Orégon, Portland dispute à San-Francisco le commerce de l'Extrême-Orient. Ce que personne ne se dispute en ce moment, c'est le malheureux coolie.

Partout où ils immigrent, les Chinois fondent de véritables colonies. Ils vivent dans un quartier distinct où tout est chinois. C'est plus original qu'attrayant. Leurs queues, souvent postiches, tombant de la nuque sur les talons, leur teint pain d'épice, leurs yeux tirés sur les tempes, leurs costumes nationaux... tout cet ensemble en fait des êtres à part, aussi grotesques, s'il est possible, que les idoles de leurs pagodes.

Accompagnés d'un détective, nous entrons dans un temple où des Bouddha en plâtre sont entourés de soucoupes microscopiques, remplies tous les matins de *brandy* et de thé par les fidèles, et vidées tous les soirs par les prêtres. Pour le commun des martyrs, les dieux ont tout absorbé. En sortant du sanctuaire, où réside le Grand Suprême des Sombres Cieux, nous stationnons devant un magasin de gros, mis sous la protection des Dix-Mille Harmonies Célestes.

Jusqu'ici, nous avons admiré la propreté des boutiques chinoises; mais voilà des carrefours ténébreux et des sentines immondes où les citoyens de l'Empire du Milieu s'empilent comme des bouteilles pour passer la nuit. Ils sont vingt-cinq ou trente dans une seule pièce. De ces tanières se dégage je ne sais quelle odeur fétide qui rappelle celle de la marée. C'est horrible, et, cependant, nous n'avons à Portland qu'une pâle reproduction des réduits souterrains; sortes d'étages renversés, dans lesquels s'entasse la population jaune de San-Francisco.

Dans leurs restaurants, les fashionables mangent avec des bâtons un mélange compacte qu'ils appellent du riz. Les Chinoises fardées circulent autour des tables sur des moignons qui leur servent de pieds. Elles ne marchent pas; elles roulent en se balançant pour garder leur équilibre.

Pauvres filles! sont-elles donc si volages qu'il faille les estropier, dès le berceau, pour les empêcher de courir la prétantaine? J'en vois trois autour d'un bouton de cristal (je veux dire un Chinois de distinction). Elles l'éventent et lui font des risettes. Lui, paupière mi-close, tire paresseusement d'une longue pipe des bouffées d'opium. Un sommeil léthargique le gagne. On le dépose sur un sofa.

Il y a neuf mille spécimens de cette race à Portland, nous dit le détective. Ces êtres dépravés mangent nos produits, accaparent notre argent, refusent de se plier aux exigences de la civilisation et vivent au sein d'une promiscuité sans nom. Les ouvriers blancs ne veulent plus d'une concurrence qui les ruine, et, si le gouvernement ne renvoie pas dans leur pays ces « insectes nuisibles » qui mettent la société en péril, les balles des *winchesters* sauront bien leur tracer le chemin du retour » .

Je note cette appréciation fantaisiste sans la commenter, au moins pour le moment.

Nous avons fini le tour de la ville et nous remontons

en wagon. La route longe la chaîne des Cascades jusqu'à l'embouchure de la Columbia. Il s'agit de passer le fleuve. Un *Mammoth ferry-boat* vient à notre rencontre. C'est un énorme bac à vapeur, surmonté de deux cheminées latérales et muni de trois voies ferrées. Ses rails s'adaptent hermétiquement aux rails de notre ligne et le train tout entier s'engage sur le pont. Les dix voitures sont embarquées sur la voie centrale. Dans cette gare flottante, qui nous transporte d'une berge à l'autre en vingt minutes, nous trouvons un buffet et des salles d'attente. Jugez de l'effet que produirait ce colosse antédiluvien sur la Seine, à côté de nos bateaux-mouches.

Le Mammouth aborde, debout à la rive, entre deux jetées. L'avant s'emboîte dans le tablier du débarcadère; des crampons le saisissent; la locomotive siffle et nous roulons derechef sur le chemin du *Northern Pacific*.

Voici le port de Tacoma, où stationne le paquebot de Vancouver. Nous montons à bord de l'*Olympian*. Les matelots lèvent l'ancre et le steamer s'enfonce dans le *Puget Sound*. Pas un Américain ne connaissait, il y a vingt ans, cette large échancrure formée par le Grand Océan dans l'État de Washington! Aujourd'hui les guides la recommandent spécialement aux touristes.

La traversée commence par une belle nuit. Tout èst silencieux autour de nous. La surface de l'eau se colore d'une teinte d'acier poli. Le ciel noir est sablé d'or. La lune, comme un globe électrique, projette sa lumière blafarde sur la crête dentelée des montagnes de l'Olympe.

A notre réveil, la vague, qui vient du large, nous berce doucement dans nos cabines. Ce balancement n'a rien de désagréable; il nous avertit seulement que le steamer sort du *Puget Sound* pour passer le détroit de Juan de Fuca. Nous marchons toute la matinée à une vitesse de quatorze nœuds; puis nous pénétrons dans une baie délicieuse.

Des falaises et des collines boisées bordent le rivage. Au fond d'une anse s'étend Victoria, jeune capitale de la Colombie anglaise.

Jusqu'à ces derniers temps, personne n'a disputé aux races aborigènes les vastes territoires qui composent la province occidentale du Dominion.

Vancouver les avait explorés à la fin du dix-huitième siècle; mais aucune tentative de colonisation ne fut faite avant l'annexion de cette possession aux territoires de la Compagnie de la baie d'Hudson (1849).

A vrai dire, les premiers établissements anglais dans la Colombie datent de 1858. C'était le moment où certains prospecteurs, las d'explorer la vallée de Sacramento, remontaient vers le Nord pour trouver le précieux filon d'où dépendait leur fortune. De riches mines d'or, découvertes dans le bassin du Fraser, attirèrent une nuée d'aventuriers.

Ainsi qu'on pouvait s'y attendre, les spéculateurs firent miroiter aux yeux des crédules les promesses les plus engageantes. C'était trop beau pour être vrai. Il y a longtemps que le Pactole ne roule plus des flots d'or. La manne ne descend plus du ciel et les alouettes ne tombent plus toutes rôties dans la bouche du chasseur.

Dans cette immense partie de baccarat qui s'est jouée sur la côte du Pacifique, quelques pontes ont trouvé la veine; mais, comme à Monte-Carlo, à Bade, à Luchon, en un mot, comme partout où l'on joue, la cagnotte seule, représentée par les agences, a parié à coup sûr, en exploitant sans scrupule les naïfs et les impatients.

La Colombie anglaise formait alors deux colonies distinctes : l'île de Vancouver et la Nouvelle-Géorgie. En 1866, ces dépendances furent réunies sous leur nom actuel, et, quatre ans après, elles entrèrent dans la confédération canadienne.

La province occupe une étendue égale à celle de l'Empire d'Allemagne. Elle a pour limites, au nord l'Alaska, à l'est les territoires Nord-Ouest, au sud les États-Unis, à l'ouest l'océan Pacifique.

Les côtes, aussi déchiquetées que celles de Norwége, sont bordées de rades excellentes et bénéficient d'un climat tempéré. Sur certains points, on cultive avec succès la vigne et le houblon. Les fruits et les légumes réussissent à merveille.

Dans le « Vaste Intérieur » — cette portion du continent qu'arrosent le Fraser et ses affluents, — la culture et l'élevage se développent de front. Les forêts qui s'étendent à l'infini fournissent aux constructions navales des matériaux exceptionnels. Tels sont les sapins géants de Colombie, le pin rouge de Californie et toutes les variétés de cèdres. Déjà le Vaste Intérieur expédie des bois en Europe par le Pacifique-Canadien et le golfe Saint-Laurent.

Au cœur des Rocheuses se trouve la région minière, que l'achèvement du chemin de fer transcontinental rend accessible à l'industrie. Des mines d'or, d'argent, de cuivre, couvrent les districts de Caribou et le bassin supérieur de la Colombie.

Toutes ces observations s'appliquent à l'île de Vancouver. Ses gisements houillers sont les plus considérables des deux Amériques. Nanaïmo, centre de l'exploitation, situé en face de New-Westminster, aura bientôt le monopole de la vente du charbon sur la côte du Pacifique.

Maintenant qu'une ligne interocéanique offre une issue aux produits du pays et facilite les voyages, rien ne s'oppose à l'arrivée des immigrants. La province compte environ soixante-dix mille habitants, parmi lesquels trente mille Indiens et dix mille Chinois. Ces chiffres seront doublés avant peu.

Victoria, siége du gouvernement, possède une population de vingt mille âmes. Son quartier chinois, son port, ses maisons basses en forme de chalets, attirent l'attention. La nuit, six grands phares électriques éclairent les rues et servent de signaux aux pêcheurs de la côte. Victoria s'est donné un théâtre, où nous assistons à la représentation, ou plutôt au massacre de *Froufrou* exécuté en anglais par une troupe de passage.

A ce théâtre, je préfère *the Driard*, un hôtel français tenu par un enfant de la Gironde. Le propriétaire débuta comme cuisinier à New-York, vint à San-Francisco en qualité d'aubergiste et finit par s'établir dans l'île. Il a fortune ronde, et son restaurant, servi par des Chinois, jouit d'une réputation méritée.

Une voiture nous conduit à la baie d'Esquimault, point de ravitaillement de l'escadre anglaise. Dans ce port abrité et spacieux, les bateaux trouvent une profondeur uniforme de quarante pieds d'eau. Près de l'arsenal, l'État construit un superbe bassin de radoub.

Des deux côtés de la route, on remarque des villages indiens. Il paraît que les naturels de la province renoncent assez volontiers à la vie sauvage. Bien que la pêche soit encore leur occupation favorite, plusieurs d'entre eux colonisent ou trafiquent avec les blancs et les Chinois.

Jusqu'ici, le cabinet d'Ottawa n'a pas adopté, vis-à-vis des *Celestials* la politique étroite et souvent barbare du gouvernement de Washington. Respectueux du droit des gens, le Dominion se montre aussi libéral, aussi humain vis-à-vis des Peaux-Jaunes que vis-à-vis des Peaux-Rouges.

Nous avons parlé de la question indienne. Il n'est pas moins intéressant d'envisager la question chinoise. Ce sera la dernière que nous rencontrerons dans notre voyage au Canada. C'est aussi par elle que nous terminerons ce volume, résumé de nos impressions et de nos souvenirs.

L'étude de la question de l'immigration chinoise comporte l'examen de trois points saillants :

A quelle occasion la Californie et, plus tard, la Colombie se sont-elles affirmées les adversaires résolus de l'immigration chinoise ?

Sur quelles bases font-elles reposer leur réquisitoire ?

Quelle est la valeur de ces accusations ?

Quand, des quatre coins de l'Europe, les chercheurs d'or s'abattirent sur les rives du Sacramento, quelques Chinois, grisés par les récits des voyageurs, quittèrent l'Empire du Milieu pour tenter la fortune en Californie. D'abord, personne ne les inquiéta. On sentait la nécessité de relier le jeune État aux grandes villes de l'Est. Les coolies se présentaient spontanément pour travailler à la construction des chemins de fer, au creusement des canaux, à l'exploitation des mines, et les Compagnies s'empressaient d'accepter leurs services. Chacun prenait sa part des réjouissances populaires, sans distinction de couleur ni de race. Ainsi, le 4 juillet 1852, jour de la fête nationale des États-Unis, un groupe de Chinois figurait dans les défilés et les cavalcades qu'avait organisés la population de San-Francisco.

Les *Celestials* étaient au septième ciel. Ils durent en descendre et la chute fut rapide. En 1862, ils n'osaient plus paraître dans les réunions; en 1872, « s'ils s'étaient montrés en public, on les aurait lapidés. » En 1882, ils étaient considérés comme les derniers des parias. Le 6 mai de cette année, le Congrès de Washington, s'appuyant sur une enquête commencée en 1876, leur interdisait l'accès du territoire. A quelle catégorie d'immigrants devaient s'appliquer les dispositions restrictives de l'acte? — Aux ouvriers, mais nullement aux « lettrés » ou aux « marchands ». Telle fut du moins l'interprétation que les juristes donnèrent à un texte de loi peu formel. Cette réserve tardive mécontenta l'opinion. L'exaspération du parti antichinois s'accrut le jour où l'on put constater que plusieurs coolies s'étaient fait passer pour des marchands, afin de pénétrer dans les États. Un amendement fut voté le 5 juillet 1884, amendement sévère, intransigeant, basé sur une politique d'exclusion absolue.

Tandis que la grande majorité des Chinois endurait patiemment les mauvais traitements que leur infligeaient les Américains, d'autres, mieux avisés, gagnaient, depuis quelques années, les possessions de Sa Gracieuse Majesté.

Ici, comme en Californie, les nouveaux venus offrirent leurs services et contribuèrent pour une large part, à la construction du chemin de fer transcontinen-

tal et à la richesse de la région. Au début, ils parurent
indispensables ; puis un courant d'opinion, semblable
à celui que nous venons de signaler, se produisit en
Colombie. La législature fut d'avis « qu'il était expé-
« dient d'instituer une loi prohibant l'immigration des
« Chinois », et les représentants de la province soutinrent cette prétention au Parlement fédéral. Sur la
proposition du premier ministre, une enquête fut
ouverte (session de 1884). Le 21 février 1885, le gouverneur général reçut deux rapports très-remarquables :
l'un de M. Chapleau, membre du cabinet et président
de la commission ; l'autre de M. Gray, juge à la cour
suprême de la Colombie. Ces deux pièces officielles et les
détails de l'enquête ont été réunis. Ils forment le document le plus impartial et le plus remarquable que
nous ayons entre les mains.

Qu'on se reporte à l'enquête américaine de 1876 ou
à l'enquête canadienne de 1885, toujours on est frappé
par la disproportion existant entre la terreur qu'in-
spire l'immigration chinoise et le nombre effectif des
Chinois immigrés.

On parle de l'envahissement de la race jaune, de
l'absorption de la race blanche dans la race jaune.....
Or, combien sont-ils, ces envahisseurs ?

Les recensements, d'accord avec les relevés des
douanes et les renseignements fournis par les Chinois
eux-mêmes, établissent que les États-Unis comptaient
cent cinq mille *Celestials* en 1880, et le Dominion dix
mille cinq cents en 1884.

Ces chiffres nous permettent de conclure qu'au
moins, dans les circonstances actuelles, le danger
d'une absorption est simplement problématique. Ainsi

que le fait observer M. Chapleau, « il convient de dis-
« cuter la question de l'immigration chinoise avec
« calme et dignité, et certainement sans cette excita-
« tion qui provient de la crainte d'un envahissement
« imminent ».

La lecture attentive des dépositions recueillies au
cours de deux enquêtes permet d'énumérer les différents chefs d'accusation dirigés contre les coolies. Ces
chefs d'accusation reposent, tantôt sur des considérations économiques, tantôt sur des considérations
sociales et morales.

—Les premiers peuvent se formuler de la sorte :

Les Chinois n'ont pas de besoins ; ils se contentent
d'un salaire insignifiant et font aux ouvriers blancs une
concurrence désastreuse;

Ils retardent, par leur seule présence, l'immigration de la race blanche et la colonisation du pays ;

Morts ou vifs, ils retournent toujours en Chine, et
c'est encore en Chine qu'ils emportent leurs économies.

— Les seconds portent sur la manière d'être des
Celestials, sur leurs habitudes, leurs vices, leurs orga-
nisations secrètes. On dit :

Les Chinois vivent dans la débauche et sont esclaves
des Six-Compagnies ;

Ils habitent au fond de réduits immondes, véritables
foyers d'infection où germent les épidémies ;

Ils parviennent à se soustraire aux poursuites; ils
échappent à la justice du pays.

De tous ces griefs, le premier est le plus important.
A tout bien considérer, il est peut-être le seul, dans
l'esprit de la classe laborieuse.

Un témoin de l'enquête américaine, le sénateur

Jones, du Nevada, se faisant l'avocat du travail, présente ainsi la défense d'un ouvrier mineur :

« Je travaille à mille pieds sous terre et je travaille
« tout le jour pour quatre dollars. Les forces de notre
« civilisation dans la lutte, qui se fait pour donner
« au travail une rémunération suffisante, m'ont pro-
« curé un salaire qui me met en état de vêtir ma
« femme et mes enfants décemment et convenable-
« ment... Bien que mon travail soit pénible, j'y vais
« d'un cœur léger, parce qu'il me permet de faire vivre
« les miens. Je contribue volontiers au soutien des
« écoles et des institutions charitables; mais, après
« les dépenses occasionnées par l'entretien de ma fa-
« mille et l'accomplissement de mes devoirs généraux,
« il ne me reste pas grand'chose de mes gages à la fin
« de la semaine.

« Maintenant, quelle est la position du Chinois ? Il
« peut faire autant d'ouvrage souterrain que moi. Il
« n'a ni femme, ni famille. Quarante ou cinquante
« Chinois peuvent vivre dans une maison de la gran-
« deur de la mienne. N'ayant aucun goût pour le
« confort, les coolies se contentent d'un salaire qui me
« rendrait la vie tout à fait insupportable... Ils arrivent
« ici, profitent de notre habileté, de nos travaux et
« de nos efforts et nous chassent de l'exploitation que
« nous avons créée. »

Cette thèse, présentée d'une façon habile et séduisante, repose sur une donnée complétement fausse. Le
précepte chrétien : « A chacun suivant ses œuvres », est
aussi l'une des vérités fondamentales de l'ordre économique. Si nous y substituons cet autre principe : « A
chacun suivant ses besoins », nous aboutissons au
communisme, c'est-à-dire au partage immédiat des

biens, partage injuste, absurde, pratiquement impossible. Vous dites : « J'arrête l'immigration, parce qu'elle a pour effet de diminuer le prix de la main-d'œuvre. » — Prenez garde ! ce raisonnement vous conduit fatalement à supprimer la concurrence.

Nous ne nions pas que l'ouvrier blanc ne souffre momentanément d'une réduction de salaire. Il en souffrira comme le commerçant souffre d'un ralentissement dans les affaires, comme l'industriel souffre d'un excès de production ou d'un arrêt dans la demande. C'est un mal dont le patron doit tenir compte ; mais, heureusement, c'est un mal passager, n'atteignant, en fait, que les métiers les plus grossiers et les plus rudes. S'il ne trouve plus, dans telle branche de l'industrie, un salaire rémunérateur, l'artisan se rejettera sur telle autre branche. Pour lui, la main-d'œuvre ne sera pas perdue ; elle sera déplacée.

Cette souffrance momentanée et cette injustice apparente ont été occasionnées par chacune des inventions qui ont ouvert, dans ce dernier siècle, la voie du progrès. Les faucheuses, semeuses, moissonneuses, n'ont-elles pas causé, dans le principe, un dommage véritable à des milliers de journaliers ? La vapeur et l'électricité, en actionnant les métiers, en supprimant la distance, en facilitant les transports, n'ont-elles pas substitué brusquement et impitoyablement le travail mécanique au travail manuel ?

Marins, charpentiers, messagers, courriers, tisserands, etc... se sont crus perdus. Les arguments qu'on dirige aujourd'hui contre la concurrence des coolies ont déjà servi aux adversaires de Volta, de Fulton et de Watt. « C'est qu'au fond, observe M. Gray, si l'on « considère le développement de la Californie et de la

« Colombie, les Chinois y sont des machines vivantes,
« différant des machines inanimées en ce que, tout en
« travaillant et en arrivant au même but que celles-ci,
« ils consomment les produits naturels et fabriqués du
« pays, contribuent à son revenu, développent et
« augmentent ses ressources. »

Au surplus, beaucoup de gens sensés pensent que l'immigration chinoise a eu pour conséquence, non pas de faire baisser le prix des salaires au-dessous du minimum nécessaire à l'existence de l'ouvrier blanc, mais de rendre à la main-d'œuvre sa véritable valeur. Lors de la découverte des mines en Californie, quand des fortunes s'édifiaient en un jour, le patron n'hésitait pas à donner au journalier une paye exagérée. Les exploitations suffisaient à tout. Aujourd'hui qu'elles ne rapportent plus des bénéfices aussi merveilleux qu'autrefois, le propriétaire ne peut plus accorder une telle rétribution et gagner sa vie. Il propose à ses ouvriers blancs un arrangement que ceux-ci refusent. Les coolies acceptent; il les prend.

Les adversaires de l'immigration chinoise accusent encore la race jaune de causer, par sa présence, un ralentissement dans l'immigration européenne et un retard dans la colonisation du pays. Ce grief serait grave s'il reposait sur des faits nettement articulés et dûment constatés. Mais, outre que les deux enquêtes ne fournissent aucune preuve à l'appui de cette assertion, on peut difficilement admettre que la présence des *Celestials* sur quelques points de la côte empêche les colons de se porter vers les immenses territoires qui s'ouvrent à la civilisation et attendent la main-d'œuvre.

Faut-il s'inquiéter du reproche qu'on adresse aux

Chinois, de retourner en Chine et d'y emporter leurs économies? Nous ne le pensons pas. Tout salaire étant la rémunération d'un service, il est bien certain qu'en emportant leurs économies, les immigrants laissent l'ouvrage qu'ils ont accompli. Ils ne doivent rien à personne. D'ailleurs, n'est-il pas étrange d'entendre les partisans obstinés de l'expulsion des coolies se plaindre amèrement du départ de ceux-ci? — C'est touchant, mais peu logique.

Passant des considérations économiques aux considérations morales, les accusateurs flétrissent, en termes indignés, une race esclave des Six-Compagnies. Les Chinois répondent : « Nous nions formellement que les Six-Compagnies tiennent les coolies sous leur domination. Tant que vous ne nous aurez pas convaincus d'imposture, vos attaques ne sauront nous atteindre. » Ici encore, les preuves font défaut.

On parle beaucoup des Six-Compagnies; mais très-peu de personnes seraient en état de les définir. Au dire du colonel Bee, consul de Chine à San-Francisco, la province de Canton, d'où vient l'immigration jaune, est divisée en six districts. Dans chacun de ces districts, une société philanthropique, dite Compagnie, reçoit la déclaration des émigrants, les embarque et les adresse à son représentant particulier d'Amérique. Le but de cette organisation est de payer aux coolies leur transport, de les protéger, de leur procurer du travail, de les assister s'ils sont malades ou indigents, enfin de les inhumer s'ils succombent et de faire transférer leurs cendres en Chine. Pour le prix de tant de services, les Compagnies n'exigent de l'immigrant que l'acquittement d'une faible cotisation (2,50 à 10 dollars), comme membres de la Société.

D'après d'autres témoignages, les Compagnies seraient moins désintéressées. Elles passeraient avec les associés un contrat, aux termes duquel les premières se chargeraient de faire aux seconds toutes les avances nécessaires, à charge pour ceux-ci de rembourser intégralement tous les frais et de fournir en plus une certaine redevance, avant de reprendre le chemin du pays natal. Cette dernière version permet de conclure que les immigrants chinois sont liés par un contrat; mais rien n'autorise à supposer qu'ils soient tenus en servitude.

Par contre, on peut facilement démontrer que les Chinois de la basse classe abusent de l'opium et qu'ils vivent dans la débauche. Pour être juste, il convient d'ajouter que ces mêmes hommes ne s'enivrent jamais, et que jamais ils ne jettent le trouble dans les familles, ni ne pervertissent les enfants qui leur sont confiés. Nombre de *Celestials* remplissent aux États-Unis et en Colombie le métier de femme de chambre, et dans aucun cas, quoi qu'on ait pu prétendre, les parents ni la justice n'ont eu à réprimer des infractions telles que des détournements de mineurs ou des tentatives de séduction.

Nous devons critiquer la malpropreté des Chinois, la mauvaise tenue de leurs logements et signaler à la police locale les sentines repoussantes où s'entassent ces misérables. C'est un devoir pour les administrés d'obéir aux lois et règlements concernant les établissements dangereux, incommodes et insalubres; c'est également un devoir pour l'administration de veiller à l'exécution de ces prescriptions. Pourquoi ne forcerait-on pas la population jaune à se soumettre aux exigences de la civilisation? En contraignant le coolie à se loger convenablement, à se vêtir d'une manière décente, à se tenir proprement, on augmenterait peut-être ses besoins. Où serait le mal? — Dépensant davantage, il réclamerait un salaire mieux en rapport avec son nouveau genre de vie; partant, la concurrence serait moins pénible pour les blancs. Ainsi, le législateur et les autorités administratives sauvegarderaient d'une manière efficace les intérêts de la population ouvrière, tout en veillant à la conservation de la santé publique.

Aux différents griefs que nous avons signalés, s'en ajoute un dernier. Tout Chinois professe pour la vérité un mépris absolu. Il n'hésite pas à prêter un faux serment. De plus, il est obstiné. S'il a résolu de traîner devant les tribunaux son ennemi, il l'accusera d'avoir commis des délits purement imaginaires; pis encore, il se mutilera dans l'espoir de faire emprisonner son adversaire. M. Gray cite à ce propos un exemple saisissant.

« Dans une rixe, un *Celestial* fut grièvement blessé.
« Il dénonça ses deux compagnons qui comparurent
« devant la Cour suprême de la Colombie. Les pré-
« venus furent condamnés pour coups et blessures,
« mais leurs amis attaquèrent le plaignant comme
« parjure. Au cours du second procès, un témoin jura
« que ledit plaignant s'était administré lui-même
« cette correction et qu'il avait faussement accusé ses
« compagnons. Le juge ne pouvait admettre qu'un
« homme se maltraitât de la sorte dans le but unique
« de faire condamner son prochain. Alors le témoin
« quitta la barre, tira lentement un rasoir de sa poche
« et, dans une seconde, se fendit le cuir chevelu de la
« nuque au front sur une longueur de cinq pouces.
« L'entaille était profonde et le sang en coulait à flots.

« Notre homme s'évanouit satisfait. Il avait tenu à
« prouver à la Cour que la souffrance lui importait
« peu, s'il parvenait à faire emprisonner son adver-
« saire. »

Cette chinoiserie et d'autres analogues embarrassent
trop souvent la justice. Pour obvier à cet inconvénient,
les commissaires de l'enquête canadienne proposent
l'établissement de tribunaux chinois : des Chinois
soumis à un certain contrôle et néanmoins directèment
responsables vis-à-vis du gouvernement, seraient
chargés de l'instruction, dans les causes concernant
leurs compatriotes ; des juges chinois, également responsables, statueraient en premier ressort, confor-
mément aux lois canadiennes. Ce système de la
responsabilité personnelle aurait le triple avantage
d'intéresser la race jaune au bon fonctionnement de la
justice, d'activer les recherches et d'être, en tous points,
conforme aux traditions du Céleste Empire.

Pour connaître le dossier d'un accusé, il ne suffit
pas de consulter le réquisitoire, il faut examiner les
motifs de la défense. Ces motifs sont nombreux, dans
le procès intenté par l'Amérique aux *Celestials*.

Personne n'ose nier que la main-d'œuvre chinoise
ne soit un agent très-efficace pour le développement
des pays nouveaux. En Californie, en Colombie, la puissance de production est énorme et les moyens de produire insuffisants. On demande des cultivateurs, des
commerçants, des industriels, en un mot, des capitalistes. L'ouvrier blanc les éloigne par des prétentions
exorbitantes ; mais derrière lui arrive l'ouvrier jaune ;
ses offres tentent le patron et attirent le capital ; d'où
les entreprises se multiplient et le pays se développe.

Que serait la Californie sans l'immigration chinoise ?

— Un désert fertile, mais en friche, peuplé seulement de chercheurs d'or.

La haute muraille des Rocheuses emprisonnait le jeune État dans ses limites. Force était de franchir l'obstacle et de relier par une voie ferrée le versant du Pacifique à celui de l'Atlantique. En 1862, la construction du *Central-Pacific R. R.* fut décidée. On réunit à grand'peine huit cents ouvriers blancs, presque tous insoumis, paresseux et ivrognes. L'affaire périclitait, quand, fort à propos, l'immigration chinoise permit d'employer dix mille terrassiers aussi laborieux que paisibles. M. Crocker, directeur des travaux, s'exprime en ces termes : « Si j'avais un ouvrage considé-
« rable à faire et si j'étais obligé de le faire prompte-
« ment, je prendrais des Chinois, parce qu'on peut
« compter sur eux et qu'ils sont plus assidus et plus
« résistants que les blancs..... Ils sont très-honnêtes,
« très-intelligents et remplissent fidèlement leurs en-
« gagements [1]. »

Ces satisfecits, accordés à l'ouvrier jaune, ne sont pas l'expression de sentiments isolés. La plupart des témoins de l'enquête américaine reconnaissent que,
« si la question de l'immigration asiatique était dis-
« cutée avec calme et impartialité devant le peuple,
« sans avoir recours aux appels violents des factieux,
« les huit dixièmes de la population se prononce-
« raient en faveur d'une législation modérée et désap-
« prouveraient cette agitation politique [2]. »

[1] Rapport de M. Chapleau sur l'immigration chinoise, p. 343.
[2] *Ibid.*, p. 344.

Les coolies ont contribué au développement du pays, non-seulement en le rendant accessible, mais encore en le rendant habitable. Entre le Sacramento, le San-Joaquin et la mer, le sol était couvert de marécages. On les évaluait à cinq millions d'arpents. Comment parvenir à dessécher ces immenses étendues? Les blancs que les entrepreneurs employaient au début, succombaient à de violents accès de fièvre ; il fallut les remplacer. Cette fois encore le *Celestial* offrit ses services. En peu de temps il construisit des canaux de drainage, des digues et des écluses. La région s'assainit et de magnifiques polders, comparables à ceux de la Hollande, sollicitèrent le cultivateur. « Des terrains qu'on désertait avant ces améliorations valent aujourd'hui de vingt à cent dollars l'arpent. » Tel est du moins l'avis de M. Roberts, président de la *Tide Land Reclamation Company* (Compagnie de desséchement des marais).

Si le colon, dans les contrées plus hospitalières, peut mettre en valeur des espaces considérables, il le doit, sans contredit, au bon marché de la main-d'œuvre. Certains ouvrages répugnaient à l'ouvrier blanc. Il refusait de tailler les arbres, de sarcler les champs, de faire les vendanges. Le coolie, moins dédaigneux, peuple la contrée de vergers et de vignes. Ces raisins merveilleux, ces fruits, ces légumes sans pareils sont dus exclusivement au travail des Chinois.

« Le travail des Chinois dans toutes les branches de « l'industrie, dit encore M. Roberts, ajoute quatre-« vingt-dix millions par an à la richesse de la Cali-« fornie. »

Dans les mines, dans les manufactures, dans les usines, ces êtres inoffensifs ont toujours le poste le plus dangereux et le métier le plus ingrat. Leurs chefs se félicitent de leurs services, et leurs compagnons eux-mêmes les trouveraient irréprochables s'ils exigeaient du patron un salaire de quatre dollars.

A côté des coolies, s'installent des marchands chinois. San-Francisco en compte plus de deux mille. « Ces commerçants passent pour être plus honorables que ceux de toutes les autres nations ; plus même que les commerçants américains [1]. » Ils sont très-entendus en affaires, entretiennent des relations constantes avec Canton et attirent aux États-Unis le commerce de l'Extrême-Orient.

Résumant les différents avantages qui résultent pour le pays de l'immigration chinoise, M. Chapleau s'exprime ainsi [2] :

« Il est clair que la Californie doit aux coolies :

« Les communications par voies ferrées ;

« La mise en valeur d'immenses étendues de ter-
« rain ;

« La culture des fruits et de la vigne ;

« La création de polders inépuisables ;

« Le rapide progrès de ses manufactures ;

« L'augmentation de son commerce avec l'Asie. »

Les adversaires des *Celestials,* que cette longue énumération embarrasse d'une façon évidente, se contentent de répondre aux commissaires de l'enquête : La main-d'œuvre à bon marché peut, comme le système protecteur, présenter certains avantages dans une contrée nouvelle ; mais dans un État parvenu à

---

[1] Voir enquête faite à San-Francisco; témoignage de M. Gibbs; rapport sur l'immigration chinoise, p. 317.

[2] Voir : Rapport sur l'immigration chinoise; préliminaires, p. XXXVIII.

son complet développement, toutes ces précautions deviennent superflues.

En admettant que le rapprochement entre le prix de la main-d'œuvre et le système protecteur soit juste, il faudrait prouver que la Californie possède une population dense et un nombre suffisant d'ouvriers. J'aime autant cette boutade du Yankee : « Chassez d'abord le Fils du ciel, et le reste vous arrivera par surcroît. »

Si la conduite des Américains à l'égard des Chinois nous paraît impolitique, celle de la Colombie nous semble absolument inexplicable.

La Colombie est à peine éclose. Son climat, sa situation géographique, sa force productive, sa richesse minière permettent de la considérer comme la Californie du Dominion. Pour arriver à un développement égal à celui qu'atteint aujourd'hui sa voisine, elle doit vraisemblablement recourir aux mêmes moyens , c'est-à-dire favoriser, au moins pendant quelque temps, l'immigration des Chinois.

Tous les avantages qui résultent encore pour la Californie du travail à bas prix, s'étendent forcément à la Colombie. La seconde a, comme la première, des chemins de fer à construire, des terrains à défricher, des marécages à dessécher, un commerce à établir, une industrie à créer. Elle ne possède ni capitaux, ni colons, ni ouvriers. Elle attend tout de l'avenir ; elle peut tout espérer du concours des coolies.

En bonne conscience, on se demande comment la question chinoise a pu se poser dans cette province canadienne.

La Colombie réclame la construction de plusieurs voies ferrées ; elle parle de faire concurrence à la

« civilisation de l'Ouest [1] » en produisant à peu de frais ; elle veut accaparer le transit de l'Extrême-Orient ; elle hâte l'installation d'une ligne de steamers qui la reliera étroitement à Yokohama et à Hong-kong. Et voilà que, soudain, elle invite le gouvernement fédéral à compromettre, par une loi d'exclusion, ses relations avec la Chine !

Les *Celestials* ne sont à charge à personne. Ils ne réclament ni soins pour les malades, ni secours pour les indigents. Les Six-Compagnies pourvoient à leurs besoins. Loin d'être une cause de dépense, ils sont déjà pour la province une source féconde de revenus. Ils ont activé la construction du Pacifique-Canadien, facilité la colonisation et commencé l'exploitation des mines de houille. Ces résultats sont-ils si mesquins ?

A mesure que la Colombie se transformera, le Chinois deviendra cordonnier, filateur, marchand, journalier, manœuvre, domestique. Faut-il en conclure que la contrée formera un annexe de l'Empire du Milieu ? — Rien ne le fait supposer. Le Chinois ne demeure pas dans le pays ; il y passe. Jamais il ne s'y marie ; toujours il retourne en Chine. C'est en Asie que le rappellent sa famille, ses intérêts et ses souvenirs. Dans le pays où il immigre, les droits civils et politiques lui sont refusés. En réalité, sa concurrence est réduite à la main-d'œuvre.

Que l'ouvrier n'ait vu, dans la question chinoise, qu'une question de salaire, on le comprend. Mais que des Assemblées, composées d'hommes graves et dévoués au bien du pays, ne se soient pas aperçues qu'elles

---

[1] Expression courante pour désigner les États américains du versant de l'océan Pacifique.

entamaient une campagne contre leurs propres intérêts, la chose paraît plus étrange.

Le régime parlementaire, qui a ses qualités, aurait-
il ses défauts ?

En Californie et en Colombie, des agitateurs, avides
de popularité, ont forgé de toutes pièces un réquisitoire fulminant contre l'infortuné *Celestial,*

> Ce pelé, ce galeux, d'où nous vient tout le mal.

Les citoyens impressionnables et remuants se sont
émus. L'opinion publique, bonne ou mauvaise, mais
toujours passionnée, s'est prononcée sans réfléchir, et
les législatures ont subi sa loi.

Cédant à cette pression, le Congrès de Washington,
comme une simple Chambre des députés française, a
rendu un verdict d'exclusion.

Le cabinet d'Ottawa, moins influencé par le courant
des idées, a su réargir. Il a convié, devant une commission d'enquête impartiale, tous ceux qui consen-
taient à éclairer l'État sur l'utilité d'arrêter l'immigration jaune. L'épreuve terminée, il devint évident pour
chacun que l'opinion soi-disant publique n'était, en
définitive, que l'opinion d'une faction.

« De l'enquête faite en Colombie, dit M. Gray, il
« résulte que :

« 1° Une minorité fortement préjugée, mais ayant
« de bonnes intentions, ne sera satisfaite que par l'ex-
« clusion absolue des Chinois ;

« 2° Une minorité intelligente comprend qu'il n'y
« a pas besoin de légiférer et que, en ce cas comme
« dans les autres affaires, la demande sera toujours la
« loi dominante et résoudra la question au cours na-
« turel des choses ;

« 3° Une forte majorité veut réglementer, dans une
« juste mesure, l'immigration chinoise, suivant les
« besoins de police, de finances et de salubrité. »

Le Canada n'a pas encore statué ; mais il est certain
qu'il écartera *de plano* le projet des violents.

D'autres questions, plus émouvantes et plus graves,
hantent l'esprit du penseur. Un jour, l'Empire du
Milieu débordera sur ses côtés. Il fera la tache d'huile
et sa population de 400 millions d'habitants, consciente
de sa force, sentira, peut-être, le besoin de se ré-
pandre. Qu'adviendra-t-il à cette heure et quand cette
heure sonnera-t-elle ? — Bien habile serait l'augure
qui percerait ce mystère.

D'ailleurs, les nécessités politiques varient avec le
temps. Mais faut-il que des nations, nées d'hier, sa-
crifient le présent aux problèmes théoriques de l'avenir ? Doivent-elles s'égarer dans les hypothèses et
renoncer à l'existence par crainte de la mort ?

CHAPITRE XV

L'*Olympian*, qui nous a débarqué le 21 octobre à Victoria, retourne à Tacoma le 25. Nous saluons une dernière fois le Canada ; la côte s'efface et l'île de Vancouver disparaît derrière la ligne bleue qui trace l'horizon. Il fait beau ; cependant je ne sais quelle mélancolie me gagne.

En mer, l'esprit traverse les espaces, comme les navires l'Océan. Tandis que le regard plane, la pensée voltige. Involontairement, je repasse dans ma mémoire tous les détails de mon voyage.

Je vois New-York et Chicago, Montréal et Québec. Il me semble que, la semaine dernière, je voguais en *canou* d'écorce avec les Peaux-Rouges de la Pointe-Bleue, ou que je faisais danser, dans le bar du Rouse's Point, de jeunes misses américaines. Je songe aux colons du Saguenay, aux métis de Winnipeg, aux *cow-boys* du Far-West, aux Chinois de Portland. Les « terres noires » giboyeuses du Manitoba, les *ranches* des *bad-lands* et les geysers du Parc National paraissent et disparaissent devant mes yeux comme des chimères.

Ce tour est bientôt fait. Je sors du monde des souvenirs pour rentrer dans celui de la réalité.

Demain, nous roulerons sur la terre ferme, tantôt en wagon, tantôt en diligence ; nous franchirons la Sierra-Nevada et nous descendrons le Sacramento.

J'arrête ici mon récit et je passe la plume à mon ami D... A lui de nous promener à travers la Californie : sur la plage agreste de Monterey, sous les arbres géants de la *Yosemite Valley* et dans le port de San-Francisco. A lui encore de nous conduire dans le Colorado et sur les bords du Mississipi jusqu'en Louisiane. Peut-être prendra-t-il le bateau de la Havane et remontera-t-il à Washington, en longeant la côte. Tout cela, il m'a promis de vous le dire, et j'espère qu'il tiendra parole.

Pour moi, j'essayerai, sans aller sur ses brisées, de vous indiquer rapidement le tracé de mon retour.

Atteindre le Colorado n'est pas une petite affaire. On traverse l'État de Nevada et le territoire d'Utah, puis on escalade les Rocheuses.

A l'entrée du territoire d'Utah s'étend le grand lac Salé, lac tellement saturé de sel que les baigneurs surnagent comme de simples coquilles de noix. Le difficile est de plonger !

En contournant cette seconde mer Morte, on aboutit à la Ville sainte, sur les bords du Jourdain. — Allons donc! — Ma parole! dans ce nouveau monde, un nouveau Jourdain serpente au pied d'une nouvelle Ville sainte. Les infidèles, comme vous et moi, nomment cette localité *Salt-Lake City ;* mais les croyants repoussent une appellation aussi profane.

Vous voyez là des patriarches qui vous parlent d'un néo-prophète plus grand que Moïse et Mahomet, plus divin que le Christ. Il s'appelait John Smith. Personne n'a plus le droit d'ignorer son saint nom.

En ce lieu béni, vous croisez des apôtres en redin-
gote et en veston, qui se réservent le privilége de
vendre à leurs ouailles des fournitures de toutes
sortes, à commencer par les vêtements qu'elles se
mettent sur le dos. Ces apôtres font, dit-on, d'excellentes affaires.

A l'heure peu lointaine où il quittait cette terre de
misère pour rentrer dans le sein de l'Éternel, John
Smith dit à ses disciples :

« Dispersez-vous et répandez de par le monde la
parole de vérité. » Et les disciples se dispersèrent; et
ils firent de nombreuses recrues. Ces recrues en firent
d'autres, tant et si bien que le nouveau peuple d'Israël
compte environ deux cent mille défenseurs de la foi
nouvelle.

Quand vous les rencontrez dans leur Terre sainte,
les apôtres vous prennent par le bouton et ils vous
parlent, au nom du Maître, de la très-sainte Polygamie.

Encore sous l'impression de ce que vous venez d'entendre, vous jetez un regard furtif dans l'intérieur des
patriarches et vous comptez le nombre de leurs épou-
ses. Elles sont huit ou dix dans la demeure de l'homme
fervent. Les enfants sont aussi nombreux que les
grains de sable de la mer et que les étoiles du firma-
ment.

Bref, vous voyez les Mormons !

Si vous regardez vers l'Orient, d'où nous vient toujours la lumière, vous apercevez, couronnant un
mamelon, une batterie d'artillerie que les infidèles ont
braquée sur Salt-Lake City. Les Américains sont là,
prêts à réduire en poussière les principes des vrais
croyants.

Vous quittez les bords du Jourdain et vous passez

par une série de défilés qui conduisent au Grand Cañon des Arkansas. Nulle part les Rocheuses n'ont un aspect plus sauvage. Mais voici Denver, capitale du Colorado. Mes compagnons organisent une partie de chasse et nous invitent à tuer un ours grizzli.

Je vous quitte, vous et eux, très à contre-cœur. Des lettres qui m'arrivent d'Europe me forcent à hâter mon retour. Le 15 décembre je serai à Paris.

Le moment de la séparation est très-dur. De la fenêtre de mon wagon, je réponds aux signaux que me font mes amis : *Good bye!* Bonne chance! *Addio!*

Le train s'ébranle et m'emporte dans la direction de Saint-Louis.

Je tiens à suivre l'itinéraire que je m'étais primitivement tracé. Me voilà sur le Mississipi. Ce fleuve devrait appartenir à mon pays. Joliet et le Père Marquette avaient, en 1673, exploré la région que nous traversons, et Cavelier de la Salle, dix ans plus tard, découvrit la Louisiane.

Cette Louisiane est une France des tropiques. J'y vois la séduisante Créole et j'assiste à la récolte de la canne à sucre chez un planteur. Le travail est fait par des noirs, tous électeurs. A la Nouvelle-Orléans, je rencontre un ancien camarade, jeune officier français venu en villégiature dans sa belle famille, aussi aimable que belle.

Suis-je au but? — Pas encore. La Floride me montre ses crocodiles et sa merveilleuse végétation; enfin j'arrive dans la Caroline du Sud, à Charleston.

Tout le monde sait que Charleston fut la citadelle des Sudistes pendant la guerre de Sécession, et je le savais comme tout le monde. Ce que j'ignorais complétement, il y a huit jours, c'est que je trouverais des miens cousins dans la place. Eh oui! des cousins authentiques, d'un bon sang français : des huguenots que n'épargna pas la Révocation de l'édit de Nantes. Ils étaient protestants, nous étions catholiques, et la raison parut suffisante pour mettre l'Océan entre nous.

Un de mes parents m'écrivait dernièrement que nous devions avoir des collatéraux dans les Carolines. Je pris aussitôt des informations auprès du directeur de la poste de Charleston, et j'obtins tous les renseignements que je pouvais désirer.

Ne croyez pas que l'accueil soit cérémonieux. On s'embrasse comme jadis nos grands-papas ont dû le faire; puis on cause, on visite les mines de phosphates de l'aïeul; enfin, le soir, on se réunit chez le chef de la famille. Jamais le temps ne m'a paru si court que dans cette élégante résidence de la Battery, où je découvre un essaim de cousines.

Bon gré, mal gré, il faut partir. Ma cabine est retenue sur la *Normandie,* de la Compagnie des transatlantiques. C'est à peine, si je puis m'arrêter deux jours à Washington. Jugez de mon ennui : un de ces jours est un dimanche.

25 janvier 1887.

Il n'est plus question de mon arrivée au Havre, de la touchante réception qui m'attendait dans ma famille et des preuves d'affection que de vieux amis m'ont données. Je pense souvent à tout cela, mais je n'en parle plus.

En ce moment, je suis seul à Paris, dans mon cabinet de travail. On m'apporte une lettre d'Amérique. Je lis :

« Cher cousin,

« Vous savez qu'un effroyable tremblement de
« terre jette la consternation dans Charleston et vous
« nous demandez de nos nouvelles. Merci de votre
« sympathie et de vos vœux.

« Notre *home* n'est plus qu'un amas de décombres.
« Grâce à Dieu, le fléau a épargné les membres de ma
« famille. Tous les miens ont quitté la ville. Ils sont
« aux environs, chez des amis.

« Je suis seul ici, où je rassemble, de mon mieux,
« les débris de notre patrimoine.

« Personne n'a perdu courage, mais le coup est
« terrible.

« Qu'êtes-vous devenu? Comment vont ceux qui
« vous sont chers?... »

Pauvres gens! Ruinés, une première fois, pendant
la guerre de Sécession, ils avaient réussi à triompher
de la mauvaise fortune. L'avenir leur apparaissait
souriant, et voilà qu'une seconde catastrophe anéantit
leurs espérances.

... Pourquoi faut-il que cette triste pensée vienne
se mêler aux gais souvenirs de mon voyage en Amérique?

TABLE DES MATIÈRES

CHAPITRE XIV

CHAPITRE XV

FIN

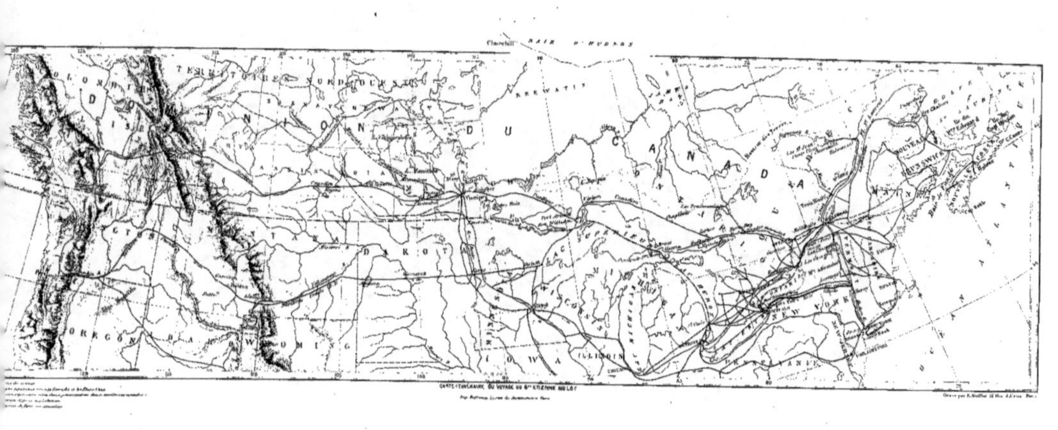

CARTE-ITINÉRAIRE DU VOYAGE DE Mr ÉTIENNE HULOT

www.ingramcontent.com/pod-product-compliance
Lightning Source LLC
LaVergne TN
LVHW010858060726
842526LV00002B/515